재밌는 한글과 그림
속독법

2단계

한국두뇌개발교육원 · 한국기억술연구원 손 동 조 지음
박 소 진 · 김 희 영 그림

| 머리말 |

이 책은 『재밌는 한글과 그림 속독법 1단계』에 이어 아이들이 속독을 통해 책 읽기의 두려움을 없애고, 읽은 이야기를 빠르고 정확하게 이해해서 책 읽는 즐거움에 대해 알기 바라는 마음과 학업 때문에 정작 책 읽을 시간이 부족한 아이들에게 조금이라도 도움이 되고자 만들었습니다.

대부분 아이들이 자신이 좋아하는 동화책을 반복적으로 읽으면서 자연스럽게 속독을 체험합니다. 아이들은 독서하는 짧은 시간 안에 책 속의 많은 정보를 머릿속에 차곡차곡 저장하면서 읽은 내용을 다양하게 상상하고, 재구성하여 많은 세계를 경험하게 됩니다. 어른들은 이런 아이들에게 상상의 세계를 마음껏 펼쳐서 깊고 넓은 생각을 할 수 있도록 바람직한 독서환경을 마련해주어야 합니다. 바람직한 독서환경이란 논술 시험을 위한 독서가 아니라 아이들이 쉽게 읽고, 자유롭게 생각하고, 창의적으로 글쓰기를 할 수 있는 환경일 것입니다.

속독은 책을 여행하는 새로운 즐거움을 제공합니다.
속독법을 익히는 것은 자기만의 효과적인 공부 방법을 터득하는 것과 같습니다. 속독을 통해 다른 사람보다 빠르고 정확하게 정보를 얻어 앞서서 생각하면, 새로운 지식을 만들어 낼 기회가 많아집니다. 그러한 맥락에서 속독하는 사람은 다른 사람을 리드하는 능력까지 갖추게 되는 것입니다.

『재밌는 한글과 그림 속독법 1단계』에 이어 2단계인 이 책에서는 동화를 바탕으로 속감을 이용한 속독법을 훈련할 수 있도록 구성하였습니다.

속감(速感)은 속독의 비법!

속감(速 : 빠를 속, 感 : 느낄 감)은 글을 보는 즉시 마음으로 빨리 느끼는 것을 의미합니다. 마음으로 느끼는 속도가 바로 지각의 속도가 되어 감지하여 읽는 것을 뜻합니다.

속감은 독해능력을 향상시키는 훈련기술로 속독의 중요한 비법이라고 할 수 있습니다. 꾸준히 글자를 인지하는 훈련을 통해 책의 글을 글자 군(무리) 형태로 보고, 내용을 함축하여 빠르게 이해할 수 있게 되는 것입니다.

속감법 훈련으로 속독 완성!

속감법은 눈을 통해 머릿속에 들어오는 모든 글자에 대한 정보를 빨리 독해할 수 있는 방법입니다.
속감법을 통한 속독 훈련에서는 가장 먼저 문장의 핵심단어를 인지한 다음 그 단어의 좌·우측 단어를 중심으로 빠르게 인지하여 문장 전체를 함축하여 느끼도록 합니다. 이 방법은 기존의 속독 훈련과 비슷하지만 기호보다 글자인지 훈련에 더 중점을 둡니다. 글자를 보는 즉시 명확히 이해하고, 빠르게 느낄 수 있다는 것이 속감법을 통한 속독 훈련의 장점입니다.
속감법에 의한 속독이 훈련되면 글자나 낱말의 뜻을 지각하는 순간 거의 동시에 문장의 내용을 파악할 수 있기 때문에 남보다 빨리 모든 정보를 처리할 수 있게 됩니다. 그래서 결과적으로 아이들이 읽고 싶어 하는 책을 단시간에 다독할 수 있게 됩니다.

저자는 두뇌계발을 위한 기억법과 속독법을 지도하면서 더욱 빠르고, 정확하게 이해하고 기억하는 기술을 꾸준히 연구해왔으며, 더욱 향상된 훈련방법을 보급하여 많은 사람들의 두뇌계발을 위해 이바지하고자 합니다. 마지막으로 이 책을 보는 많은 독자들이 자신이 정한 목표에 도달하는 데 속독법이 조금이라도 도움이 되기를 바랍니다.

저자 손동조 원장

차례

행복한 독서시간 ···· 8
책 읽는 습관을 기르자! ···· 9
인터넷 시대에도 속독은 필수! ···· 10
속독은 어휘력이 필수이다! ···· 11
실전 속독훈련의 중요성 ···· 12
경혈(經穴) 지압법 ···· 15
우리가 알아야 할 책의 보관 방법 ···· 16

1장 재밌는 한글과 그림 속독법

안력운동의 해설과 효과 ···· 18
기본 안구운동 및 글자인지 ···· 22
선 따라 안구 훈련하기 ···· 28
한 글자 낱말 인지 훈련 ···· 31
두 글자 낱말 인지 훈련 ···· 33
기본 숫자 인지 훈련 ···· 35
속독 트레이닝 ···· 47

❖ 1차 스킵[Skip] 건너뛰어 읽기

홍당무[1] 중심 낱말 인지 훈련 ···· 60
빨간 구두[2] 중심 낱말 인지 훈련 ···· 65
재채기[3] 중심 낱말 인지 훈련 ···· 71
힘센 돼지[4] 중심 낱말 인지 훈련 ···· 77
우천(雨天)[5] 중심 낱말 인지 훈련 ···· 82

차례

❖ **2차 스키밍[Skimming] 미끄러지듯 빨리 읽기**

홍당무[1] 실전 속독 스키밍 훈련 ···· 87
빨간 구두[2] 실전 속독 스키밍 훈련 ···· 94
재채기[3] 실전 속독 스키밍 훈련 ···· 102
힘센 돼지[4] 실전 속독 스키밍 훈련 ···· 111
우천(雨天)[5] 실전 속독 스키밍 훈련 ···· 119

2장 재밌는 한글과 그림 속독법

안력 운동 기호 4호~기호 6 해설 ···· 126
기본 숫자 안구 운동 및 글자 인지 훈련 ···· 130
기본 글자인지 훈련 해설 ···· 136
기본 글자단어 인지 트레이닝 해설 ···· 148
요술부채 속독 트레이닝 ···· 149

❖ **3차 스킵[Skip] 건너뛰어 읽기**

외투[6] 중심 낱말 인지하기 ···· 161
바다여행[7] 중심 낱말 인지하기 ···· 168
코나비[8] 중심 낱말 인지하기 ···· 173
못 말리는 여치[9] 중심 낱말 인지하기 ···· 178
굴렁쇠[10] 중심 낱말 인지하기 ···· 185

❖ **4차 스키밍[Skimming] 미끄러지듯 빨리 읽기**

외투[6] 실전 속독 스키밍 훈련 ···· 192
바다여행[7] 실전 속독 스키밍 훈련 ···· 201

    코나비[8] 실전 속독 스키밍 훈련 ···· 208
    못 말리는 여치[9] 실전 속독 스키밍 훈련 ···· 216
    굴렁쇠[10] 실전 속독 스키밍 훈련 ···· 225

3장 재밌는 한글과 그림 속독법

❖ 5차 스킵[Skip] 건너뛰어 읽기
    동물학교 도시락[11] 중심 낱말 인지하기 ···· 236
    일기 쓰는 버스[12] 중심 낱말 인지하기 ···· 242
    고집불통 갈고미[13] 중심 낱말 인지하기 ···· 247
    레드크의 친구 찾기[14] 중심 낱말 인지하기 ···· 253
    종이배를 탄 토끼와 거북이[15] 중심 낱말 인지하기 ···· 258

❖ 6차 스키밍[Skimming] 미끄러지듯 빨리 읽기
    동물학교 도시락[11] 실전 속독 스키밍 훈련 ···· 265
    일기 쓰는 버스[12] 실전 속독 스키밍 훈련 ···· 274
    고집불통 갈고미[13] 실전 속독 스키밍 훈련 ···· 282
    레드크의 친구 찾기[14] 실전 속독 스키밍 훈련 ···· 291
    종이배를 탄 토끼와 거북이[15] 실전 속독 스키밍 훈련 ···· 299

    읽은 책 목록 기록장 ···· 307
    정답란 ···· 308
    속독 인증 급수표 ···· 310

행복한 독서시간

'속독'이란 무엇일까요?
학생들 대부분은 "글을 빨리 읽는거예요!"라고 대답한다.
하지만, 속독은 글만 빨리 읽고 시간만 단축하면 다 되는 것은 더욱 아니다.
속독은 빠르게 읽으면서 동시에 이해가 필요하다.
글의 내용이 무엇인지 모르고 뜻을 이해하는 속도가 느리면 속독이라 할 수 없을 것이다.
왜? 책을 읽는 것이 지루하고 싫은 걸까?
그 이유는 책 읽는 것이 얼마나 즐거운 것인가를 깨닫지 못하기 때문이다.
책 읽는 시간을 가장 행복한 시간으로 만들어라!
때로는 재미없고 지루한 시간이 될 때도 있다.
단지 책을 눈으로만 보지 말고 어떤 책을 읽든지 그 책에 대한 정보는 모두 머릿속에 넣어라!
정보를 토대로 어떻게 생각할지는 우리 뇌가 잘 알아서 이해하고 분석한다.
2시간에 걸쳐서 읽을 책을 1시간이면 읽을 수 있다고 생각해 보자.
책을 좋아하는 친구들은 많은 책을 다독하면서 더 많은 즐거움을 갖게 된다.
수박 겉핥기식의 독서가 아닌 바른 독서습관과 집중력을 갖고 속독법을 배운다면 우리는 멋진 독서광이 되어있지 않을까요.

속독교사   박 소 진

책 읽는 습관을 기르자!

속독법은 어릴 때부터 책 읽기 습관으로 재미있는 동화책을 통하여 자연스럽게 글을 접하게 합니다.
속독법은 빠른 스피드와 더불어 많은 책을 읽고 폭넓은 간접경험과 바른 인성으로 자라게 합니다.
학습 눈높이를 맞추고자 배경 지식을 쌓으려고 책을 읽게 됩니다.
저자는 매년 임상시험을 통하여 속독으로 책을 읽는 방법을 꾸준히 연구해 왔습니다. 속독으로 책을 읽으려면 글자를 보고 인지할 수 있는 능력과 글자들을 뭉쳐서 빨리 이해하는 능력을 동시에 훈련해야 합니다.
또한, 시야 확대 훈련을 통하여 많은 글자를 볼 수 있도록 독(讀)시야의 범위를 넓혀야만 속독으로 책을 독파할 수 있는 능력을 갖추게 됩니다.
예를 들어, 속독법을 배우지 않은 상태에서 보통 사람이 책 한 권을 읽는데 3시간에서 4시간 정도 소요되고, 속독법을 배웠다면 1시간 내에 다 읽습니다. 속독능력으로 읽기 속도가 3배 이상 빨라지게 됩니다.
무조건 안구만 빨리 움직이면 속독이 되는 것처럼 알고 있습니다.
책을 읽었는데 책의 내용을 알지 못하면 눈동자 훈련에 불과합니다.
실제로 여러분이 직접 체험해 봅시다!
자, 책 한 권을 꺼내어 펴세요!
책의 한쪽의 맨 첫 줄의 첫 번째 글자와 그 줄의 끝 글자를 빠르게 순간인지 합니다. 한 줄 보는 속도는 빠르지만 가운데의 글자들은 어디론가 사라지고 내용 또한 전혀 알 수 없습니다.
속독에서는 한 줄의 글자를 처음과 끝을 보는 것이 아니라 한 행의 글자를 중심으로부터 최대한 한눈으로 많이 보아야 합니다.
시야가 미치지 못하는 범위는 안구를 직접 좌·우로 약간 움직여서 인지하면 한 줄의 글자와 내용이 한눈에 들어오게 됩니다.
속독은 다양한 훈련 프로그램을 통하여 책을 빨리 읽을 수 있습니다.

인터넷 시대에도 속독은 필수!

인터넷이 아이들에게 책을 멀어지게 하고 있습니다.
아이들이 책과 함께 있어야 할 시간을 인터넷이 빼앗고 있습니다.
책은 멀고 인터넷은 만능으로 지식, 정보, 훈련을 도와주고 있습니다.
인터넷이 궁금증을 해결하는데 굳이 책을 읽을 필요가 있을까요?
숙제, 공부는 인터넷에서, 휴식도 인터넷에서 합니다.
인터넷 시대인데도 왜 책을 읽어야 하는가?
속독으로 책을 읽으면 주의 집중력이 길러지는 동시에 지루한 감이 없어지게 됩니다. 단 5분도 견디기 어려운 아이들도 1시간 이상씩 집중하여 책을 읽게 됩니다. '우리 아이들은 인터넷과 게임 중독으로 병들어가고 가족들은 텔레비전 앞에서 마비가 되어버린다.'
'우리가 아는 선진국들은 여전히 책을 통해 리더십을 가르치고 있다.'
'지금도 명문가와 영재들의 교육에서는 독서가 우선순위라고 한다.'
속독도 인터넷에서 훈련합니다.
독서와 논술의 중요성으로 유사한 속독법이 많이 생겼습니다.
책으로 훈련하는 속독법과 컴퓨터로 훈련하는 속독법이 있습니다.
종이 위에 글을 읽으려면 내가 가진 눈을 통해서 읽습니다.
속독법은 책과 컴퓨터와 동일시하여 프로그램이 움직이는 것이 아닙니다.
초등학생은 책으로 속독 훈련하는 것이 자연스럽게 실전 책읽기로 습관화가 됩니다. 책 속에서 내가 글자를 이끌어 가야 하는데, 실전 책으로 글자를 인지하는 훈련 없이는 속독을 할 수 없습니다. 컴퓨터에서 지시하는 방법으로 훈련한다면 글자나 도형 따위가 움직이는 대로 눈이 따라가면 됩니다.
실전 독서에서는 책에서 움직이는 물체가 없어 눈만 움직여 읽습니다.
인터넷에서 속독훈련은 화면의 물체와 안구가 같이 움직여야 합니다.
속독 훈련은 속독법의 책으로 훈련해야 큰 효과를 볼 수 있다고 생각합니다.
책에 내 안구를 맡기지 말고 내가 책 속의 글자를 빠르게 리드하는 훈련이 중요합니다.

속독은 어휘력이 필수다!

속독을 하려면 한자어의 낱말을 충분히 이해하여야 합니다.
이해가 안 된 속독은 속독이라 할 수 없습니다.
속독을 오해하는 부모님이 염려하는 이유는 '혹시 이해가 되지 않는 내용을 빨리만 읽는 것이 아닐까' 생각하게 됩니다.
국어공부는 한자 실력을 높여 어휘 능력을 향상시키게 됩니다.
한자문화권인 우리나라는 국어의 낱말을 이해하여야 합니다.
책을 반복하여 읽다 보면 모르는 낱말은 글 전체의 내용으로 뜻을 짐작할 수는 있지만, 여러 번 이상 읽을 기회가 없는 책은 아이들이 뜻을 모르고 지나칠 수가 있습니다.
특히, 교육기회가 많은 초등학생은 한자를 익힌다면 모든 과목에 유리합니다.
예를 들어 '세 자녀 이상인 가구와 가구 배달하는 아저씨'의 내용이 있다면 한자를 모른다면 집안 식구, 가족, 집의 뜻인 가구(家口)와 집안에 생활을 위해 갖추어 놓은 옷장, 책상 등의 뜻인 가구(家具)를 혼동하게 됩니다.
낱말의 뜻을 이해하지 못하면 엉뚱한 방향으로 문장을 해석하게 됩니다.
한자를 몰라도 '그 정도는 안다!' 하더라도 조금 일찍 한자를 학습해 두면 정확한 뜻을 알고, 글쓰기에도 한자를 모르는 아이와 차이가 있습니다.
다시 강조한다면, 속독 독해 능력에 있어서도 남보다 빨리 이해하게 됩니다.
속독으로 책을 읽고 싶다면 한자 공부도 열심히 해야 한다는 것을 잊지 말아야 합니다.

실전 속독훈련의 중요성

1. 속독에 대한 오해
아이가 책을 빨리 읽어서 걱정되세요?
아이가 책을 느리게 읽어서 답답하다고 생각하세요?
혹은 아이가 책만 읽는다고 책 읽는 시간이 아깝다고 생각하세요?
초등학교 저학년일수록 책 읽는 속도가 빠르고 내용을 기억하는 기억력이 뛰어납니다.
아이들이 건성으로 책장만 빨리 넘겼는지 알고 순수한 도덕성과 잠재력을 의심하며 속독을 오해합니다.
독서 자체도 하나의 과목으로 생각하죠.
왜? 책 한 권을 읽으면 독후감을 써야 하며 100% 기억해야 할까요?
독서는 순수하게 폭넓은 책 읽기로 권장하여야 합니다.
가정에서, 학교에서, 학원에서, 혹은 여행에서 독서는 생활이어야 합니다.
스스로 공부를 잘하는 아이들은 온 가족이 책 읽는 가정환경이 비법이었습니다.
아이들은 스스로 책 속에서 공부하는 비법을 배웠습니다.
속독법을 배운다면 독서의 생활화가 훨씬 쉬워집니다.

2. 속독훈련을 위한 책
실전 속독훈련을 위해서는 자기가 읽고 싶은 책으로 시작합니다.
쉬운 책, 읽고 싶은 책, 충분히 이해가 가능한 책으로 훈련하면 효과적입니다.
속독훈련용 책으로 읽었던 책 중에서 한 권을 골라 반복하여 읽어도 좋습니다.
내용이 쉬운 짧은 전래동화나 우화 또는 단편동화 종류를 반복하여 읽습니다.
책 내용에서 인상 깊은 구절이나 문장을 생각하며 읽는 것이 중요합니다.
아이들은 글을 읽고 상상력을 동원하여 충분히 머릿속에 그림을 그릴 수 있습니다.
상상력이 창의력으로 발전한다면 논술이 쉬우리라 생각합니다.

3. 속독을 위해 반복훈련을 하라!

우리가 책을 소장하는 목적은 장식이 아니라 반복하여 읽으려는 욕심 때문입니다. 속독을 배우지 않더라도 책을 반복하여 읽는 과정에서 가속도가 붙어 속독할 수 있는 아이들이 있습니다.

속독능력이 있는 아이들은 흔히 몇천 권에서 몇만 권이나 되는 책을 읽었으며, 가끔 '영재아'라고 판단 받기도 합니다.

저자는 속독할 수 있는 아이들도 제대로 된 체계적인 속독법과 기억법 교육의 기회가 있기를 바랍니다.

4. 실전 속독훈련 방법

① 실전 속독훈련은 시야(눈에 보이는 범위)가 지나가는 곳에 어떠한 내용이 있는지를 파악하면서 빠르게 읽습니다.
  항상 이해 중심으로 읽기 훈련을 합니다.
  속독을 할 때 책의 내용을 파악하면서 읽는다면 이해력이 향상됩니다.
② 모든 글자를 한꺼번에 모아서 봅니다.
  전체 내용이 시야에 들어오는 훈련입니다.
  시야 확대훈련을 꼭 하세요.
③ 읽을 책의 제목을 먼저 기록하세요.
  다 읽고 나면 반드시 소요시간을 측정하여 기록합니다.
  속독훈련에서 기록하는 습관은 차후 속독 능력이 얼마나 향상되었는지 알 수 있으므로 저절로 독서 습관이 몸에 배게 됩니다.

5. 초등속독 교육의 중요성

책만 있으면 아이가 읽든 엄마가 읽어주든 독서교육으로 이어집니다.
아이가 글자를 익히는 단계에서 엄마가 속독법을 배운다면 하나의 지적재산이 됩니다.
독서교육은 속독교육을 통하여 자연스럽게 연계되리라 생각합니다.
저학년들은 속독훈련 프로그램으로 다독하는 독서습관이 생기죠.
고학년이 되면 자연스럽게 독파능력이 생기는 동시에 하루에 책 한두 권쯤 충분히 소화하리라 생각합니다.
입시 철이 되면 수험생들이 막상 논술은 잘 썼지만 책은 읽지 않았다거나 책을 읽을 시간이 없다고 말합니다.
논술을 위한 독서, 시험을 위한 논술이나 독서가 되는 결과는 시험위주의 교육으로 준비가 안 된 독서교육 때문입니다.
논술이 중요하다고 하루에 너무 많은 책을 읽으라고 강요하지 마세요.
오늘 읽을 분량을 정해놓고 하루에 30분이라도 책을 읽고 나서 간단하게 서술하는 것도 도움이 됩니다.
처음부터 창의적인 글을 바라지 말고 느낌을 간단히 적는 독서 감상을 스스로 쓰게 하세요. 보잘것없는 글짓기 습관이 사고력이 깊어져 창의적인 글이 됩니다.
무슨 책을 어떻게 읽을지 고민된다면 학교에서 권장하는 도서 목록을 참고하여 읽기 시작하세요. 다양한 책을 만나다 보면 책에서 읽을 책을 알려 줍니다 .
모든 해답은 책 속에 있습니다. 많은 책을 읽다 보면 마치 예습한 것 같이 남보다 논술시험에 유리하게 적용할 수 있습니다.
저자는 이 책으로 훈련한 학생들이 체계적인 속독을 익혀 '다독왕'이 되고 논술의 강자가 되기를 바랍니다.
내 사전에는 '책 읽을 시간이 없었다.'라는 것은 없다!

속독법 훈련 및 안구 운동시에 눈의 피로를 풀어주는 혈자리

경혈(經穴) 지압법

한방에서 경혈(經穴)은 경락을 따라 흐르는 기혈이 모이거나 흩어지는 자리를 말하며, 경혈 자리에 침을 놓거나 뜸을 떠 기혈의 소통을 원활하게 돕는다.
또한, 경혈 지압은 오장육부의 균형을 도모하며, 간단한 경혈의 자극으로 피로를 풀고 인체의 모든 기능을 돕게 한다.

① **찬죽(攢竹)**
  눈썹의 내측부의 끝에서 눈썹 안으로 1푼(分) 들어가 누르는 오목한 위치의 점.

② **동자료(瞳子髎)**
  눈의 외제각에서 5푼(分)에 위치한 점.

③ **정명(睛明)**
  눈의 내제두의 끝 1푼(分) 떨어져 홍육(紅肉) 오목한 위치의 점.

④ **사죽공(絲竹空)**
  눈썹의 바깥 끝에 움푹한 곳인 광대뼈의 전두 돌기 외연에 생긴 오목한 위치의 점.

⑤ **태양혈(太陽穴)**
  귀의 위, 눈의 옆, 음식을 씹으면 움직이는 곳.

⑥ **승읍(承泣)**
  눈동자를 통한 수직으로 중앙 하연, 동자로부터 7푼(分) 아래에 위치한 점.

⑦ **사백(四白)**
  눈동자로부터 수직으로 1치 아래 위치. 승읍으로부터 1cm 직하(直下)로 위치한 점.

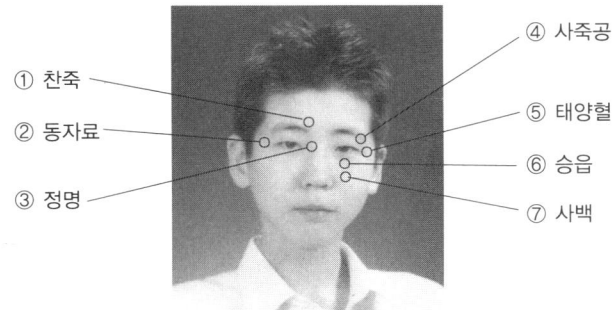

지압 방법 엄지나 중지(中指), 약지(藥指) 중 양 손을 사용하여 그림의 혈 자리를 가볍게 누르고 눈을 감고 마음 속으로 천천히 5초를 세고, 번갈아 가며 3회씩 실시합니다.

우리가 알아야 할
책의 보관 방법

♧ 책갈피를 사용해야 하며 책장은 접어 두지 말자.

♧ 책을 함부로 던지지 말아야 오래도록 보전할 수 있다.

♧ 곰팡이가 생기거나 종이가 변색이 되지 않게 습기를 피해야 한다.

♧ 음식물은 주의해야 하며 책장을 펼쳐 놓은 상태에서 과자나 빵 등을 먹지 말아야 한다.

♧ 책장을 넘길 때에는 손에 침을 발라서 넘기지 말아야 한다.

♧ 책은 항상 새 책을 보듯이 책장의 오른쪽 상단 위를 검지로 살짝 들어서 넘긴다.

♧ 책꽂이에서 책을 꺼낼 때에는 검지 손으로 책의 상단을 밀어서 책이 나오면 잡아서 꺼낸다.

♧ 책과 눈의 거리는 약 30cm~50cm 간격을 두고 책의 각도는 약 45°를 유지하는 것이 가장 좋다.

♧ 책을 읽을 때에는 손가락으로 글자를 짚거나 연필로 줄을 그어 읽어서는 안 된다.

책을 읽을 때에는 꼭 눈으로만 읽으며 여러 글자를 한눈에 보고 이해하는 것이 시각어휘 능력을 향상시킬 수 있습니다.

1장

The Super Speed Reading

재밌는 한글과 그림 속독법

실전속독 훈련법

▶ 1단계보다 글자가 조금 작아졌습니다.
▶ 읽기만 해도 재미있는 동화와 논술
▶ 내용이 머릿속으로 쏙 들어온다.
▶ 논리적 사고력을 키우는 생각하는 힘
▶ 흥미를 느끼는 속독 훈련법

The Super Speed Reading

안력 운동의 해설과 효과

■ 안력 운동 방법

1. 머리를 움직이는 않습니다.

2. 눈은 약간의 힘을 준 상태에서 훈련합니다.

3. 눈동자는 화살표 방향을 따라 훈련합니다.

4. '안력 운동' 훈련기호에 따라 다양하게 연습합니다.

■ 안력 운동 효과

1. 안구에 힘이 생기며 안력이 강화됩니다.

2. 시야의 흐름이 원숙해지며 안구가 빨라집니다.

3. 시야의 폭이 넓어지게 됩니다.

4. 매일 반복운동으로 시력이 향상됩니다.

기호 1
안력 운동

→ 시점을 중심에 두고 화살표 방향으로 좌로 2회, 우로 2회씩 10초 동안 빠르게 반복 실시한다.

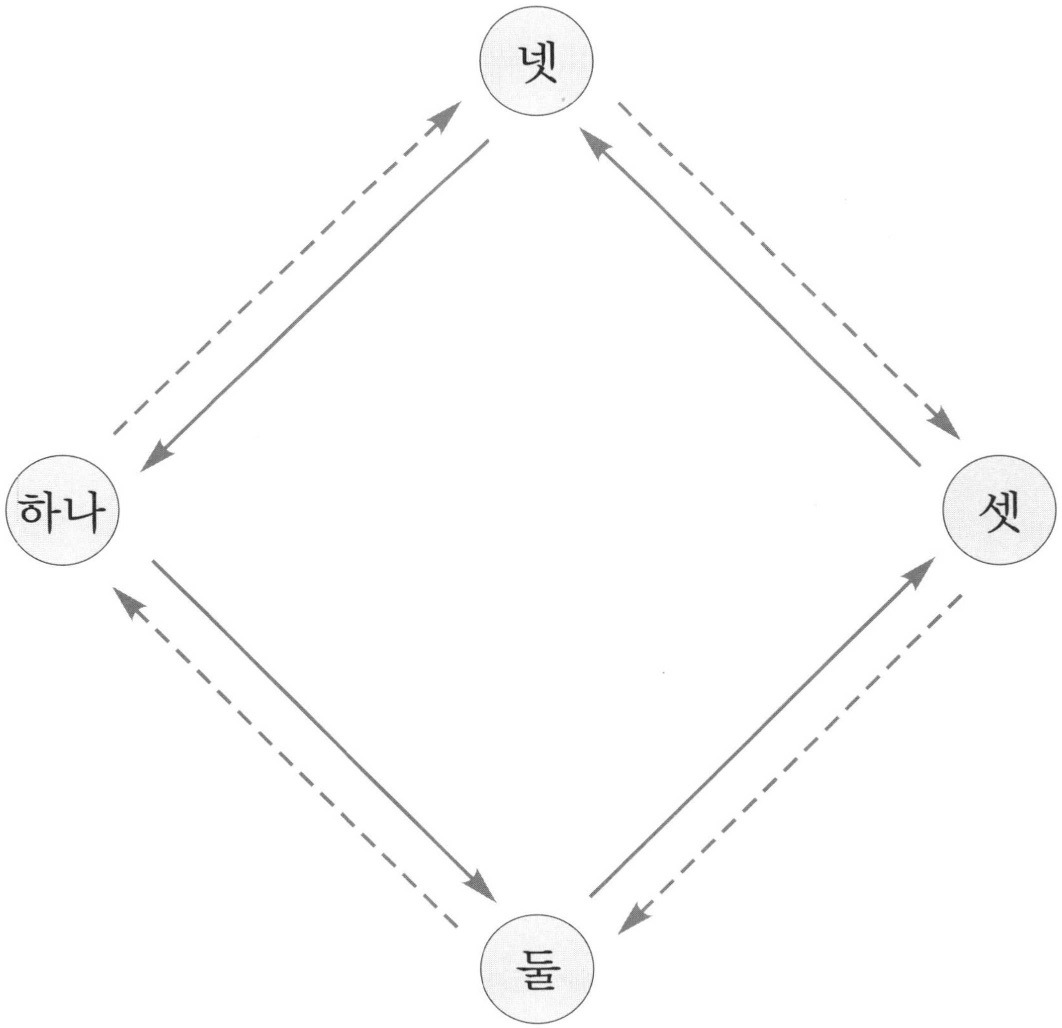

The Super Speed Reading

기호 2
안력 운동

→ 시점을 중심에 두고 화살표 방향으로 상·하의 개념으로 좌에서 우로, 다시 우에서 좌로 연속적으로 10초 동안 빠르게 반복 실시한다.

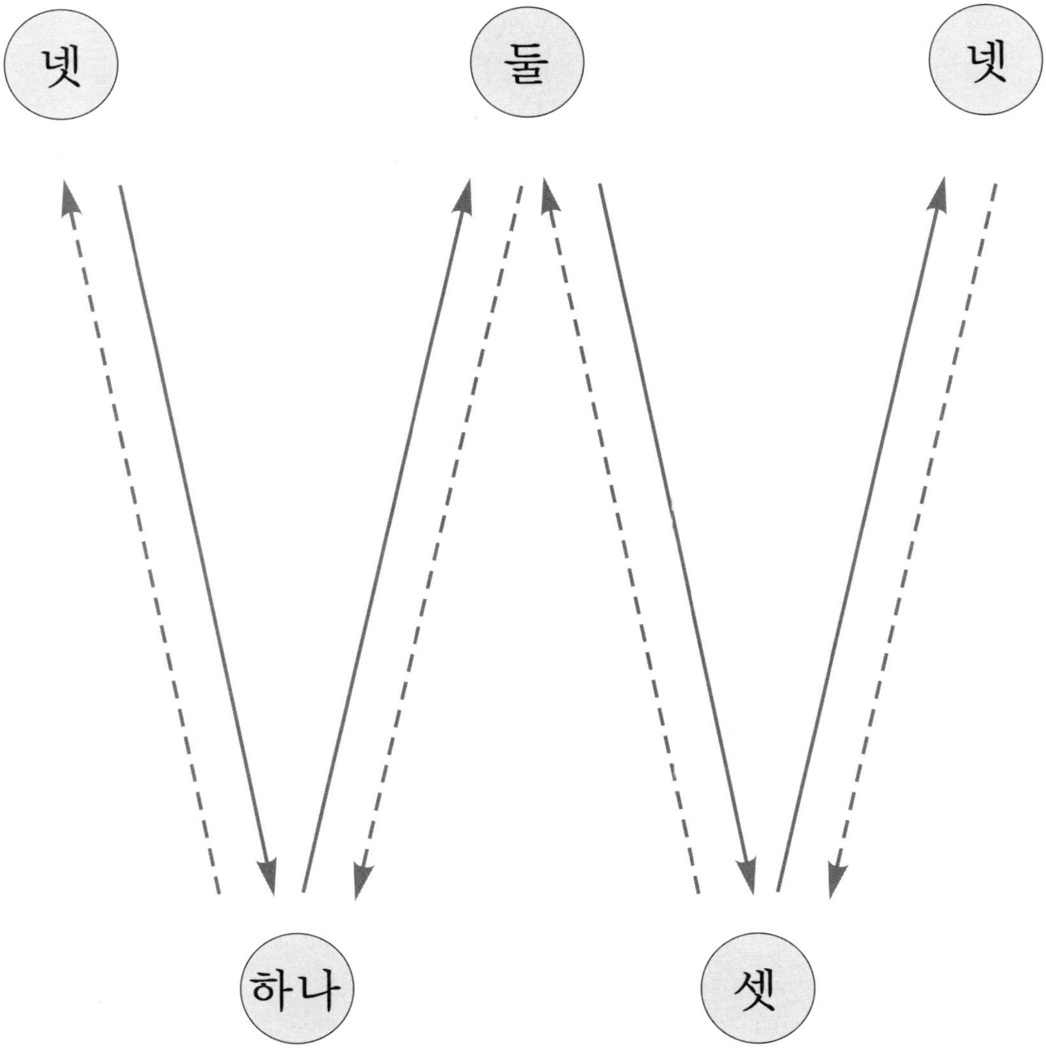

기호 3

안력 운동

➜ 시점을 중심에 두고 화살표 방향으로 좌로 2회, 우로 2회씩 10초 동안 빠르게 반복 실시한다.

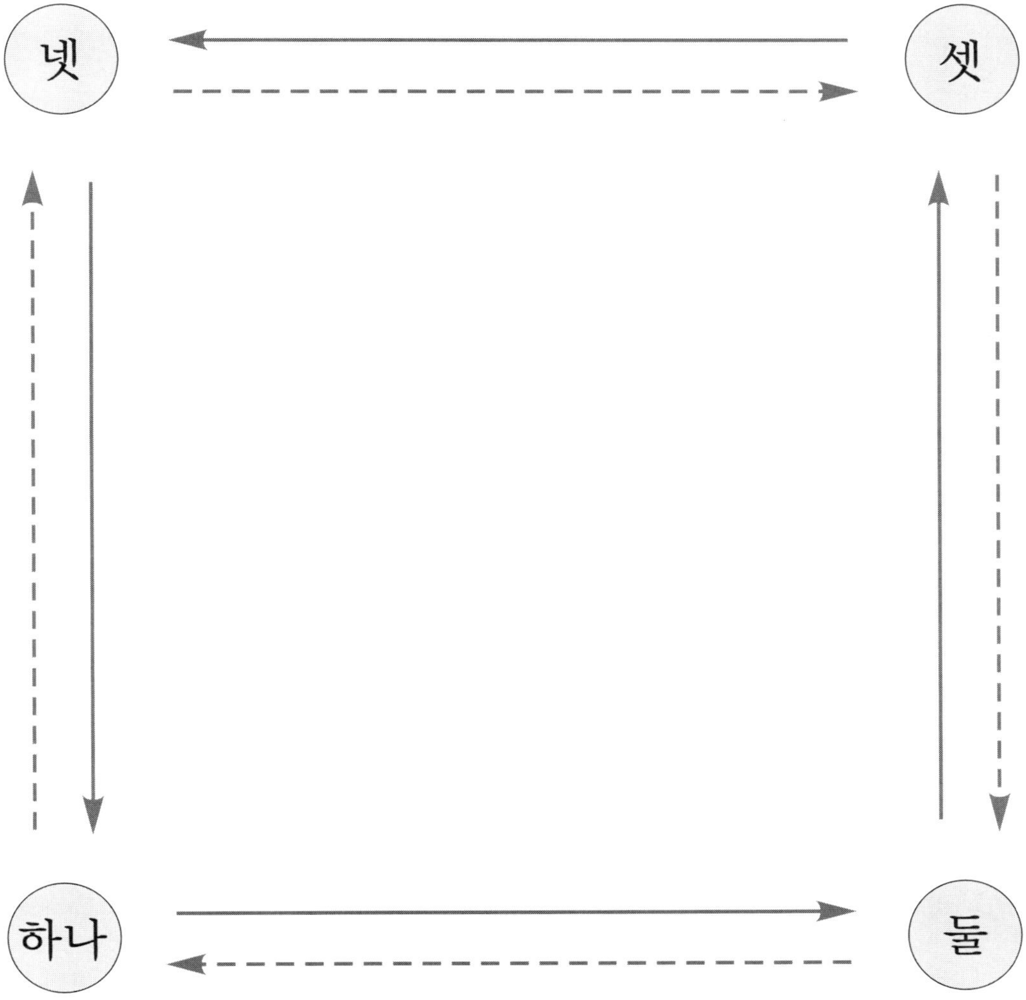

기본 안구 운동 및 글자인지

기본 안구운동의 해설

- ❖ 기본 안구 운동을 할 때 시점을 중심에 두고 훈련하세요.

- ❖ 되도록 머리는 고정한 상태에서 안구만을 움직여 이동하세요.

- ❖ 눈을 약간 크게 뜬 상태에서 안구에 약간의 힘이 들어가면 훈련하세요.

- ❖ 턱을 야간 아래로 당긴 상태에서 움직이지 말고 훈련하세요.

- ❖ 눈은 되도록 깜빡이지 않은 상태에서 좌·우의 글자를 인지하세요.

- ❖ 연결된 글자 내용을 따라 이해하면서 아래로 이동하세요.

- ❖ 초시계를 준비하고 소요시간을 측정하여 기록하세요.

훈련 1
기본 안구 운동 및 글자인지

1. 시점을 중심에 둔 상태에서 좌·우의 글자를 인지한다.
2. 머리를 고정한 상태에서 안구만을 이동하여 인지한다.
3. 시작과 동시에 훈련 1~2까지 초시계로 소요시간을 기록한다.

← 시점 →

좌	우
우	리
들	이
속	독
법	을
배	우
는	이
유	는
빠	른
시	간
안	에
많	은
책	을
읽	고
이	해
하	는
데	그
목	적

The Super Speed Reading

훈련 2
기본 안구 운동 및 글자인지

1. 시점을 중심에 둔 상태에서 좌·우의 글자를 인지한다.
2. 머리를 고정한 상태에서 안구를 이동하여 인지한다.
3. 시작과 동시에 훈련 1~2까지 초시계로 소요시간을 측정한다.

← 시점 →

좌	우
이	있
으	며
그	러
므	로
누	구
나	열
심	히
속	독
법	을
배	워
서	독
파	할
수	있
는	능
력	을
키	웁
시	다

기본 안구 운동 및 글자인지 훈련 기록표

훈련목표: 내용을 이해하면서 20초 이내 주파하세요.

- 시간이 단축될 수 있도록 소요시간을 꼭 기록한다.
- 실력이 향상되도록 같은 내용을 반복 훈련한다.

속독 스피드훈련 측정기록란

※ 매 3회 실시

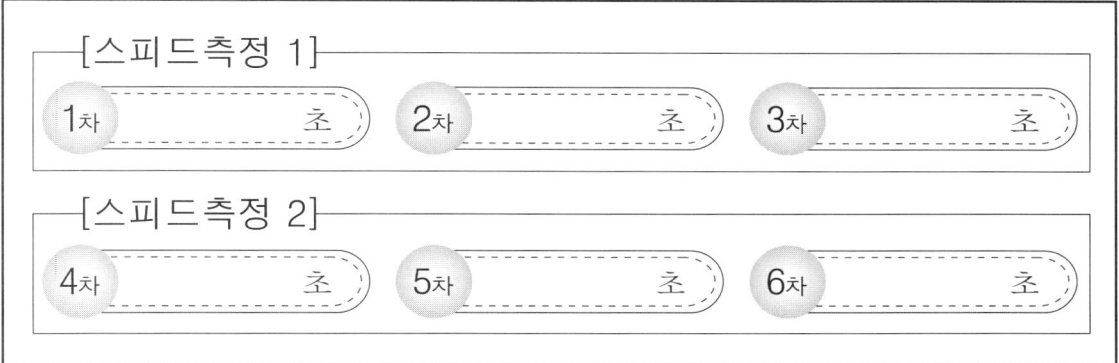

속독 자율훈련 측정기록란

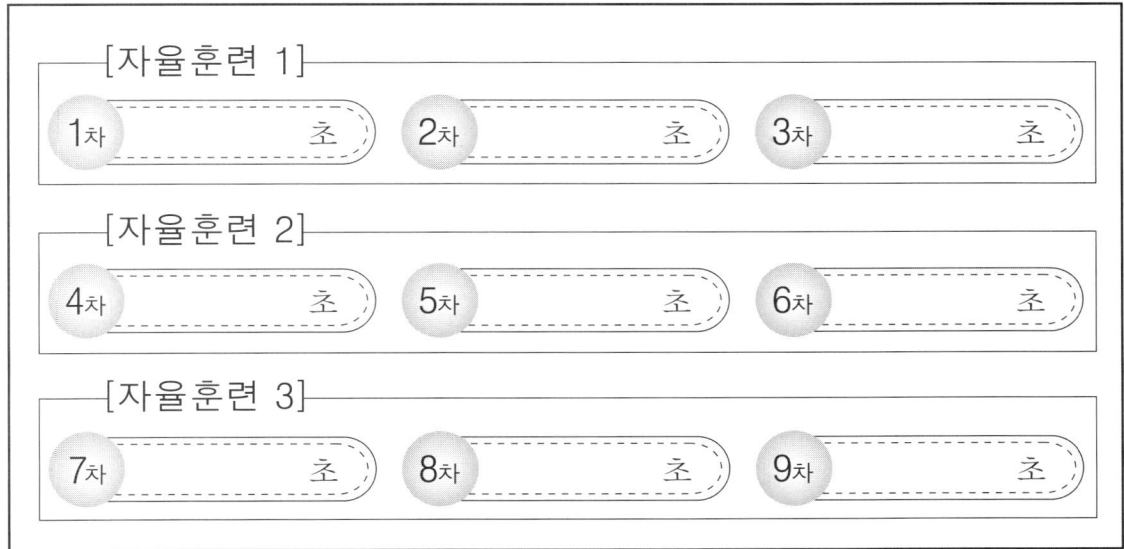

The Super Speed Reading

기본 안구운동 세로훈련

1. 시점을 중심에 둔 상태에서 상·하로 글자를 인지한다.
2. 시작과 동시에 좌 → 우, 우 → 좌로 이동하여 소요시간을 측정한다.
3. 머리를 고정한 상태에서 안구를 이용하여 훈련한다.

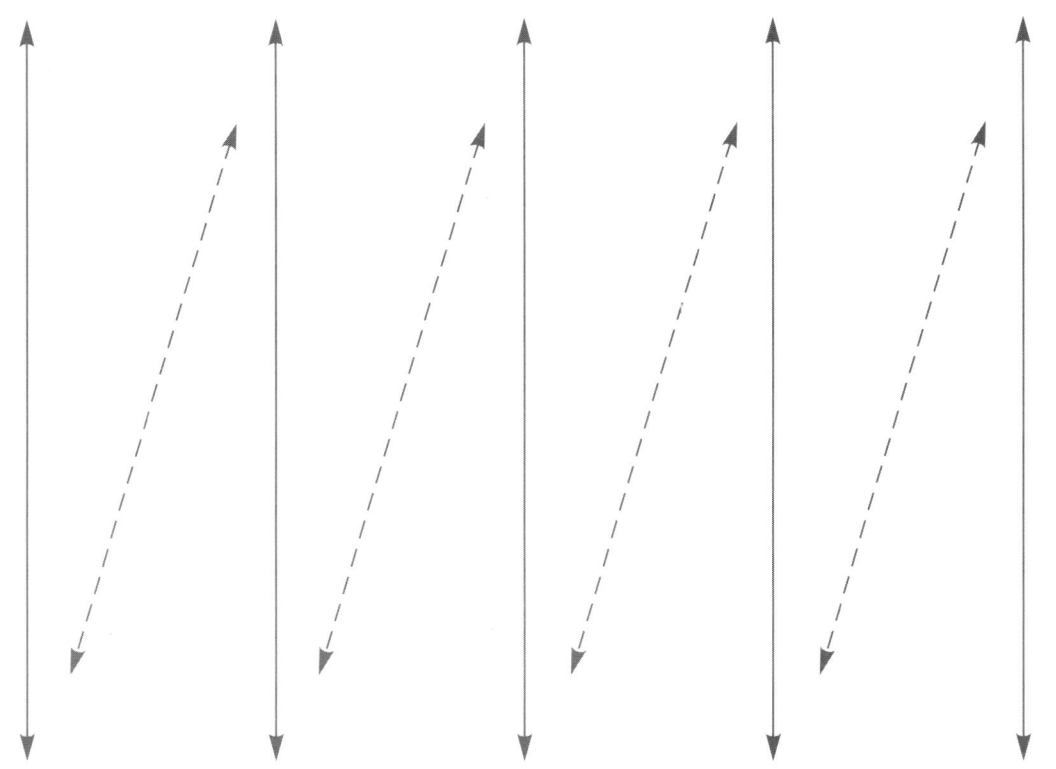

기본 안구운동 세로훈련 기록표

훈련목표: 글자를 인지하면서 총 5회 15초 이내 주파하세요.

• 좌 → 우로 가면 1회, 다시 우 → 좌로 오면 2회가 된다.
• 상·하로 시폭이 확대되도록 빠르게 반복 훈련한다.
• 시간이 단축될 수 있도록 소요시간을 꼭 기록한다.

속독 스피드훈련 측정기록란   ※ 매 3회 실시

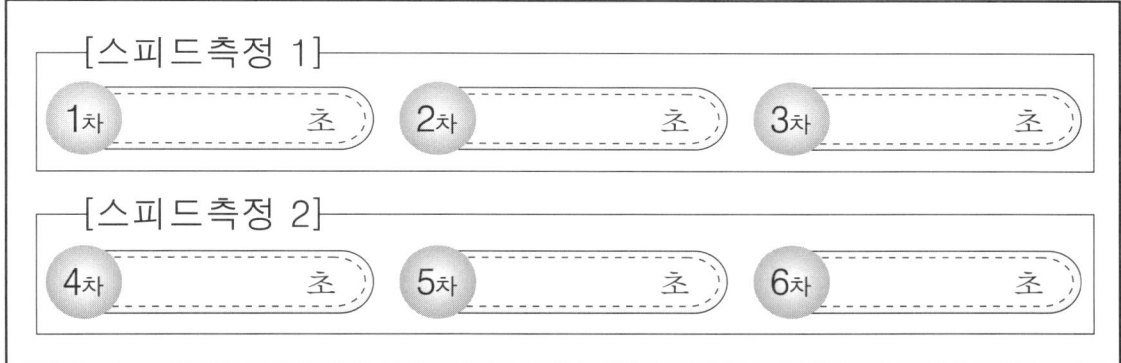

속독 자율훈련 측정기록란

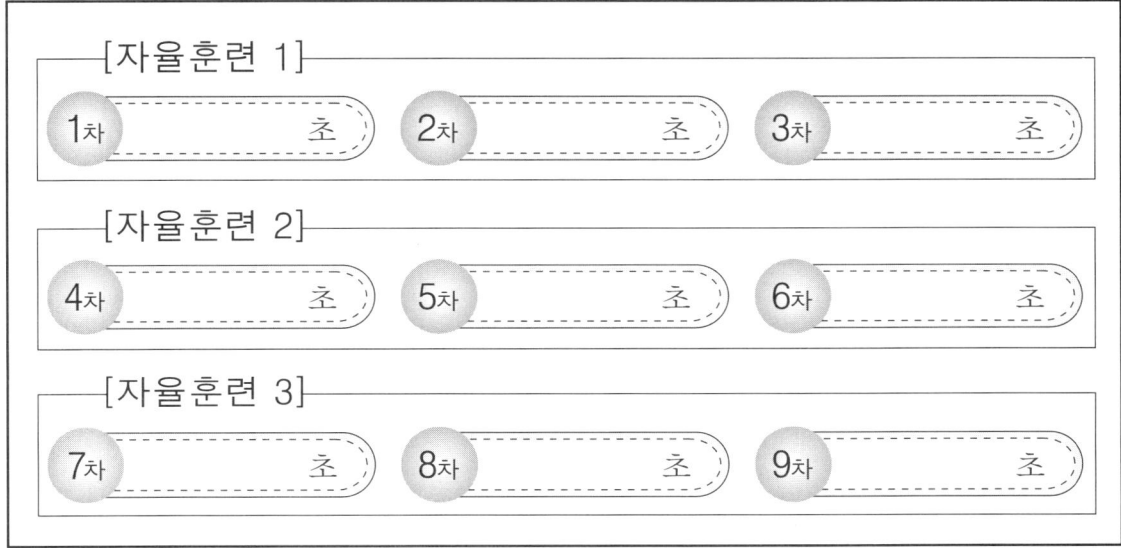

The Super Speed Reading

● 안구의 흐름
선 따라 안구 훈련하기[1]

➔ 시점을 중심에 둔 상태에서 안구는 출발선에서 시작과 동시에 초시계를 누르세요.
➔ 머리는 움직이지 않은 상태에서 선을 따라 이동하세요.

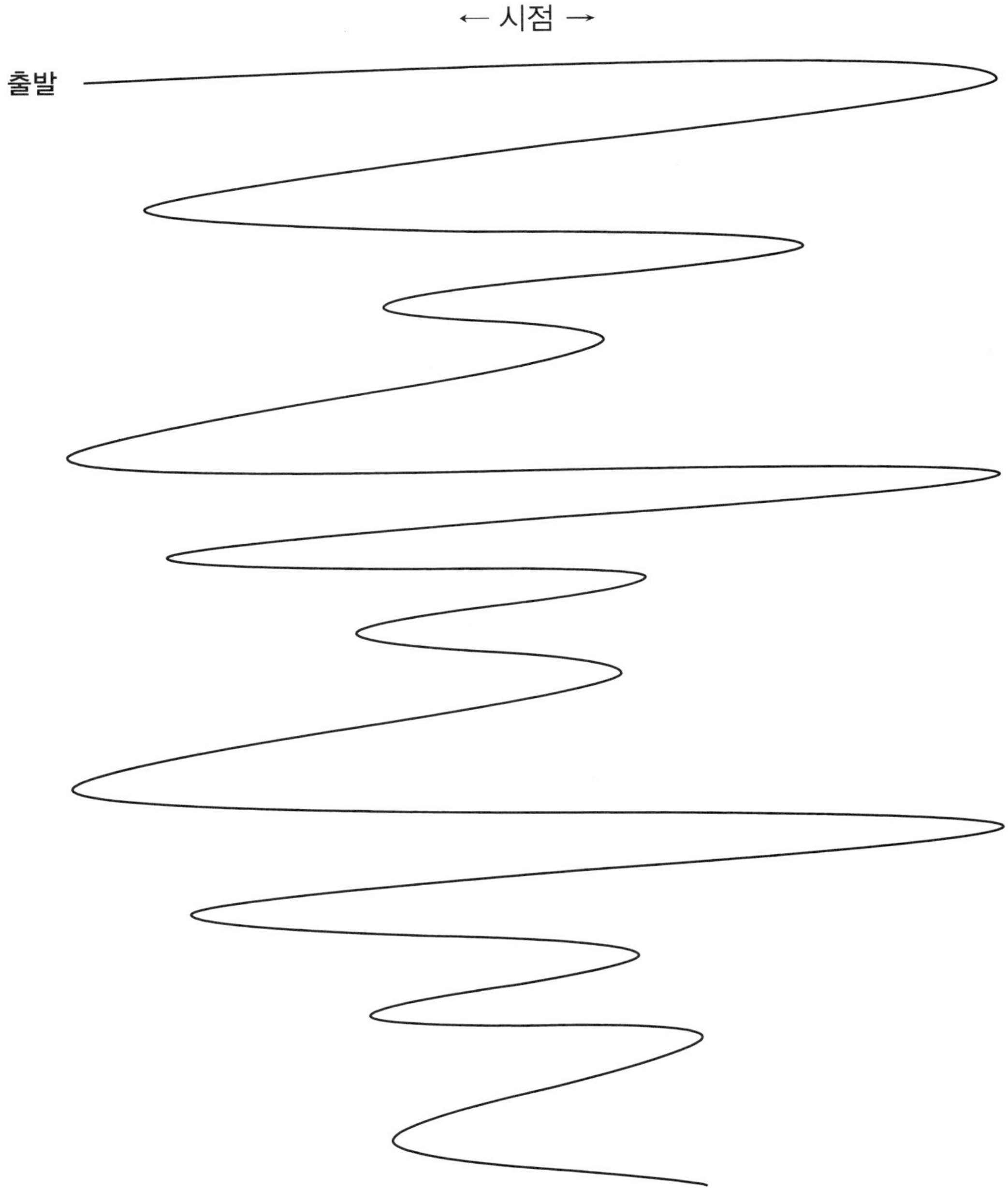

안구의 흐름

선 따라 안구 훈련하기[2]

➜ 글을 읽듯이 훈련 1~2를 연결하여 안구를 빠르게 움직이세요.
➜ 두 쪽을 3회 연속 훈련하여 30초 이내에 주파하여야 합니다.
➜ 소요시간을 측정하여 꼭 기록하세요.

← 시점 →

연결

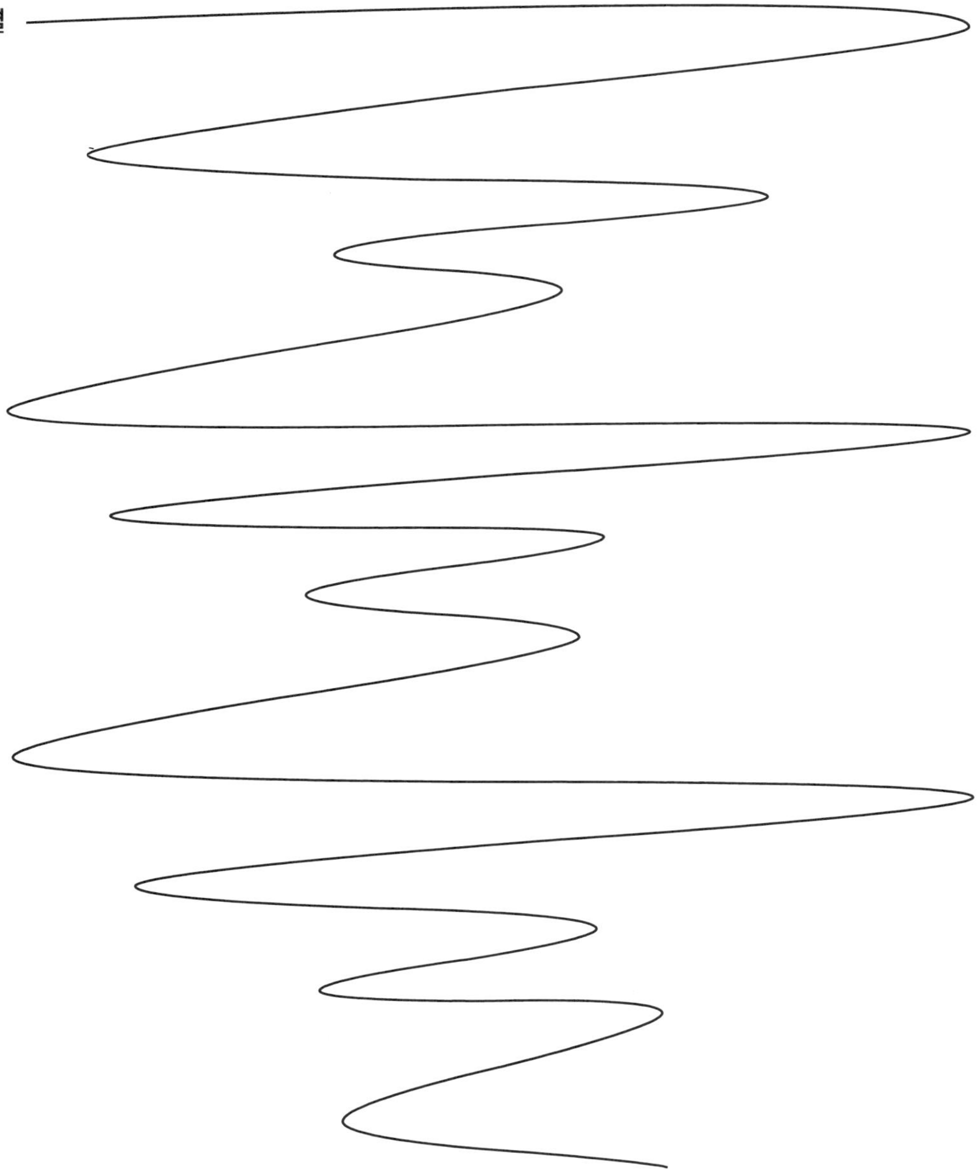

The Super Speed Reading

선 따라 안구 훈련하기 [훈련 기록표]

➜ 시간이 단축될 수 있도록 소요시간을 꼭 기록한다.
➜ 실력이 향상되도록 숫자를 인지하며 반복 훈련한다.

속독 스피드훈련 측정기록란   ※ 매 3회 실시

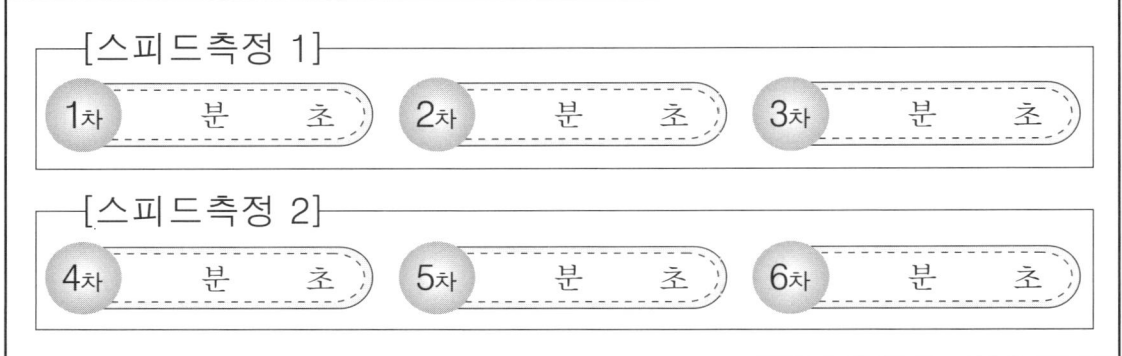

속독 자율훈련 측정기록란

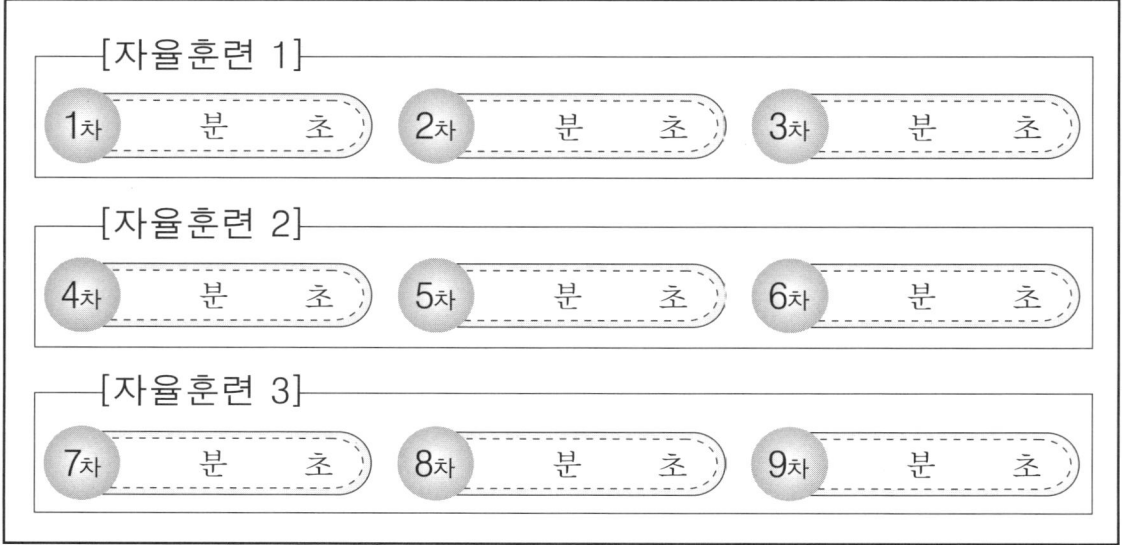

훈련 1
한 글자 낱말 인지훈련

① 아래 글자 낱말 중 선택된 같은 낱말만 빠르게 인지하세요.
② 안구를 좌·우로 이동하여 낱말의 개수를 세어 가세요.
③ 손가락, 필기구 등 기타 물건을 사용하지 마세요.

← 시점 →

Ⓐ	Ⓑ	Ⓒ	Ⓓ	Ⓔ	Ⓕ	Ⓖ	Ⓗ	Ⓘ	Ⓙ	Ⓚ
말	해	금	산	상	별	창	소	배	양	달
별	창	⇨	양	달	소	상	말	귤	산	금
소	말	감	창	산	상	배	금	⇦	양	해
배	창	⇨	양	해	말	산	별	콩	달	상
말	산	깨	소	배	달	별	금	⇦	해	창
별	창	⇨	달	금	배	해	말	눈	소	산
달	양	밤	창	소	말	배	별	⇦	금	상
별	소	⇨	해	배	달	산	창	돌	양	말
말	상	병	창	양	금	달	소	⇦	별	해
양	해	⇨	배	별	말	창	금	파	상	달
상	별	담	창	산	금	배	소	⇦	양	해

The Super Speed Reading

한 글자 소요시간 기록표

➡ 글자 인지훈련[1] 호를 20초 이내에 주파하세요.
➡ 개수가 맞으면 기록 칸에 기록하세요.
➡ 초시계로 측정하여 소요시간을 꼭 기록하세요.

	1차	2차	3차	4차	5차
말	초	초	초	초	초
해	초	초	초	초	초
금	초	초	초	초	초
산	초	초	초	초	초
상	초	초	초	초	초
별	초	초	초	초	초
창	초	초	초	초	초
소	초	초	초	초	초
배	초	초	초	초	초
양	초	초	초	초	초
달	초	초	초	초	초

The Super Speed Reading

 훈련 2
두 글자 낱말 인지훈련

① 아래 글자 낱말 중 선택된 같은 낱말만 빠르게 인지하세요.
② 안구를 좌·우로 이동하여 낱말의 개수를 세어 가세요.
③ 손가락, 필기구 등 기타 물건을 사용하지 마세요.

← 시점 →

①	②	③	④	⑤	⑥	⑦	⑧	⑨	⑩	⑪
수박	연필	학교	개미	버스	속독	기차	상장	악어	포도	사자
악어	속독	자두	상장	학교	포도	연필	개미	⇐	버스	수박
버스	상장	⇒	기차	개미	악어	수박	사자	오이	속독	학교
사자	수박	배추	학교	버스	속독	연필	상장	⇐	악어	기차
연필	개미	⇒	악어	상장	사자	학교	기차	두부	포도	버스
포도	기차	우유	수박	연필	버스	속독	사자	⇐	개미	상장
악어	개미	⇒	버스	기차	상장	포도	연필	김치	학교	속독
기차	포도	보리	상장	연필	속독	학교	사자	⇐	버스	개미
버스	속독	⇒	학교	포도	사자	개미	수박	미역	상장	기차
상장	사자	딸기	개미	연필	악어	학교	속독	⇐	버스	수박
포도	버스	⇒	수박	상장	사자	개미	기차	필통	속독	악어

The Super Speed Reading

두 글자 소요시간 기록표

➡ 글자 인지훈련[2]호를 20초 이내에 주파하세요.
➡ 개수가 맞으면 기록 칸에 기록하세요.
➡ 초시계로 측정하여 소요시간을 꼭 기록하세요.

수박	1차 : 초	2차 : 초	3차 : 초	4차 : 초	5차 : 초
연필	1차 : 초	2차 : 초	3차 : 초	4차 : 초	5차 : 초
학교	1차 : 초	2차 : 초	3차 : 초	4차 : 초	5차 : 초
개미	1차 : 초	2차 : 초	3차 : 초	4차 : 초	5차 : 초
버스	1차 : 초	2차 : 초	3차 : 초	4차 : 초	5차 : 초
속독	1차 : 초	2차 : 초	3차 : 초	4차 : 초	5차 : 초
기차	1차 : 초	2차 : 초	3차 : 초	4차 : 초	5차 : 초
상장	1차 : 초	2차 : 초	3차 : 초	4차 : 초	5차 : 초
악어	1차 : 초	2차 : 초	3차 : 초	4차 : 초	5차 : 초
포도	1차 : 초	2차 : 초	3차 : 초	4차 : 초	5차 : 초
사자	1차 : 초	2차 : 초	3차 : 초	4차 : 초	5차 : 초

아라비아 숫자 인지훈련

▬ 기본 숫자기호 훈련 해설

➡ 한 줄의 숫자 기호들은 글자로 대신합니다.

➡ 한 줄의 숫자는 핵심단어라고 생각합니다.

➡ 좌·우의 개념으로 번호 순서대로 두 개씩 인지합니다.

➡ 숫자를 인지하면서 수직으로 빠르게 이동합니다.

➡ 숫자기호를 1호~10호까지 연속하여 훈련합니다.

➡ 머리는 고정한 상태에서 안구를 움직여 숫자를 빠르게 인지합니다.

The Super Speed Reading

아라비아 숫자 훈련 1

기본 숫자인지 훈련

➜ 아라비아 숫자를 기본으로 빠르게 인지하면서 수직으로 이동한다.
➜ 숫자인지 훈련은 1호~10호까지 1분 이내에 주파한다.
➜ 번호 순서대로 인지하여 1~200까지의 소요시간을 측정 기록한다.

[숫자 1~20까지]

← 시점 →

— — — 1 — — — — — — — — — 2 — — — —

— — — 3 — — — — — — 4 — — — — —

— — — — 5 — — — — — — — — —

— — — — — 6 — — — — — — — — 7 — —

— — — 8 — — — — — 9 — — — — —

— — — — 10 — — — — — — 11 — — — —

— — — 12 — — — — — 13 — — — — —

— — — — — 14 — — — — — — 15 — — —

— — — 16 — — — — — 17 — — — — —

— 18 — — — 19 — — — 20 — —

아라비아 숫자 훈련 2
기본 숫자인지 훈련

➡ 아라비아 숫자를 기본으로 빠르게 인지하면서 수직으로 이동한다.
➡ 숫자인지 훈련은 1호~10호까지 1분 이내에 주파한다.
➡ 번호 순서대로 인지하여 1~200까지의 소요시간을 측정 기록한다.

[숫자 21~40까지]

← 시점 →

— — 21 — — — — — — — — — 22 — — —
— — — — — 23 — — — — — — —
— — — 24 — — — — — 25 — — — —
— — — — 26 — — — — — — 27 —
— — 28 — — — — 29 — — — —
— — 30 — — — — 31 — — —
— — — — 32 — — — — — 33 — —
— — — — — 34 — — — — 35 — —
— — 36 — — — — — 37 — — — —
— — 38 — — — — 39 — — — 40 — —

The Super Speed Reading

아라비아 숫자 훈련 3
기본 숫자인지 훈련

➔ 아라비아 숫자를 기본으로 빠르게 인지하면서 수직으로 이동한다.
➔ 숫자인지 훈련은 1호~10호까지 1분 이내에 주파한다.
➔ 번호 순서대로 인지하여 1~200까지의 소요시간을 측정 기록한다.

[숫자 41~60까지]

← 시점 →

— — 41 — — — — — — — — — — 42 — — —

— — — — 43 — — — — — — — 44 — — —

— — — 45 — — — — — —

— — — — 46 — — — — — — — — 47 —

— — 48 — — — — 49 — — — — 50 —

— — — 51 — — — — — 52 — — — —

— — — 53 — — — — — 54 — — —

— — — — 55 — — — — 56 — — — — —

— — — — — — 57 — — — — — 58 — —

— 59 — — — — — — 60 — — — —

The Super Speed Reading

아라비아 숫자 훈련 4
기본 숫자인지 훈련

➡ 아라비아 숫자를 기본으로 빠르게 인지하면서 수직으로 이동한다.
➡ 숫자인지 훈련은 1호~10호까지 1분 이내에 주파한다.
➡ 번호 순서대로 인지하여 1~200까지의 소요시간을 측정 기록한다.

[숫자 61~80까지]

← 시점 →

― ― ― 61 ― ― ― ― ― ― ― ― ― ― 62 ― ― ―
― ― ― 63 ― ― ― ― ― ― ― 64 ― ― ― ―
― ― ― 65 ― ― ― ― ― ― ― ― 66 ― ― ―
― ― ― 67 ― ― ― ― ― ― ― ― ― 68 ― ―
― ― ― ― 69 ― ― ― ― ―
― ― ― 70 ― ― ― ― ― ― ― 71 ― ― ― ― ― ― 72 ― ―
― ― ― 73 ― ― ― ― ― ― ― ― 74 ― ― ―
― ― ― ― ― ― 75 ― ― ― ― ― ― ― ― ― 76 ― ―
― ― ― 77 ― ― ― ― ― ― ― 78 ― ― ―
― ― 79 ― ― ― ― ― ― ― ― ― 80 ― ― ―

기본 숫자 인지 훈련

The Super Speed Reading

아라비아 숫자 훈련 5
기본 숫자인지 훈련

➡ 아라비아 숫자를 기본으로 빠르게 인지하면서 수직으로 이동한다.
➡ 숫자인지 훈련은 1호~10호까지 1분 이내에 주파한다.
➡ 번호 순서대로 인지하여 1~200까지의 소요시간을 측정 기록한다.

[숫자 81~100까지]

← 시점 →

— — 81 — — — — — — — — — — — 82 — — —
— — — — — 83 — — — — — — 84 — — — —
— — — — — — 85 — — — —
— — — — — — 86 — — — — — — — 87 — —
— — — — 88 — — — — — 89 — — — — 90 —
— — — — — — — 91 — — — — — 92 — — —
— — — 93 — — — — — 94 — — —
— — — — — 95 — — — — — — 96 — — —
— — — 97 — — — — — 98 — — — — — —
— — — 99 — — — — — — 100 — — —

아라비아 숫자 훈련 6

기본 숫자인지 훈련

➔ 아라비아 숫자를 기본으로 빠르게 인지하면서 수직으로 이동한다.
➔ 숫자인지 훈련은 1호~10호까지 1분 이내에 주파한다.
➔ 번호 순서대로 인지하여 1~200까지의 소요시간을 측정 기록한다.

[숫자 101~120까지]

← 시점 →

— — 101 — — — — — — — — — — 102 — — — —
— — 103 — — — — — — — 104 — — — — — —
— — — 105 — — —
— — — — 106 — — — — — — — — — 107 — —
— — 108 — — — — — 109 — — — — — —
— — 110 — — — — 111 — — — — — — 112 — —
— — — 113 — — — — — — 114 — — — — —
— — — — — — 115 — — — — — — 116 — —
— — 117 — — — — — — 118 — — — — —
— — — — — 119 — — — — — — 120 — —

The Super Speed Reading

아라비아 숫자 훈련 7

기본 숫자인지 훈련

➡ 아라비아 숫자를 기본으로 빠르게 인지하면서 수직으로 이동한다.
➡ 숫자인지 훈련은 1호~10호까지 1분 이내에 주파한다.
➡ 번호 순서대로 인지하여 1~200까지의 소요시간을 측정 기록한다.

[숫자 121~140까지]

← 시점 →

— — 121 — — — — — — — — — — — 122 — — —

— — — — 123 — — — — — — — — — 124 — —

— — — 125 — — —

— — 126 — — — — — — — — — 127 — — — —

— — — — — 128 — — — — — — — — 129 — —

— — 130 — — — — — — — 131 — — — 132 — —

— — 133 — — — — — — — 134 — —

— — — — — 135 — — — — — — 136 — — —

— — — 137 — — — — 138 — — — — — — —

— — 139 — — — — — — — 140 — — —

아라비아 숫자 훈련 8

기본 숫자인지 훈련

→ 아라비아 숫자를 기본으로 빠르게 인지하면서 수직으로 이동한다.
→ 숫자인지 훈련은 1호~10호까지 1분 이내에 주파한다.
→ 번호 순서대로 인지하여 1~200까지의 소요시간을 측정 기록한다.

[숫자 141~160까지]

← 시점 →

— — 141 — — — — — — — — — — 142 — —

— — — — 143 — — — —

— — 144 — — — — — 145 — — —

— — — — 146 — — — — — — 147 — —

— — — 148 — — — — 149 — — —

— — 150 — — — — 151 — — — — 152 — —

— — — 153 — — — — 154 — — —

— — 155 — — — — — — 156 — — —

— — — — 157 — — — — — — 158 — — —

— 159 — — — — — 160 — — — —

The Super Speed Reading

아라비아 숫자 훈련 9

기본 숫자인지 훈련

➔ 아라비아 숫자를 기본으로 빠르게 인지하면서 수직으로 이동한다.
➔ 숫자인지 훈련은 1호~10호까지 1분 이내에 주파한다.
➔ 번호 순서대로 인지하여 1~200까지의 소요시간을 측정 기록한다.

[숫자 161~180까지]

← 시점 →

— — —161— — — — — — —162— — —
— — —163— — — — — —164— — —
— — —165— — — —166— — —
— — — —167— — — — — —168—
— — — —169— — —
— — — —170— — — — —171—
—172— — —173— — — — —174—
— — — —175— — — — —176—
— —177— — — —178— — —
— —179— — — —180— —

아라비아 숫자 훈련 10
기본 숫자인지 훈련

➔ 아라비아 숫자를 기본으로 빠르게 인지하면서 수직으로 이동한다.
➔ 숫자인지 훈련은 1호~10호까지 1분 이내에 주파한다.
➔ 번호 순서대로 인지하여 1~200까지의 소요시간을 측정 기록한다.

[숫자 181~200까지]

← 시점 →

— — 181 — — — — — — — — — — — 182 — —

— — — 183 — — — — — —

— — 184 — — — — — — 185 — — —

— — — — 186 — — — — — — — 187 — —

— — 188 — — — — 189 — — — — 190 —

— — — 191 — — — — — — — — — 192 —

— — 193 — — — — — 194 — — —

— 195 — — — — — 196 — — —

— — 197 — — — — — 198 — — —

— — — — 199 — — — — 200 — — —

The Super Speed Reading

아라비아 숫자 트레이닝

기본 숫자인지 훈련 기록표

[숫자 1~200까지]

➔ 시간이 단축될 수 있도록 소요시간을 꼭 기록한다.
➔ 실력이 향상되도록 숫자를 인지하며 반복 훈련한다.

속독 스피드훈련 측정기록란　　　　　　　※ 매 3회 실시

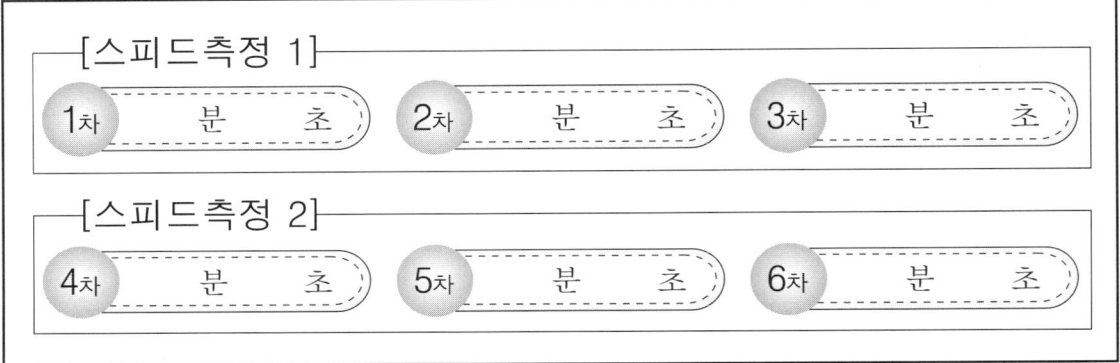

속독 자율훈련 측정기록란

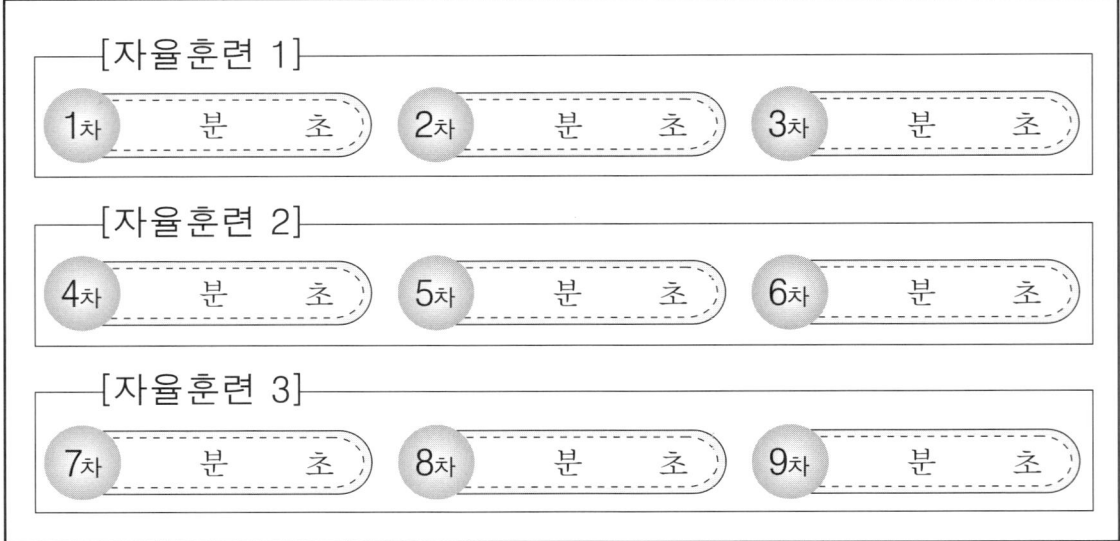

속독 트레이닝

■ 속독 훈련 방법 주요 포인트

1. 한 줄의 중심이 되는 낱말을 인지하면 속독으로 책을 읽을 수 있습니다.

2. 중심이 되는 낱말을 주축으로 인지하며 빠르게 아래로 이동합니다.

3. 중심 낱말 주위에 점선들은 연결내용이 있다는 표시입니다.

4. 자연스럽게 안구를 이동하여 눈의 흐름은 부드럽게 합니다.

5. 시점은 한 줄의 중심으로부터 최대한 넓게 확보하여 좌·우로 봅니다.

6. 중심 낱말들은 한눈에 보고 이해하도록 합니다.

7. 반복적으로 여러번 훈련하여 소요시간을 단축합니다.

The Super Speed Reading

속독 트레이닝 1

기본글자 단어인지 훈련

▶ 기본 글자단어를 스캐닝 기법으로 빠르게 인지하면서 수직으로 이동한다.
▶ 스캐닝 훈련은 1호~10호까지 1분 이내에 주파한다.
▶ 글자단어 인지훈련은 1호~10호까지의 소요시간을 측정 기록한다.

← 시점 →

옛날 - - - - - - -어느 마을- - - - - - -총각이- - - -

- - -외롭게- - - - - - - -살았- - - - - - - - -

- - - - - - -부모 형제도- - - - - - - -없이- - - -

- - -밭에 일하러- - - - - - -한탄- - - - - - -

곡식을- - - - - - - - -심어- - - - - - - -누구하고-

- - - -먹고사나- - - - -

- - -어디선가- - - - - - - - - -나하고- - - - -

- - - - -여자의- - - - - - - - - -목소리- - -

- - -총각은- - - - - - - - - - -두리 번- - - - -

- -분명히- - - - - - -사람- - - - - -목소리- - -

속독 트레이닝 2
기본글자 단어인지 훈련

우렁각시

▶ 기본 글자단어를 스캐닝 기법으로 빠르게 인지하면서 수직으로 이동한다.
▶ 스캐닝 훈련은 1호~10호까지 1분 이내에 주파한다.
▶ 글자단어 인지훈련은 1호~10호까지의 소요시간을 측정 기록한다.

← 시점 →

- - - 총각은 - - - - - - - - - - - 다시 한번 - - - - - -

또다시 - - - - - - - 여자 - - - - - - - 목소리 - - - - -

- - - - - 누가 - - - - - - - - - - 몰래 - - - - - - - -

- - 내 말을 - - - - - - - - - - - - 듣고 - - - - - - -

- - - - - 총각의 - - - - - - - - - - - - 발 앞에 - - -

- - 우렁이 - - - - - - - 한 마리 - - - - -

- - - - - 총각은 - - - - - - - - - - - 우렁이를 - - - -

- - - - 보고 - - - - - - - - - - 중얼거렸 - - - - - - -

그때 - - - - - - - 우렁이가 - - - - - - 말을 - - - - -

- - - - 맞아요 - - - - - - - - - - 제가 - - - - - - -

The Super Speed Reading

 속독 트레이닝 3

기본글자 단어인지 훈련

▶ 기본 글자단어를 스캐닝 기법으로 빠르게 인지하면서 수직으로 이동한다.
▶ 스캐닝 훈련은 1호~10호까지 1분 이내에 주파한다.
▶ 글자단어 인지훈련은 1호~10호까지의 소요시간을 측정 기록한다.

우렁각시

← 시점 →

- - - - 저를 - - - - - - - - - - - - - 물독에 - - - - - - -

그러면 - - - - - - - - - - - - - 좋은 일이 - - - - - - -

- - - - - - - 총각은 - - - - - - - 우렁이를 - - - - -

- - - 집으로 - - - - - - - - -

- - - - - - - - 부엌의 - - - - - - - - 물독에 - - - - -

- - - 고맙습 - - - - - - - 좋은 일이 - - - -

이튿날 - - - - - - - 총각 - - - - - - - - - - 밥을 - -

- - - - - - 부엌으로 - - - - - - - - - 그런데 - - - -

- - 부뚜막 - - - - - - - - - - 밥상이 - - - - - - - -

- - - - - 누가 밥을 - - - - - - - - - - - 차려 - - - - -

속독 트레이닝 4
기본글자 단어인지 훈련

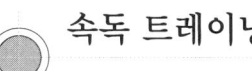

▶ 기본 글자단어를 스캐닝 기법으로 빠르게 인지하면서 수직으로 이동한다.
▶ 스캐닝 훈련은 1호~10호까지 1분 이내에 주파한다.
▶ 글자단어 인지훈련은 1호~10호까지의 소요시간을 측정 기록한다.

← 시점 →

- - - 반찬도 - - - - - - - - - - - - - - 제법 - - - - -

총각은 - - - - - - - - - 맛있게 - - - - - - - - 일하러 - -

- - - 밭으로 - - - - - - - - -

- - 점심때가 - - - - - - - - - - - - - 집으로 - - - - -

이번에는 - - - - - - - - - 점심상 - - - - - - - 차려 - -

- - - - 이상한 일 - - - - - - - - - - - 누가 상을 - - -

- - 총각은 - - - - - - - - - - - - - 궁금 - - - - - - -

- - - - 혹시 - - - - - - - - - - - - - 우렁이가 - - - -

- - 총각은 - - - - - - - - - - - 부엌 뒤에 - - - - - -

- - - - 몰래 - - - - - - - - - - 지켜 - - - -

The Super Speed Reading

속독 트레이닝 5
기본글자 단어인지 훈련

▶ 기본 글자단어를 스캐닝 기법으로 빠르게 인지하면서 수직으로 이동한다.
▶ 스캐닝 훈련은 1호~10호까지 1분 이내에 주파한다.
▶ 글자단어 인지훈련은 1호~10호까지의 소요시간을 측정 기록한다.

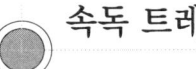

← 시점 →

- - -물독- - - - - - - - - - - - - - -우렁이가- - - - -

- - - - - - -기어 나왔- - - - - - - - -

총각은- - - - -숨을- - - - - - - - - - -죽이고- - -

- - -우렁이는- - - - - - - - - -예쁜 아가씨로- - - -

- - - - -변하여- - - - - - -

- -총각은- - - - - - - - - - - -가슴- - - - - - - -

- - - - -저 아가씨를- - - - - - - - - -각시로- - - -

살금살금- - - - - - - - -아가씨를 꽉- - - - - -

- - - - -아가씨는- - - - - - - -깜짝- - - - - - - -

- -이러시면- - - - - - - - - - - - -안됩- - -

속독 트레이닝 6
기본글자 단어인지 훈련

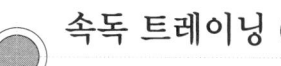

▶ 기본 글자단어를 스캐닝 기법으로 빠르게 인지하면서 수직으로 이동한다.
▶ 스캐닝 훈련은 1호~10호까지 1분 이내에 주파한다.
▶ 글자단어 인지훈련은 1호~10호까지의 소요시간을 측정 기록한다.

← 시점 →

때가 - - - - - -올 때까지- - - - - - - - - -기다- - - -

- - -저는- - - - - - - - - - -용왕님의 딸- - - - - -

- - - - - - - -죄를- - - - - - - - -우렁이가- - -

- - -인간 세상- - - - - - -쫓겨- - - -

-날짜가 차면- - - - - - - - -사람이- - - - - - -

- - - -총각은- - - - - - - -그때까지- - - - - -

기다리지- - - - - -못하고- - - - - - -각시로- -

- - -두 사람은- - - - - - - - -재미있게- - - - - -

-밭에 일- - - - - - - - - -각시도 따라- - - - -

- - -서로- - - - - - -들판에서- - - - - - - -웃었- - -

The Super Speed Reading

속독 트레이닝 7
기본글자 단어인지 훈련

▶ 기본 글자단어를 스캐닝 기법으로 빠르게 인지하면서 수직으로 이동한다.
▶ 스캐닝 훈련은 1호~10호까지 1분 이내에 주파한다.
▶ 글자단어 인지훈련은 1호~10호까지의 소요시간을 측정 기록한다.

← 시점 →

하루는 - - - - - - - 임금이 - - - - - - - - 사냥을 - - -

- - - - 그 집 앞을 - - - - - - - - 지나게 - - - - -

임금은 - - - - - - - - - - 예쁜 우렁이 각시를 - - - - -

- - - 나쁜 마음 - - - - - - - - 생겼 - - - - -

- - 임금은 - - - - - - - - - - - - - 각시 남편을 - - - - -

- - - - - 불러 - - - - - - - - - - - 나무심기 - - - - -

- - 시합을 - - - - - - -

- - 자네가 이기면 - - - - - - - - - - 나라의 반을 - - - -

- - 내가 이기면 - - - - - - - - - - - 자네 아내를 - - - -

시합은 - - - - - - 보나 마나 - - - - - - 질 것이 -

속독 트레이닝 8

기본글자 단어인지 훈련

▶ 기본 글자단어를 스캐닝 기법으로 빠르게 인지하면서 수직으로 이동한다.
▶ 스캐닝 훈련은 1호~10호까지 1분 이내에 주파한다.
▶ 글자단어 인지훈련은 1호~10호까지의 소요시간을 측정 기록한다.

← 시점 →

- - 임금은 - - - - - - - 군사를 - - - - - - - 심게 - - - -

- - - - 우렁각시는 - - - - - - - 편지를 써 - - - -

- - 가락지에 - - - - - - - 매어 - - - - - - - 물속에 -

- - - - - 던지세요. - - - - -

- - 남편은 - - - - - - - - - 각시가 - - - - - - 시키는 -

- - - - 바다 양쪽이 - - - - - - - - 갈라 - - - - - - -

- - 남편은 - - - - - - - - - - - - 그 길을 따라 - - - -

- - - - - 궁궐이 - - - - - - 나타 - - - - -

용왕이 - - - - - - - - - - - - 반갑게 - - - - - - -

- - - 미리 알고 - - - - - - - - 호리병 하나 - - - - -

The Super Speed Reading

속독 트레이닝 9
기본글자 단어인지 훈련

▶ 기본 글자단어를 스캐닝 기법으로 빠르게 인지하면서 수직으로 이동한다.
▶ 스캐닝 훈련은 1호~10호까지 1분 이내에 주파한다.
▶ 글자단어 인지훈련은 1호~10호까지의 소요시간을 측정 기록한다.

 우렁각시

← 시점 →

- - -그걸 가지고- - - - - - - - - - - - - -나무를- - - - -

- - 내 딸을- - - - - - - - - - - - - -잘 부탁- - - - - - -

우렁각시의 남편은- - - - - - - - - - - - -호리병을- -

- -집으로- - - - - - -

이튿날- - - - - - - - -남편은- - - - - - -호리병을- - -

- - -허리에 차고- - - - - - - - - - -시합을- - - - -

- -남편은- - - - - - - - - -호리병 뚜껑- - - - - - - -

- -그 속에서- - - - - - - - - - -작은 사람들- - - - -

- - -호미를- - - - - - - - - - - - -쏟아져- - - - -

- -금세- - - - - - - - - - - - - -어른이 되어- - -

속독 트레이닝 10

기본글자 단어인지 훈련

▶ 기본 글자단어를 스캐닝 기법으로 빠르게 인지하면서 수직으로 이동한다.
▶ 스캐닝 훈련은 1호~10호까지 1분 이내에 주파한다.
▶ 글자단어 인지훈련은 1호~10호까지의 소요시간을 측정 기록한다.

← 시점 →

― ―나무를― ― ― ― ― ― ― ― ― ―심고― ― ― ― ―

― ― ― ―임금이 시합에― ― ― ― ― ― ―진 것― ― ―

이번에는― ― ― ― ― ― ― ― ― ―말 타기― ― ― ― ―

― ― ―남편은― ― ― ― ― ― ― ― ―말을 타본― ― ― ―

걱정하자― ― ― ― ― ―또 편지를― ― ― ― ―물속에― ―

― ― ―용왕이― ― ― ― ― ― ― ―천리마 한 필― ― ― ― ―

― ―세 번째 시합― ― ― ― ― ― ― ― ―배를 타고― ― ― ―

임금은 바다에― ― ― ― ― ― ― ― ― ― ― ―빠져 죽고― ― ―

백성은― ― ― ―남편을 왕― ― ― ―우렁각시를 왕비로―

― ―삼아― ― ― ― ― ― ― ― ― ― ―평화롭게 살았― ― ― ― ―

The Super Speed Reading

속독 트레이닝
기본글자 단어인지 훈련 기록표

우렁각시

➔ 시간이 단축될 수 있도록 소요시간을 꼭 기록한다.
➔ 실력이 향상되도록 같은 내용을 반복 훈련한다.

속독 스피드훈련 측정기록란 　　　　　　※ 매 3회 실시

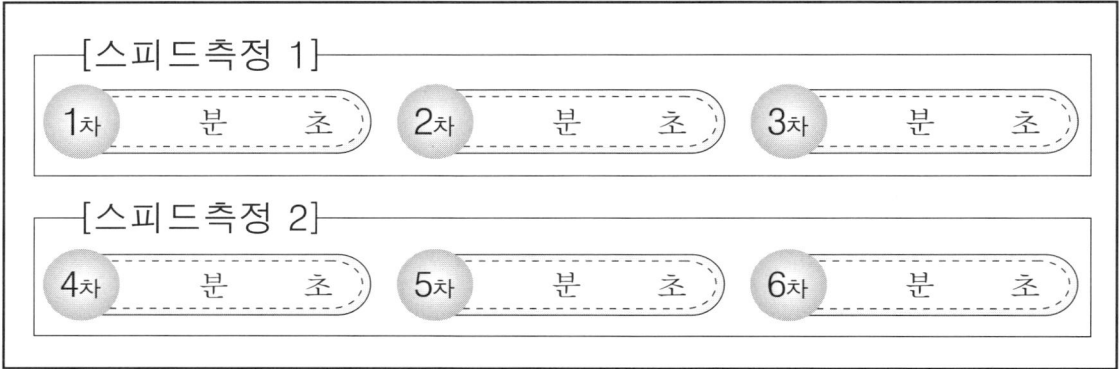

속독 자율훈련 측정기록란

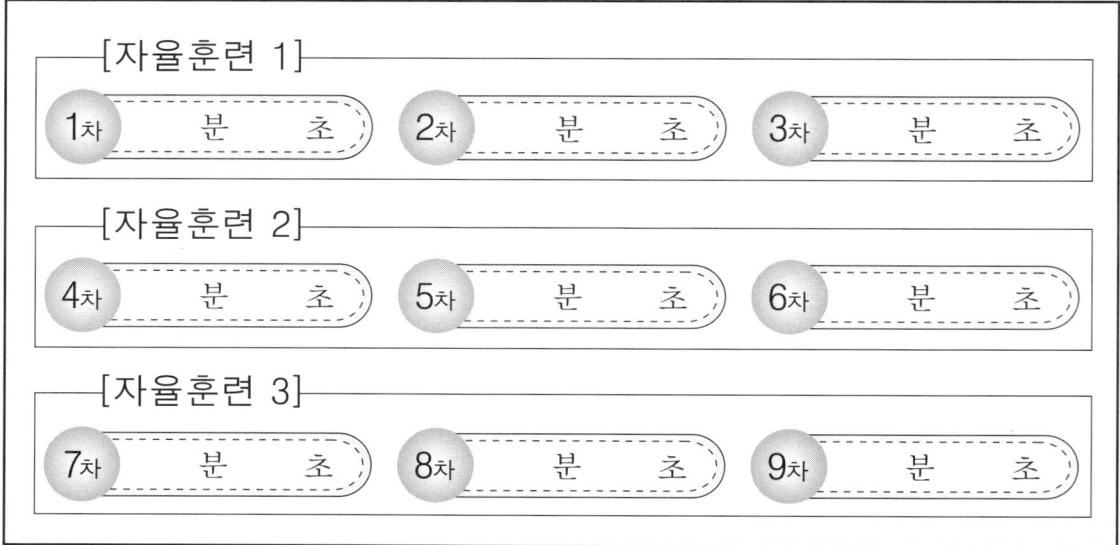

1차 스킵[skip] 건너뛰어 읽기

■ 속독을 위한 중심낱말 스킵훈련 해설

1. 속독으로 책을 읽으려면 한 줄의 중심이 되는 낱말을 인지합니다.

2. 중심이 되는 낱말을 주축으로 인지하되 한 줄의 글자 내용을 이해하면서 빠르게 아래로 이동합니다.

3. 앞으로 전개될 내용을 미리 감지하면서 이어 달리세요.

4. 눈의 흐름은 부드러우면서 빠르게 안구를 이동해 나갑니다.

5. 시점은 한 줄의 중심으로부터 최대한 좌·우로 넓게 보아야 합니다.

6. 중심 낱말을 한눈에 인지하고 이해하여야 합니다.

7. 여러 번 반복적으로 훈련하여 소요시간을 단축합니다.

The Super Speed Reading

[1차] 스킵훈련 1

중심낱말 인지하기 훈련

▶ 시점을 중심에 둔 상태에서 한 줄의 글자 및 점 기호들까지 최대한 한눈에 본다.
▶ 한 줄의 글자를 보는 즉시 안구는 순간적으로 미세하게 움직이며 좌·우의 중심 낱말을 빠르게 인지한다.
▶ 각 줄의 중심 낱말을 연속적으로 인지하면서 빠르게 수직으로 이동한다.

홍당무 [1]

· · · 배가 고픈 쥐 · · · · · · · · · 몰래 부엌 · ·

· · · 그곳 · · · 고양이를 · · · · ·

쥐는 깜짝 놀라서 · · · · · · · · 구멍을 · · · ·

· · · ·

고양이도 · · · · · · · 발톱을 · · · · · ·

· · · ·

쥐는 · · · · · · · · · · · · · 자기가 들어온

· · 부엌에서 · · · · · · · · · 뒤쪽이 · ·

· · 꼬리를 · · · · · · · · · 없어졌 · ·

· · · · 붙어 있던 · · · · · 사라진 · · ·

·

· · · 생각해 보니 · · · · · · · 고양이에게 · ·

The Super Speed Reading

[1차] 스킵훈련 1

홍당무

중심낱말 인지하기

· · · 빠져버린 · · · · ·
· · 목숨을 건진 · · · · · 다행스럽게 · · · · ·
· · · · 고양이는 · · · · · ·
억울했 · · ·
· · · 한참 동안 · · · · · · · · 쳐다보다
· · · · · 밖으로 · · · ·
· · · 시간이 · · · · · · · · · · 잘라진 꼬리 · ·
· · · · 구멍에 나타 · · · ·
부엌 안을 · · · · · · · · · 꼬리를 주워들고 · · ·
· · 말을 · · · · ·
· · · · · · · ·
· · 쥐꼬리 · · ·
· · · · 주운 쥐꼬리를 · · · · · 몸에 붙여보고 · · · ·
· · · · · 쥐꼬리를 가지고 · · · · 사라졌 · · ·
· · · · · 꼬리가 없는 · · 지내기로 · · ·
홍당무는 · · · · · · · · 실과 바늘로 · · · ·
· · · · 가위로 · · · · · 수염도 · ·
· · · · · 쥐꼬리도 달고 · · · · ·
틀림없이 쥐로 · · · ·

The Super Speed Reading

 [1차] 스킵훈련 1　　　　　　　　　　　　　　　　　　홍당무

중심낱말 인지하기

쥐꼬리를 · · · · · · · 홍당무는 · · · · · ·
· · · 밖으로 나와 · · · 나는 쥐다 · · · · · · ·
· 채소들아 · · · · · · · · · 갈아먹는 · · ·
· 쥐란 · · ·
홍당무는 · · · · · · · · · · · · · · 으스대며
· · · · 모습을 보고 · · · · · · · 진짜 쥐가 · · ·
· · · · · · 비명을 · · 달아나고
채소들은 · · · · · · · · · · · 쥐가 나타났다
· · · 알려 주었 · · · ·
· · · 홍당무는 · · · 우쭐해져서 · · · · · ·
· · 흉내를 · · · 겁을 주었 · · ·
· · · 그때였 · · ·
· 고양이가 · · · 나타났 · · ·
· · · · 놓치지 · · · 내가 · · 잡아먹고 · · ·
· · · · · 홍당무인지 · · · 달려들었습 · ·
홍당무는 · · · · 쥐가 아니에요 · · · ·
· · · 빌어 · · · 소용이 없었 · ·
· · 속을 줄 · · · · ·
고양이는 · · · · · · · 달려들었 · ·
· · · · · · 달아맨 · · · · · 수염을 뜯어 ·

[1차] 스킵훈련 1

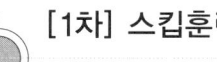

중심낱말 인지하기

· · ·

· · · ·

· · · 도망치기 · · · · · · · · · ·

· · · · · · · · · · 바구니 속 · · · · ·

숨어버렸 · · · · · · 홍당무는 · · · · · 숨을 죽이고

· · · ·

· 큰일 · · · 안도의 · · · ·

· · · · 쥐꼬리를 가지고 · · · · 사라졌 · · ·

· · · · · · 꼬리가 없는 · · 지내기로 · · ·

홍당무는 · · · · · 실과 바늘로

· · 고양이가 · · · · · 들여다보고 · · · · ·

· · · 쥐란 녀석이 · · · · · · · · · 쥐는 보이지

· · · · · · · 실망했 · · ·

· · · · · 고양이는 · · · · · · · 가버렸 · · ·

· · · 홍당무는 · · · · · · · 살아날 수 · · ·

구사일생 · · · · · · · · · · 뉘우쳤 · · ·

다시는 · · · · · · 놀라게 하지 · · ·

· · · 끝

	최초 측정 시간 :	분	초

'홍당무'의 중심 낱말 인지 훈련을 마치고
다음 훈련은 87쪽으로 이동하세요.

The Super Speed Reading

[1차] 스킵훈련

중심낱말 인지훈련 기록표

▶ 시간이 단축될 수 있도록 소요시간을 꼭 기록한다.
▶ 실력이 향상되도록 중심 낱말을 반복 훈련한다.

속독 스피드훈련 측정기록란   ※ 매 3회 실시

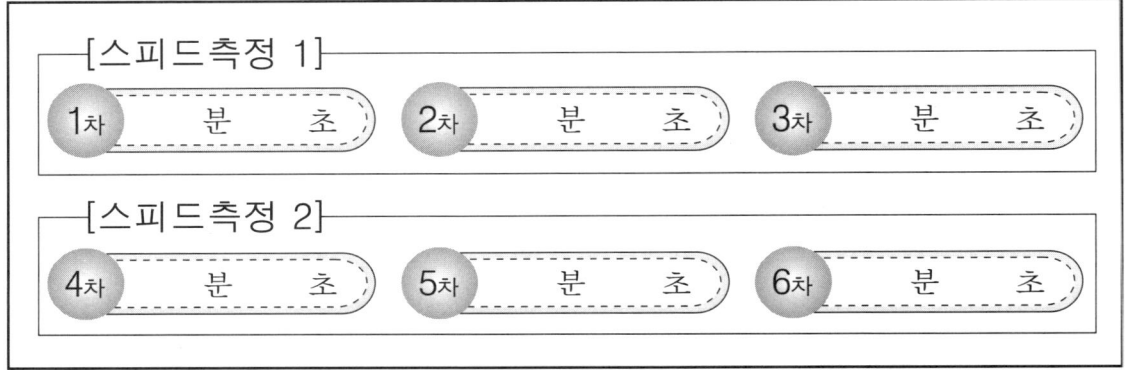

속독 자율훈련 측정기록란

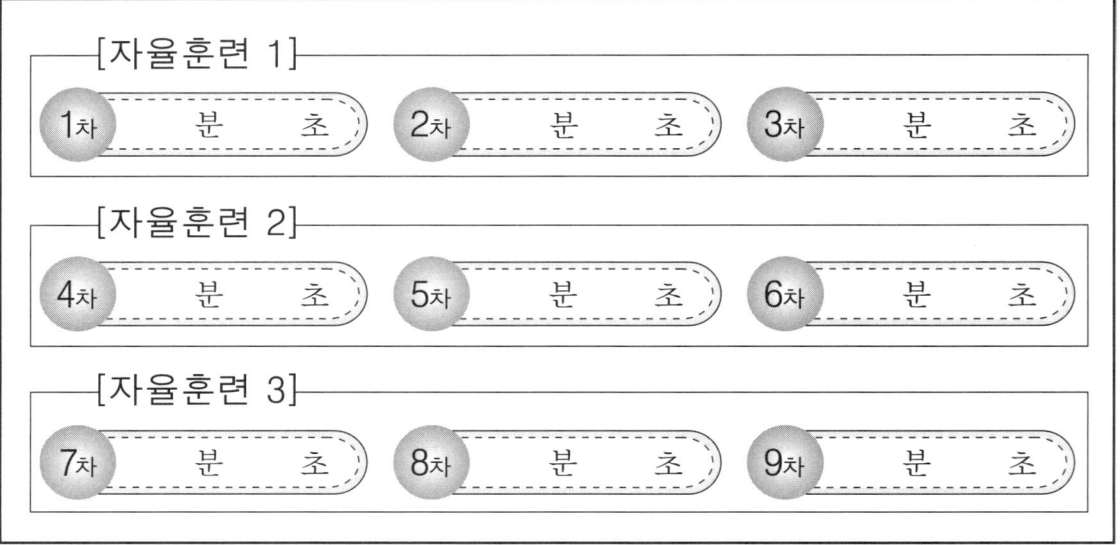

[1차] 스킵훈련 2

중심낱말 인지하기 훈련

▶ 시점을 중심에 둔 상태에서 한 줄의 글자 및 점 기호들까지 최대한 한눈에 본다.
▶ 한 줄의 글자를 보는 즉시 안구는 순간적으로 미세하게 움직이며 좌·우의 중심 낱말을 빠르게 인지한다.
▶ 각 줄의 중심 낱말을 연속적으로 인지하면서 빠르게 수직으로 이동한다.

빨간 구두 [2]

무지개 · · · · 양지마을에 · · · ·
미영이는 · · · A동에 · · · · ·
 · · · · · 새것만 좋아 · · · ·
토요일 · · · · · · 빨간색 구두 · · ·
 · · · · · · · ·
구두가 · · · · · · · · 밑단 말이야
베란다 · · · · · · 엄마에게 · · ·
 · · · 외출하지 · · · ·
 · · · · · 쇼핑하면 · · ·
우리 공주님 · · · 갖고 · · · ·
엄마를 · · · ·
 · 노란색 구두 · · · ·
우리 반에 · · · · · 수희는 · 인기 짱 · · ·
 · · 빨간 구두가 · · · 일주일밖에 · · ·

The Super Speed Reading

[1차] 스킵훈련 2
중심낱말 인지하기

빨간 구두

　　　　　· · · · 불쌍하지도 · · · · · · · · · · · · · 떼를 쓰면

· · 노란 구두 · · · · · · ·
　　　　　　　　　　　　　　· 새 구두를 · · · ·
· · · 졸라대고 · · · ·
엄마 · · · · · · · 신고 싶어요
· · · ·
· · 구두를 · · · · · 오래 · · · ·
· · · · · · 심부름도 · · · ·
· · · · · 엄마 뒤를 · · · · · · 귀찮게
· · ·

엄마는 · · · · · · · · 쇼핑하기로 · · · ·
· · · 미영이가 · · · · · 마음이 바뀔지도 · · ·
· · · · 새 구두 · · · · 약속하였 · · ·
신이 난 · · · · 내일이 되기 · · · · · ·
· · · 일찍 자야지 · · 내일이 빨리 · · ·
· · · 내일이 빨리 · · · · 자면 된다고 · · · ·
· · · 아빠가 · · · · · · 자기 방으로 · · ·

미영이는 · · 깜깜한 곳 · · · ·

[1차] 스킵훈련 2

중심낱말 인지하기

　　　　　　　　이름을
　
　　　　소리가
걸어가 보았
구두공장　　　　　　아이들 구두
　　　　　　　　본 것

　　내일　　　　　사라져야
　　　누군지
　　　　빨간 구두야
새 구두를　　　　　　　　헌 구두 나라
　　여기에 있는　　　새것만

　　　싫다고 했던　　　말을 해
빨간 구두　　　　　　　　　자기 발을

　　　　맨발로
미영이는　　　　　집에 빨리
　　　맨발　　　　　망설여집
　　　　자갈이 많고　　　버려진 구두

The Super Speed Reading

[1차] 스킵훈련 2

중심낱말 인지하기

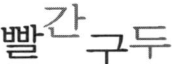

　　　발을 움직　　　아스팔트길

　　　　　　　도로 위　　　　분홍색 구두

　　　　　　다가왔

　　　　새것만　　　　　삼 일 만에

　　　　　　파란색 구두　　　말을 하였

나도 그래　　　　　　　　　나를 칼로

　　나라로

　　　연두색 구두가　　　말을 했

나도 그래　　　　　　　　이곳으로

구두들이　　　　　　　　구두가 불쌍

미영이는　　　　　　　탈출하고

집으로　　　　　마음이

빨간 구두는　　　　　　　달려왔

　　　　　　　　　　　고마웠어

　　　다치지

돌이나 유리　　　　　　　감싸주었지

내가 너를　　　　　　미안해

미영이　　　　　진실로

[1차] 스킵훈련 2

중심낱말 인지하기

빨간 구두

· · · · · ·
· · · · · · · · · 소리가 · · · ·
· · 누가 · · ·
· · · · · · ·
· · · · · · · 목소리였 · · · · 꿈이 · · ·
미영이는 · · · · · 엄마 품에 · · · · ·
· · 노란 구두 · · · ·
· · · · · · · · · 책 읽을 · · ·
빨간 구두 · · · · · · · · · 생각 · · ·
· · · · · 착한 · · · · · · ·
· · · 등교 · · · · 아침밥을 · · · · ·
현관 구석 · · · · · · · · · · · 깨끗이 닦았 · · ·
· · · · · 신고 · · · · · 사뿐사뿐 · · · ·
· · · · · · · ·
· · · · · 부럽지 않아
엄마는 · · · · · · · · · · 환해졌 · · · 끝

최초 측정 시간 :   분   초

'빨간구두'의 중심 낱말 인지 훈련을 마치고
다음 훈련은 94쪽으로 이동하세요.

The Super Speed Reading

[1차] 스킵훈련 2

중심낱말 인지훈련 기록표

빨간구두

▶ 시간이 단축될 수 있도록 소요시간을 꼭 기록한다.
▶ 실력이 향상되도록 중심 낱말을 반복 훈련한다.

속독 스피드훈련 측정기록란 ※ 매 3회 실시

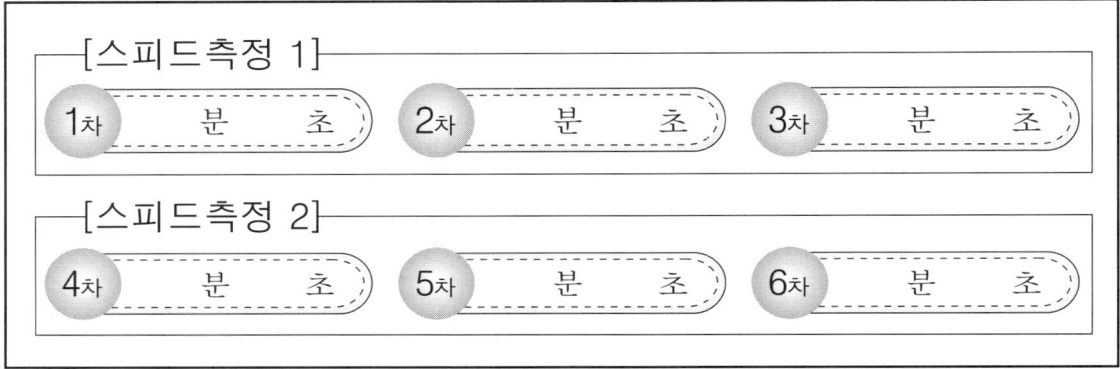

속독 자율훈련 측정기록란

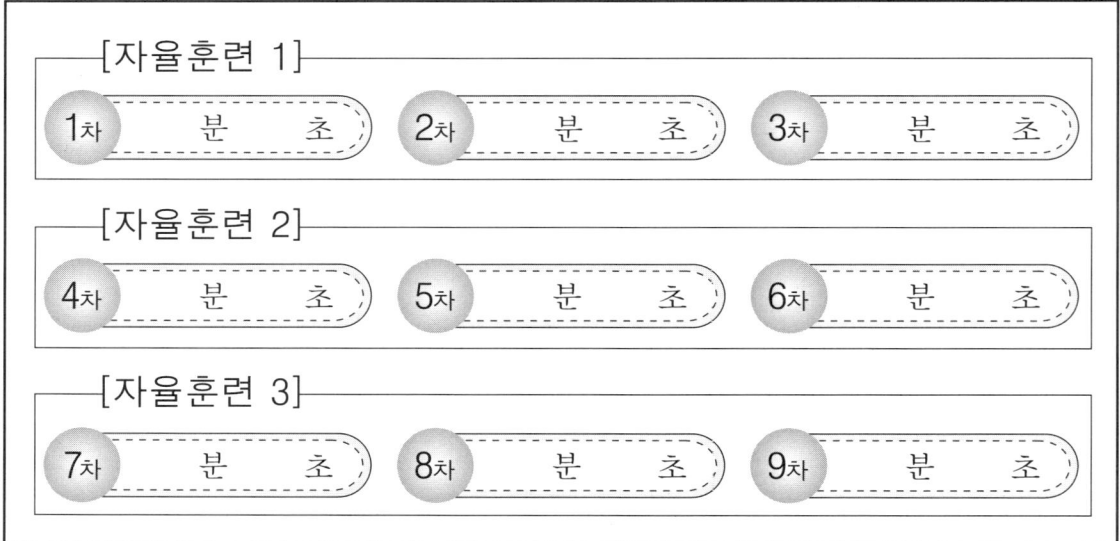

[1차] 스킵훈련 3
중심낱말 인지하기 훈련

▶ 시점을 중심에 둔 상태에서 한 줄의 글자 및 점 기호들까지 최대한 한눈에 본다.
▶ 한 줄의 글자를 보는 즉시 안구는 순간적으로 미세하게 움직이며 좌·우의 중심 낱말을 빠르게 인지한다.
▶ 각 줄의 중심 낱말을 연속적으로 인지하면서 빠르게 수직으로 이동한다.

재채기[3]

낙엽이 · · · · · 늦가을 · · · ·
· · · 숲 속 · · · · · 평온하게 · · ·
· · · · 코끼리 아저씨 · · · · · 근질근질
· · · 앞발을 · · · · · 시늉을 · · ·
· · · · 재채기를 · · · · ·
· · · · 여러 동물 · · 큰 소리로 · · · ·
여러분 · · · · · · · · 빨리 피하세요
그 소리를 · · · · · 술렁이기 · · · · ·
애들아 · · · · · · · 숨어라
여기저기서 · · · · 야단이었 · · ·
· · · · 재채기가 · · · ·
내가 재채기를 · · · · · 날아가 · · · ·
· · · 피하세요

원숭이는 · · · · · · · · 소리를 · · · ·

The Super Speed Reading

 [1차] 스킵훈련 3

재채기

중심낱말 인지하기

· · · · ·
· · · · 안 된단 · · · ·
예전에 · · · · · · · · · 나무 위에 · ·
· · · 가족 모두 · · · · 떨어졌어요
· · · · 멀리 · · · · 이틀 만에 · · ·
·
· · · · · 재채기를 참아 · · ·
·
원숭이들은 · · · · · · · 애원했 · · ·
코끼리 아저씨는 · · · 다시 한번 · · · ·
· · · · 참을 수가 · · ·

· · · · · · 없다고요
새들도 · · · · 소리쳤 · · ·
· · · · 큰일이다 · · · · 피해야 · · ·
지난번에 · · · · · · · · 깃털이 몽땅 · · ·
· · · ·
· · 참아 · · · ·
새들도 걱정이 · · · · · ·
· · · 곰 아저씨가 · · · 소리를 쳤 · · ·
· · · 재채기하면 · · ·

[1차] 스킵훈련 3

중심낱말 인지하기

재채기

· · · · 온몸에 난 털이 · · · · · · · · · 고생하였어
추운 겨우내 · · · · · 알몸으로 · · · · · · · · · · ·
· ·
제발 좀 · · · ·
· · · · 코끼리를 타일렀 · · ·
· · · · · · · 절대 반대로 · · · · 코를 물속 ·
· · 참기로 ·
· · 물속에 · · · · 시원 · ·
이 말을 · · · · 악어가 · · · · · · · · · · · · · ·
· · 그렇게 · · · · · · · 위하는 일이야
· · · · · · 물고기들이 · · · · · · · · · 야단들이
· ·
· · · 물속에서 · · · · · 어떡해요
· · · · 물고기들은 · · · · · · 죽을 거예요
제발 부탁 · · · · 코를 넣지 · · ·
· · · · 비늘이 없어서 · · · · · 얼어 죽고 · ·
· ·
· · · · · 곤란하게 · · · ·
· ·
난 더는 · · · · · · · · · · 멀리 도망 · · ·
· · · · · 재채기가 · · · · · 몸을 움찔 · · ·

The Super Speed Reading

 [1차] 스킵훈련 3

재채기

중심낱말 인지하기

생쥐가 · · · 튀어 나왔 · · ·
· · · · · 콧등을 · · · · · · · · · · 뛰어서 올라 ·
· · ·
생쥐는 · · · · · 얼굴까지 · · ·
· · · 내가 지금 · · · · · 춤을 · · · · · · · ·
· · · · · · · ·생쥐의 춤을 · ·
· · · · · · · ·웃음을 · · · · · · · ·
· · · ·
계속 · · · ·
눈물이 · · · 웃었습 · ·
· · · · · 재채기 · · · · 잊어버렸 · · ·
· · 코끼리 아저씨가 · · · · · · 구르면서 · · ·
땅이 흔들 · · · · · 무너져 내렸 · · ·
· 나무가 부러지면서 · · · · · · 새들은 · ·
· 몽땅 빠져서 · · · ·
· · · · 악어의 입은 · · · · · 물고기의 비늘은 · ·
· · 꼬리까지

The Super Speed Reading

[1차] 스킵훈련 3
중심낱말 인지하기

재채기

생쥐는 · · · · · · · · · · · · · · · · · 물웅덩이에 · ·
· · · ·
· · · 큰 소리로 · · · · · ·
· · · · · · · · 그만 웃으셔요
땅이 · · · · · · ·
· · · · ·
· · · · · · · · · 조용했던 숲 · · · · 뒤집힌 · · · ·
·
숲 속 나라 · · · · · · · · · · · 코끼리 아저씨가 · ·
· · 웃거나 재채기를 · · · · · · ·
· · · · 사전에서 · · · · · · · · 점막 신경이 · · ·
· 간질간질 · · · · · 입으로 숨을 · · · ·
· · · · · · · · 그러한 현상 · · · 끝

최초 측정 시간 :   분   초

'재채기'의 중심 낱말 인지 훈련을 마치고
다음 훈련은 102쪽으로 이동하세요.

The Super Speed Reading

[1차] 스킵훈련 3
중심낱말 인지훈련 기록표

재채기

▶ 시간이 단축될 수 있도록 소요시간을 꼭 기록한다.
▶ 실력이 향상되도록 중심 낱말을 반복 훈련한다.

속독 스피드훈련 측정기록란   ※ 매 3회 실시

[스피드측정 1]
| 1차 | 분 초 | 2차 | 분 초 | 3차 | 분 초 |

[스피드측정 2]
| 4차 | 분 초 | 5차 | 분 초 | 6차 | 분 초 |

속독 자율훈련 측정기록란

[자율훈련 1]
| 1차 | 분 초 | 2차 | 분 초 | 3차 | 분 초 |

[자율훈련 2]
| 4차 | 분 초 | 5차 | 분 초 | 6차 | 분 초 |

[자율훈련 3]
| 7차 | 분 초 | 8차 | 분 초 | 9차 | 분 초 |

[1차] 스킵훈련 4

중심낱말 인지하기 훈련

▶ 시점을 중심에 둔 상태에서 한 줄의 글자 및 점 기호들까지 최대한 한눈에 본다.
▶ 한 줄의 글자를 보는 즉시 안구는 순간적으로 미세하게 움직이며 좌·우의 중심 낱말을 빠르게 인지한다.
▶ 각 줄의 중심 낱말을 연속적으로 인지하면서 빠르게 수직으로 이동한다.

힘센 돼지[4]

동물들만 · · · · · · · · · · · · · · · 아름다운 숲 · ·
· 파란 초등학교 · · · · · · · ·
· · · · · · 곰 선생님 · · · · · 가르치고 · · ·
· · · 토요일 · · ·
· · · 학교에서 · · · 집으로 · · ·
선생님과 친구 · · · · · · 헤어질 시간 · ·
·
너희도 · · ·
· · · · · 월요일에 · · ·
여러 동물들 · · · · · · · 손을 흔들어 · · · · · ·
·
· · · 통순이는 · · 펑순이와 · · · · · ·
· ·
통순이는 · · · · · · · · · · 앞서가는 · · ·
· ·

The Super Speed Reading

[1차] 스킵훈련 4   힘센 돼지

중심낱말 인지하기

· · · · · · · ·
   · · · · · · · 가기 싫어
· · · · · · · · · · · · · · ·
   · · · 뚱뚱해서 · · 창피해
핑순이는 · · · · · · · 걸음을 재촉 · · · · · · ·
·
· · · · · · · · · · 거울 앞에 · · · · · 모습을
· · · 울상이 · · · · ·
· · · · · 뚱뚱한가
· · · 돼지는 · · · · ·
어떻게 하면 · · · · · 날씬해 질 수 · · ·
· · 핑순이가 · · · · · ·
· · · · · 밥을 안 먹 · · · · · · · · · ·
· · · · 날씬해질 수 · · · · · 손뼉을 치며 · · · · ·
· · · · · 저녁 식사 · · · · ·
· · · 엄마가 차려 놓은 · · · 음식을 보자 · · · · ·
· · · · · · 안 돼
· 정말 먹지 · · ·
· · · · 엄마는 · · · · · 반찬 많이 · · ·
음식 앞에서 · · · · · · · · · · 꾹 참고 · · · ·
핑순이와 · · · · · · · · 참아야 한다고 · · · · ·

[1차] 스킵훈련 4

중심낱말 인지하기

힘센 돼지

· · · · 음식이 미웠 · · ·
가족들은 · · · · · · · · · · · 옆에서 침만 · · ·
· · · ·
· · · 어머니는 · · · · · ·
무엇이든지 · · · · · · · · · 먹지를 않으니 · · ·
· · ·
걱정을 하던 · · · · · 의사인 염소 · · · · · ·
· · · · 밥을 먹지 · · · ·
· · ·
· · · · 보자꾸나
· · · · 밥을 계속 · · · · 아픈 주사를 · · ·
· · · · 큰일이야
주사를 · · · · · 풍선처럼 · · · · · · ·
· · ·
싫어요 · · · · · · · · · · · · 밥 먹을래요
염소 할아버지 · · · · · · · 밥을 먹기 · · ·
하루가 · · · ·
일요일에 · · · 아침밥을 먹고 · · · · · ·
· · · · 비가 많이 · · · · · · · · 다리가 떠내려 · ·
· · ·
통순이는 · · · · 아이들을 불러 · · · ·

The Super Speed Reading

[1차] 스킵훈련 4 힘센 돼지

중심낱말 인지하기

　　　　　　　걱정이 되어
애들아　　통나무 다리
　　가장 먼저　　일을 먼저
큰 나무를　　　　　　　　어림도 없는

　　친구들과　　다리를 만들었
　　예전보다　　통나무 다리가
　　기뻐서　　　　　　뛰어다녔

핑순이는　　미안한 마음이
　　　　다리가　　　어려웠으니까요
핑순이가　　먼저 말을

넌　　힘센
　　눈물이 핑
　앞으로　　서로 도우며
통순이와 핑순이는　　　친구가 되었　　끝

| 최초 측정 시간 : | 분 | 초 |

'힘센 돼지'의 중심 낱말 인지 훈련을 마치고
다음 훈련은 111쪽으로 이동하세요.

[1차] 스킵훈련 4

중심 낱말 인지훈련 기록표

힘센 돼지

▶ 시간이 단축될 수 있도록 소요시간을 꼭 기록한다.
▶ 실력이 향상되도록 중심 낱말을 반복 훈련한다.

속독 스피드훈련 측정기록란 ※ 매 3회 실시

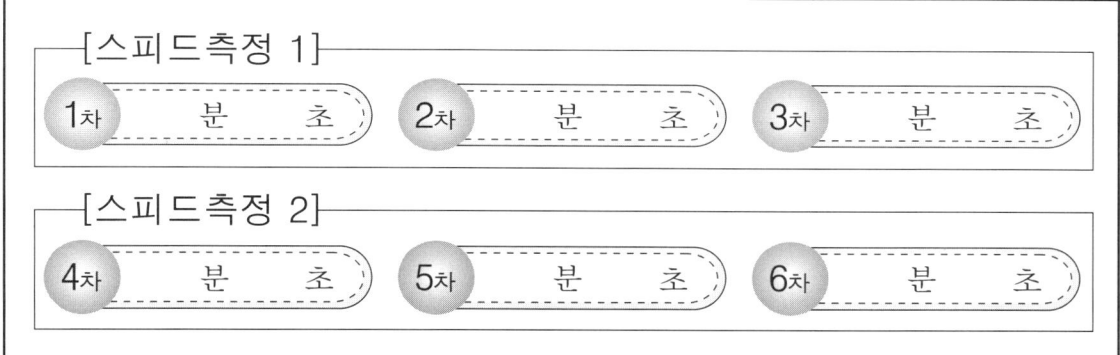

속독 자율훈련 측정기록란

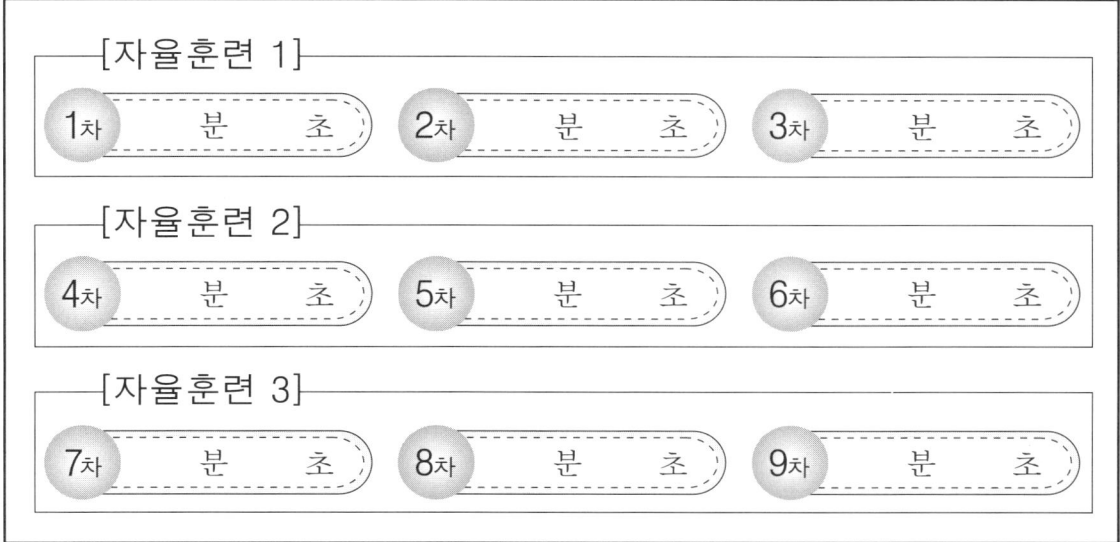

The Super Speed Reading

[1차] 스킵훈련 5

우천(雨天)

중심 낱말 인지하기 훈련

▶ 시점을 중심에 둔 상태에서 한 줄의 글자 및 점 기호들까지 최대한 한눈에 본다.
▶ 한 줄의 글자를 보는 즉시 안구는 순간적으로 미세하게 움직이며 좌·우의 중심 낱말을 빠르게 인지한다.
▶ 각 줄의 중심 낱말을 연속적으로 인지하면서 빠르게 수직으로 이동한다.

우천(雨天) [5]

비가 · · · · · 회색빛 · · ·

하늘은 · · · · · 바쁜 날 · · ·

나무와 잔디 · · · 초록색 · · ·

· · · · · 대청소 · · · · ·

먼지가 · · · · · · · 예쁜 색깔을 · · · ·

해바라기 · · · · 방글방글 · · · ·

· · · · 비를 · · · 추우시죠

· · 우산을 · · · · ·

아니야 · · · · · · 샤워 · ·

비 맞는 · · · 좋아해

뿌리로 물 · · · · 영양보충 · · ·

· · · · 우산이 · · ·

다른 친구 ·

· · 친구를 · · 돌아다녔 · · ·

· · · · · 청개구리가 · 울고 있었 · · ·

[1차] 스킵훈련 5   우천(雨天)

중심 낱말 인지하기

· · · 우산 씌워 · · 울지 마라
비를 맞아서 · · · · ·
난 · · · · · 너무 좋아해
기분이 좋아 · · · 노래를 · · · · ·
비 오는 · · 목소리가 · · · ·
· · 잎사귀 위로 · · · · 기어가고 · · ·
비를 많아 · · 힘이 · · ·
· · · ·
우산 씌워 · · · 힘내세요
· · · ·
비를 맞으며 · · ·
· · · · 느리잖아
평소에 · · · · · ·
· · 걱정하지 ·
다른 친구 · · · ·
길 잃은 나비 · · · 날아다니고 · · ·
· · · 나비야 · · ·
· · · 우산 안으로 · · ·

비를 맞으면 · · · ·

The Super Speed Reading

[1차] 스킵훈련 5
중심 낱말 인지하기

우천(雨天)

· · · · · · 정말 고마워

우산이 · · · · · · · · · 다행입 · ·

비가 와서 · · · · · 우산을 씌워 · · · · · · 끝

| | 최초 측정 시간 : | 분 | 초 |

'우천(雨天)'의 중심 낱말 인지 훈련을 마치고
다음 훈련은 119쪽으로 이동하세요.

[1차] 스킵훈련 5

중심낱말 인지훈련 기록표

우^천(雨天)

▶ 시간이 단축될 수 있도록 소요시간을 꼭 기록한다.
▶ 실력이 향상되도록 중심 낱말을 반복 훈련한다.

속독 스피드훈련 측정기록란   ※ 매 3회 실시

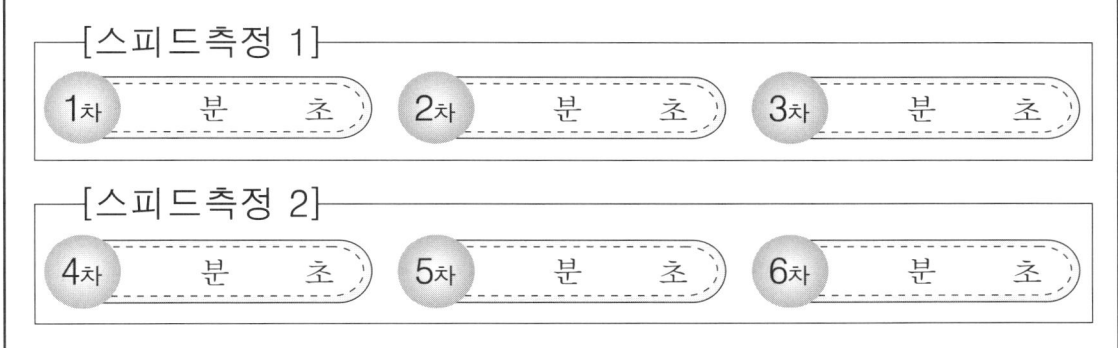

속독 자율훈련 측정기록란

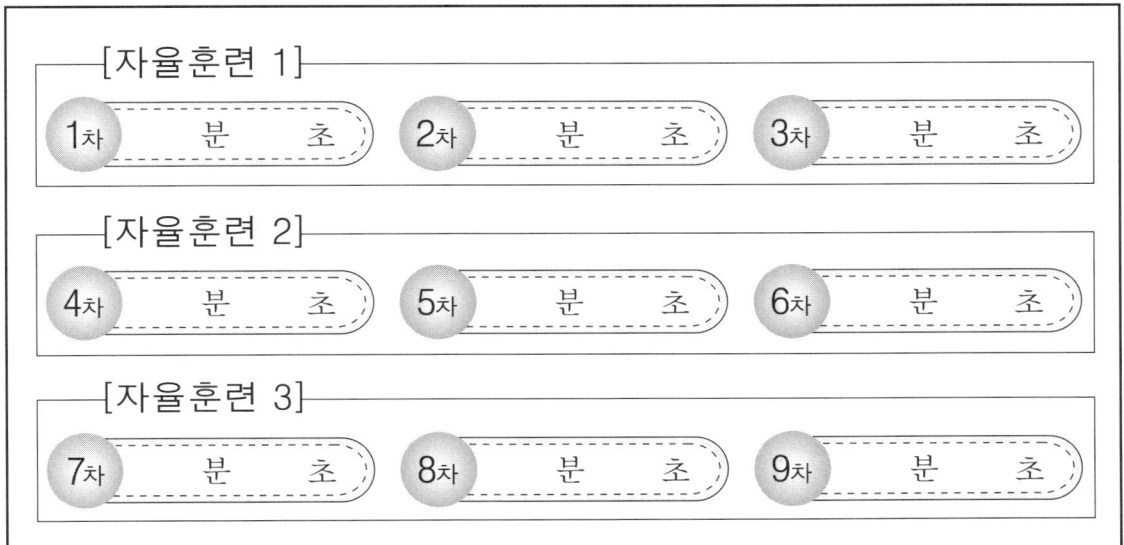

2차 스키밍[skimming] 미끄러지듯 빨리 읽기

■ **실전속독 스키밍 훈련**
  이해도 테스트 및 논술 문제

♧ 속독은 시점을 중심에 두고, 시야를 확장한 상태로 한 줄의 글자를 최대한 많이 봅니다.

♧ 속독은 머리는 고정한 상태에서 눈동자를 살짝 움직여 글의 내용을 이해하는 훈련입니다.

♧ 속독은 시야의 흐름을 미끄러지듯이 한 줄씩 빠르게 순간 좌우로 이동하여 훈련합니다.

♧ 속독은 중심 낱말과 주변의 글자를 포함하여 내용을 함축하고 인지하는 훈련입니다.

♧ 속독은 한 줄 또는 두 줄 이상을 중첩하여서 한 눈에 보고, 빠르게 연결하여 훈련합니다.

♧ 속독은 이해 중심으로 순간 인지하고 빠르게 수직(아래쪽 방향)으로 이동하는 훈련입니다.

♧ 속독은 '스키밍' 기법으로 최초 훈련할 때, 1회만 이해도 테스트 합니다.

♧ 속독은 '스키밍' 기법으로 같은 내용을 반복 훈련하여 기록을 단축합니다.

♧ 속독은 반복 훈련을 10회 이상 끝난 후, 논술 문제를 테스트합니다.

[2차] 스키밍 훈련 1

실전속독 훈련 및 이해도 테스트

▶ 앞에서 훈련한 것과 같이 한 줄의 글자들을 최대한 한눈에 보고 중심 낱말을 빠르게 인지하며 아래로 이동한다.

▶ 이해도 테스트는 최초 1회만 훈련하고 2회부터는 속독 실력이 향상될 수 있도록 시간 단축을 목표로 훈련한다.

홍당무[1]

너무나 배가 고픈 쥐 한 마리가 먹을 것을 찾아서 몰래 부엌으로 들어왔습니다.
아! 그런데 그곳에서 고양이를 만났습니다.
쥐는 깜짝 놀라서 '쥐 살려~찍찍찍!' 하며 들어온 구멍을 이리저리 찾았습니다.
고양이도 쥐를 잡으려고 긴 발톱을 내세우며 쥐를 향해 달려들었습니다.
쥐는 소리를 지르며 이리저리 헤매다가 가까스로 자기가 들어온 구멍을 찾아 달아났습니다.
그런데 부엌에서 빠져나온 쥐는 어딘가 모르게 뒤쪽이 조금 허전했습니다.
그래서 꼬리를 만지려고 손을 갖다대니 꼬리가 없어졌습니다.
조금 전만 해도 붙어 있던 꼬리가 어디론가 사라진 것이었습니다.
곰곰이 생각해 보니 부엌에서 달아나는 순간 고양이에게 꼬리가 잡혀 빠져버린 것이었습니다.
그래도 목숨을 건진 것만으로 천만다행스럽게 생각하였습니다.
부엌 안에 있는 고양이는 쥐를 놓친

[303자]

The Super Speed Reading

[2차] 스키밍 훈련 1

실전속독 이해하기

홍당무

것이 너무나 억울했습니다.

고양이는 한참 동안 쥐가 나간 구멍만 멍하니 쳐다보다 하는 수 없이 입맛만 다시고 밖으로 나갔습니다. 얼마나 시간이 지났을까 달아났던 쥐가 자신의 잘라진 꼬리를 찾으려고 다시 구멍에 나타났습니다.

부엌 안을 들여다보니 홍당무가 나의 꼬리를 주워들고 기분이 좋아 말을 하고 있었습니다.

"야! 신난다. 이게 뭐야"

"이거 쥐꼬리 아니야?"

홍당무는 주운 쥐꼬리를 가지고 자기 몸에 붙여보고 매우 즐거워하고 있었습니다. 그리고는 그 쥐꼬리를 가지고 어디론가 사라졌습니다.

쥐는 하는 수 없이 꼬리가 없는 채로 지내기로 하였습니다.

홍당무는 갖고 온 쥐꼬리를 실과 바늘로 자기의 몸 끝에 달아맸습니다.

그리고 가위로 실을 잘라서 수염도 만들어 붙였습니다.

쥐꼬리도 달고 수염도 붙였으니 틀림없이 쥐로 보일 거야'

쥐꼬리를 달고 수염도 붙인 홍당무는 신이 났습니다.

그리고 밖으로 나와 큰 소리로 "나는 쥐다!" 하고 떠들어댔습니다.

"야! 채소들아, 나는 오이, 감자, 고 [353자]

[2차] 스키밍 훈련 1

실전속독 이해하기

구마도 '으지직' 갈아먹는 무서운 쥐란 말이다."
홍당무는 큰 소리로 '찍찍' 하며 입을 크게 벌리고 으스대며 돌아다니고 있었습니다.
그때 이 모습을 보고 있던 오이, 감자, 양파는 진짜 쥐가 나타난 줄 알고 이리저리 비명을 지르며 달아나고 있었습니다.

채소들은 겁에 질려 달아나면서 "쥐가 나타났다! 쥐가 나타났다." 친구들에게 알려 주었습니다.
그러자 홍당무는 더욱더 우쭐해져서 이리저리 마구 뛰어다니면서 쥐의 흉내를 내며 채소들에 겁을 주었습니다.
바로 그때였습니다. 갑자기 고양이가 '야옹' 하며 나타났습니다.
"이 녀석, 이번엔 놓치지 않을 거야."
"내가 너를 꼭 잡아먹고 말 거야!"
고양이는 쥐꼬리를 단 홍당무인지도 모르고 달려들었습니다.
홍당무는 깜짝 놀라서 "난 쥐가 아니에요, 살려 주세요!"
고양이에게 빌어 보았지만 소용이 없었습니다.
"내가 속을 줄 알고 어림없다!"
고양이는 쥐를 잡으려고 더욱 힘차게 달려들었습니다.
홍당무는 하는 수 없이 달아맨 쥐꼬리와 붙인 수염을 뜯어버렸습니다.
"걸음아 나 살려라." 홍당무는 도망치기 시작하였습니다.

[387자]

The Super Speed Reading

[2차] 스키밍 훈련 1

홍당무

실전속독 이해하기

재빠르게 홍당무가 담겨있는 바구니 속으로 들어가 숨어 버렸습니다.
도망 온 홍당무는 바구니 속에서 숨을 죽이고 가만히 누워있었습니다.
"휴! 큰일 날 뻔했다." 안도의 긴 한숨을 쉬었습니다.
이때 고양이가 바구니 속을 들여다보고 있었습니다.
'분명히 쥐란 녀석이 바구니 속으로 들어갔는데 어디 갔지?'
아무리 찾아봐도 바구니 속에는 홍당무뿐이지 쥐는 보이지 않았습니다.
고양이는 실망했습니다.
쥐를 찾지 못한 고양이는 하는 수 없이 어디론가 가버렸습니다.
다행히 홍당무는 바구니 속에 숨어서 겨우 살아날 수 있었습니다.
구사일생으로 살아난 홍당무는 자기가 한 일을 뉘우쳤습니다.
다시는 친구들에게 장난으로 놀라게 하지 않겠다고 반성하였습니다. 끝   [252자]

총 글자 수	:	1,300 자
최초 측정 시간 :	분	초

'홍당무'의 내용을 실전속독으로 이해하면서 훈련을 마치고
다음 훈련은 65쪽으로 이동하세요.

문제 1 정답 번호에 ☑로 표시하세요.

속독 이해도 테스트

1. 아래 6문제 중에서 4문제 이상 맞추어야 한다.
2. 틀린 문제가 있으면 다시 한번 속독으로 읽으면서 확인한다.
3. 정답은 1회만 맞추어 보고 2회부터는 실전속독 스피드 훈련만 한다.
4. 기록이 단축될 수 있도록 반복적으로 훈련한다.

1. 부엌에서 나온 쥐가 허전하다고 느낀 원인은 무엇일까요?
  ① 고양이가 무서워서   ② 배가 고파서
  ③ 맛있는 게 없어서   ④ 꼬리가 빠져서

2. 쥐꼬리를 누가 주웠나요?
  ① 양파   ② 배추   ③ 홍당무   ④ 고구마

3. 쥐로 분장한 홍당무가 고양이를 피해서 숨은 곳은 어디인가요?
  ① 항아리 속   ② 바구니 속   ③ 냉장고 뒤   ④ 상자 속

4. 구사일생(九死一生)의 뜻은 무엇인가요?
  ① 여러 차례 죽을 고비를 겪고 겨우 살아남
  ② 절대 죽지 않는다
  ③ 아홉 번을 남의 도움으로 살았다
  ④ 한 번만 살려달라고 애원한다는 뜻이다

5. 고양이가 홍당무를 잡아먹으려고 한 이유는 무엇인가요?
  ① 쥐 대신 홍당무를 먹으려고   ② 쥐와 홍당무는 친하니까
  ③ 홍당무를 쥐로 알고   ④ 홍당무는 쥐를 무서워해서

6. 홍당무가 잘못했다고 생각한 것은 무엇인가요?
  ① 고양이를 따돌린 일   ② 쥐가 되고 싶었던 것
  ③ 쥐의 꼬리가 너무 짧았다   ④ 장난으로 친구를 놀라게 한 일

The Super Speed Reading

[2차] 스키밍 훈련 1

실전 속독 단축훈련 기록표

홍당무

▶ 시간이 단축될 수 있도록 소요시간을 꼭 기록한다.
▶ 실력이 향상되도록 중심 낱말을 반복 훈련한다.

속독 스피드훈련 측정기록란

※ 매 3회 실시

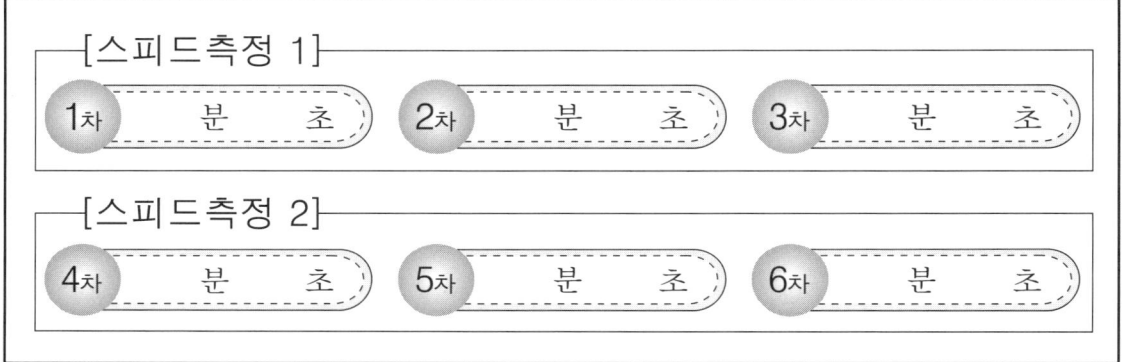

속독 자율훈련 측정기록란

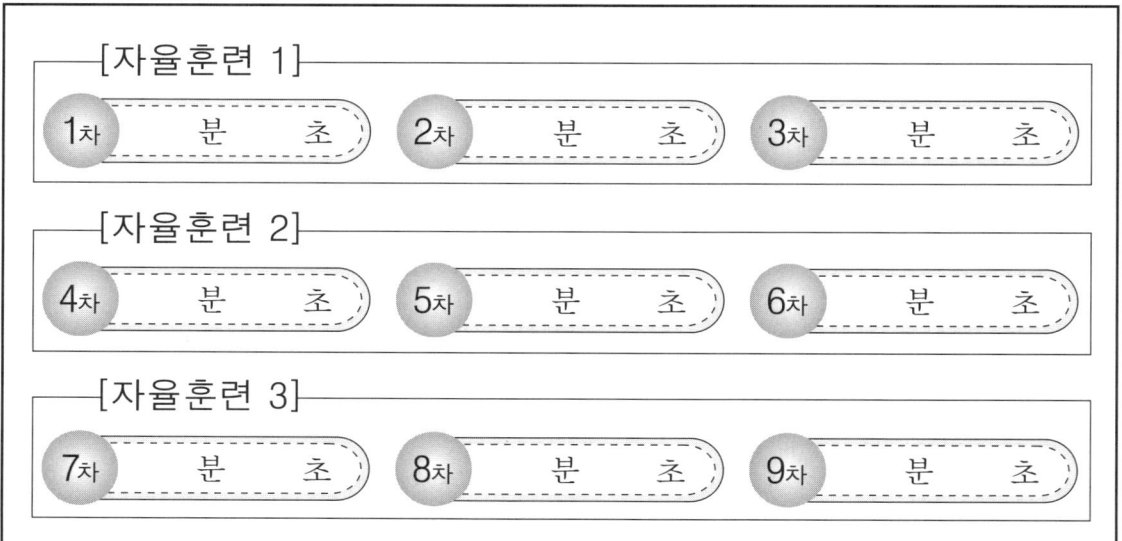

논술 따라잡기

생각 쓰기

홍당무

♧ 아래 물음에 이유나 근거를 들어 자기의 생각을 펼쳐 보세요.
♧ 자신의 느낌이나 주장을 이야기나 글로 표현해 보세요.

1. 홍당무는 왜 쥐의 꼬리를 달고 다녔을까요?

_____
_____
_____
_____
_____

2. '홍당무'의 뜻 : ① 당근 ② 몹시 붉어진 얼굴을 비유

② 번의 뜻으로 홍당무를 넣고 재미있게 상상하여 짧은 글을 지어 보세요.

_____
_____
_____
_____
_____
_____
_____

실전속독 훈련 및 이해도 테스트

The Super Speed Reading

[2차] 스키밍 훈련 2

실전속독 훈련 및 이해도 테스트

▶ 앞에서 훈련한 것과 같이 한 줄의 글자들을 최대한 한눈에 보고 중심 낱말을 빠르게 인지하며 아래로 이동한다.
▶ 이해도 테스트는 최초 1회만 훈련하고 2회부터는 속독 실력이 향상될 수 있도록 시간 단축을 목표로 훈련한다.

빨간 구두 [2]

무지개 아파트는 양지마을에 있습니다.

미영이는 아파트 A동에 살고 있습니다.

미영이는 항상 새것만 좋아하는 아이였습니다.

토요일 오후, 미영이는 멀쩡한 빨간색 구두가 싫증이 난다고 투덜거렸습니다.

"구두가 왜 이리 못생겼어? 빨간색은 밉단 말이야."

베란다에서 화초를 가꾸시는 엄마에게 갔습니다.

"엄마, 오늘 외출하지 않으세요?"

"토요일이라 엄마와 쇼핑하면 좋겠어요."

"우리 공주님이 또 무엇을 갖고 싶다고 할까?"

"엄마는 궁금하네."

"엄마! 노란색 구두를 신고 싶어요."

"우리 반에 노란색 구두를 신고 온 수희는 오늘 '인기 짱'이었어요.

"미영아! 빨간 구두가 주인을 만난 지 일주일밖에 되지 않아 버림받을 생각 하니 불쌍하구나."

"빨간 구두가 불쌍하지도 않아? 또 새것으로 사달라고 떼를 쓰면 어떡하니?"

"싫어, 싫어!"

[280자

[2차] 스키밍 훈련 2

실전속독 이해하기

"나는 노란 구두 신고 싶단 말이야!"

미영이는 노란색 구두를 신고 싶어서 새 구두를 사달라고 엄마를 마구 졸라대고 있었습니다.

"엄마! 나 노란색 구두를 신고 싶어요." "빨리 사줘요."

"이번에 구두를 사주시면 정말 오래 신을게요."

"엄마 말씀도 잘 듣고 심부름도 잘할게요."

미영이는 집안일을 하는 엄마 뒤를 졸졸 따라다니면서 귀찮게 하였습니다.

엄마는 하는 수 없이 내일 아빠랑 같이 쇼핑하기로 하였습니다. 엄마는 미영이가 하루가 지나면 또 마음이 바뀔지도 모른다는 생각에 내일 새 구두를 사주기로 약속하였습니다.

신이 난 미영이는 빨리 내일이 되기를 기다렸습니다.

'오늘은 일찍 자야지! 그러면 내일이 빨리 오겠지.'

미영이는 내일이 빨리 오려면 일찍 자면 된다고 생각하였습니다.

미영이는 아빠가 들어오시지도 않았는데 자기 방으로 들어가 잠을 자기 시작하였습니다.

미영이는 아주 깜깜한 곳에서 서 있었습니다. 누군가가 미영이 이름을 계속 부릅니다.

"미영아, 미영아"

미영이는 소리가 나는 쪽을 향하여 조심스럽게 걸어가 보았습니다.

"구두공장인가? 웬 구두가 많아, 다

[385자]

The Super Speed Reading

● **[2차] 스키밍 훈련 2**

실전속독 이해하기

아이들 구두잖아."

"이 구두들은 어디서 많이 본 것 같아"

"여기가 어디니? 넌 또 누구니?

"나는 내일이 되면 어디론가 사라져야 할 구두야."

"내가 정말 누군지 모르겠어?

"네가 신었던 빨간 구두야!"

"네가 새 구두를 사면 나는 헌 구두들만이 사는 헌 구두 나라로 가야 해."

"그리고 여기에 있는 구두들은 새것만 좋아하는 친구들이 버린 구두야."

미영이가 싫다고 했던 빨간 구두가 말을 해주었습니다.

빨간 구두 이야기를 듣고 있던 미영이가 갑자기 자기 발을 보았습니다.

"어? 정신없이 맨발로 걸어왔네."

미영이는 서 있는 곳이 무서워 집에 빨리 가고 싶었습니다.

하지만, 맨발이라서 걷기도 뛰기도 망설여집니다.

헌 구두 나라는 자갈이 많고 여기저기 버려진 구두들이 널려져 있었습니다.

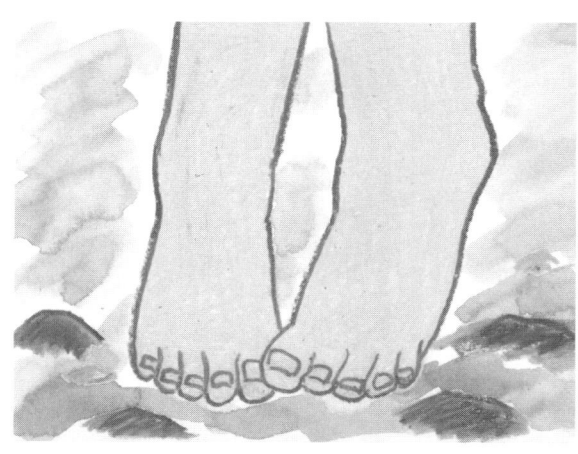

조금씩 발을 움직여 빨리 아스팔트길을 찾기로 하였습니다.

아스팔트길이 나타나고 도로 위에는 나뒹구는 분홍색 구두 한 짝이 미영이 앞으로 다가왔습니다.

"난 너처럼 새것만 좋아하는 아이가 삼일 만에 나를 버렸어!"

[348자]

The Super Speed Reading

[2차] 스키밍 훈련 2

실전속독 이해하기

분홍색 구두 뒤에서 파란색 구두가 나타나 말을 하였습니다.

"나도 그래, 새 구두 갖고 싶은 아이가 엄마 몰래 나를 칼로 찢어 헌 구두 나라로 왔어." 이번에는 연두색 구두가 나타나 말을 했습니다.

"나도 그래, 새것만 좋아하는 아이 때문에 나도 이곳으로 왔단다."

구두들이 말하는 것을 듣고 미영이는 구두가 불쌍하다고 생각했습니다.

미영이는 헌 구두 나라에서 빨리 탈출하고 싶었습니다.

집으로 빨리 돌아가고 싶은 마음이 간절합니다.

'빨간 구두를 찾자.' "빨간 구두야, 빨간 구두야!"

빨간 구두는 미영이가 있는 곳으로 곧 달려왔습니다.

"나를 찾았니?"

"빨간 구두야, 그동안 매우 고마웠어."

"너는 내 발을 다치지 않게 보호했어."

"돌이나 유리 조각이 들어가지 않게 나를 잘 감싸주었지."

"내가 너를 버리려고 해서 정말 미안해." 미영이는 빨간 구두에게 진실로 미안하다고 말했습니다.

"미영아, 미영아"

다시 미영이를 부르는 소리가 들립니다.

"어? 또 누가 부르지?" "빨리 일어나야지."

엄마의 사랑스런 목소리였습니다.

"어 휴~ 꿈이었구나."

[363자]

The Super Speed Reading

[2차] 스키밍 훈련 2

빨간 구두

실전속독 이해하기

미영이는 엄마에게 달려가 엄마 품에 안겼습니다.
"엄마 노란 구두 필요 없어요."
"오늘 아무 데도 가지 않고 책 읽을 거예요."
"빨간 구두 더 신을게요."
"우리 미영이가 참 잘 생각했구나."

"하룻밤 사이에 착한 미영이가 되었네."

미영이는 등교 준비를 하고 아침밥을 맛있게 먹었습니다.

현관 구석에 있던 빨간 구두를 꺼내어 정성껏 깨끗이 닦았습니다.
빨간 구두를 신고 거울 앞에서 뽐내더니 사뿐사뿐 현관문을 나섰습니다.
"새 구두가 하나도 부럽지 않아."
엄마는 미영이의 새로운 모습에 얼굴이 환해졌습니다. 끝

[196자]

총 글자 수	:	1,572 자
최초 측정 시간	:	분 초

'빨간구두'의 내용을 실전속독으로 이해하면서 훈련을 마치고
다음 훈련은 71쪽으로 이동하세요.

문제 2

정답 번호에 ☑로 표시하세요.

속독 이해도 테스트

1. 아래 6문제 중에서 4문제 이상 맞추어야 한다.
2. 틀린 문제가 있으면 다시 한번 속독으로 읽으면서 확인한다.
3. 정답은 1회만 맞추고 2회부터는 실전속독 스피드 훈련만 한다.
4. 기록이 단축될 수 있도록 반복적으로 훈련한다.

빨간 구두

1. 미영이가 신고 싶었던 구두는 무슨 색인가요?
　① 빨간색　　② 초록색　　③ 노란색　　④ 파랑색

2. 엄마가 새 구두를 사주기로 한 요일은?
　① 수요일　　② 금요일　　③ 토요일　　④ 일요일

3. 미영이는 꿈속에서 어디를 갔나요?
　① 구두백화점　② 헌 구두 나라　③ 구두공장　④ 시장

4. 미영이가 대화한 구두가 아닌 것은?
　① 노란 구두　② 빨간 구두　③ 분홍 구두　④ 연두 구두

5. 미영이가 하룻밤 사이에 마음이 변한 이유는?
　① 구두에게 협박당해서
　② 구두보다 더 갖고 싶은 물건이 생겨서
　③ 버려진 구두가 불쌍해서
　④ 아빠에게 용돈을 받으려고

6. 미영이가 구두 사는 것 대신 무엇을 하기로 했나요?
　① 게임　　② 독서　　③ 숙제　　④ 바둑

The Super Speed Reading

[2차] 스키밍 훈련 2

실전 속독 단축훈련 기록표

빨간구두

▶ 시간이 단축될 수 있도록 소요시간을 꼭 기록한다.
▶ 실력이 향상되도록 중심 낱말을 반복 훈련한다.

속독 스피드훈련 측정기록란   ※ 매 3회 실시

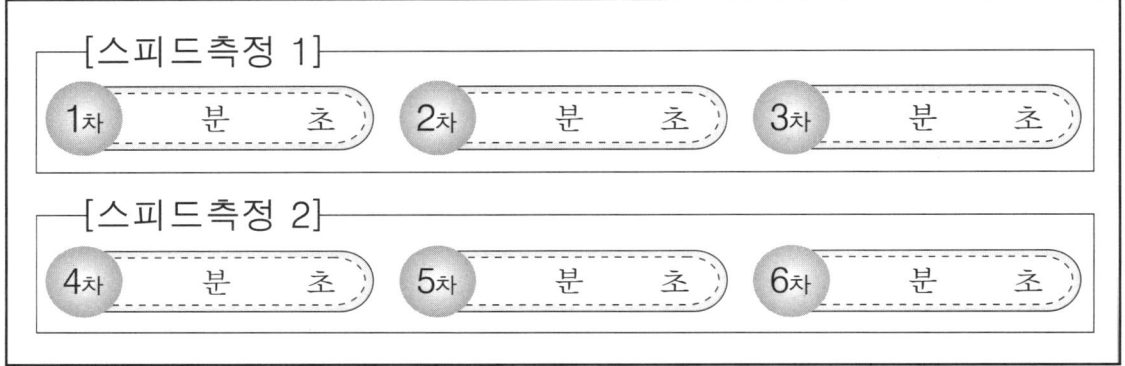

속독 자율훈련 측정기록란

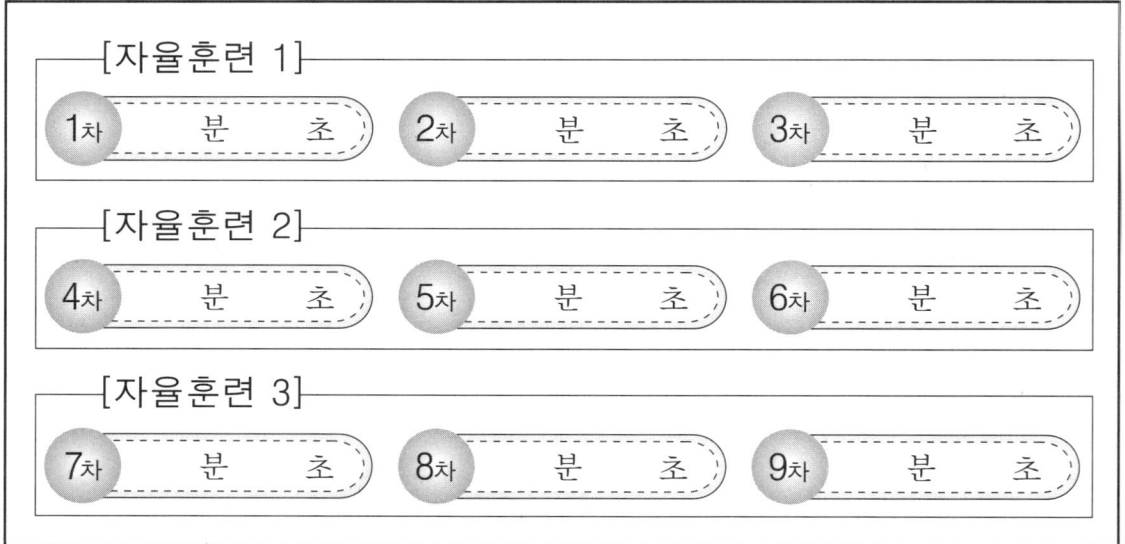

논술 따라잡기 — 생각 쓰기

빨간 구두

♣ 아래 물음에 이유나 근거를 들어 자기의 생각을 펼쳐 보세요.
♣ 자신의 느낌이나 주장을 이야기나 글로 표현해 보세요.

1. '짱'이란 '최고'나 '대장'이라는 컴퓨터 은어입니다. 인터넷을 사용하는 세대들과 어른들 사이에 인터넷 언어장벽이 높다고 합니다. 자세히 들어도 어른들은 인터넷 신조어를 알아듣기 어려운 경우가 많아 '언어파괴'라는 우려를 하기도 합니다. 내가 아는 인터넷 언어의 정확한 뜻을 조사하여 써 보세요.

2. 우리생활에 필요한 물건을 아껴 쓰는 방법에 대하여 생각해보세요. 발을 보호해 주는 신발은 어떻게 관리해야 오래 신을 수 있을까요?

The Super Speed Reading

[2차] 스키밍 훈련 3

실전속독 훈련 및 이해도 테스트

▶ 앞에서 훈련한 것과 같이 한 줄의 글자들을 최대한 한눈에 보고 중심 낱말을 빠르게 인지하며 아래로 이동한다.
▶ 이해도 테스트는 최초 1회만 훈련하고 2회부터는 속독 실력이 향상될 수 있도록 시간 단축을 목표로 훈련한다.

재채기 [3]

낙엽이 우수수 떨어진 늦가을 오후입니다.

조용한 숲 속에는 동물들이 평온하게 살고 있습니다.

덩치 큰 코끼리 아저씨가 재채기를 하려고 그런지 코가 근질근질하다고 앞발을 코에다 갖다 대는 시늉을 합니다.

'아이, 간지러워, 재채기를 하면 시원하겠지.'

코끼리 아저씨는 여러 동물에게 큰 소리로 말을 했습니다.

"여러분! 내 긴 코로 재채기를 하려니, 어서 빨리 피하세요."

그 소리를 듣고 동물들은 갑자기 술렁이기 시작하였습니다.

"얘들아, 빨리 뛰어, 너는 저 나무 뒤에 숨어라."

여기저기서 난리가 난 것처럼 야단이었습니다.

"음 흠, 난 지금 재채기가 곧 나올 것만 같아요."

"내가 재채기를 한번 하면 여러분은 다 날아가 버리고 맙니다."

"어서들 피하세요."

[253자]

[2차] 스키밍 훈련 3
실전속독 이해하기

재채기

"하나, 둘"
원숭이는 깜짝 놀라서 나무를 꼭 잡고 소리를 쳤습니다.
"아이고! 안돼, 안돼!"
"재채기하면 안 된단 말이에요."

"예전에 코끼리 아저씨가 재채기를 해서 우리는 나무 위에 있다가 우리 가족 모두 나무 위에서 떨어졌어요."
"그때 얼마나 멀리 날아갔는지, 이틀 만에 집에 돌아왔단 말이에요."
"그러니까 제발 재채기를 참아 주세요."
"제발이요! 코끼리아저씨, 네?"
원숭이들은 코끼리 아저씨께 빌듯이 애원했습니다.
코끼리 아저씨는 단호하게 다시 한번 말했습니다.
"나는 지금 참을 수가 없어요."
"어서 빨리 피하세요."
"뭐라고요? 참을 수가 없다고요."
새들도 깜짝 놀라 소리쳤습니다.
"이거 정말 큰일이다! 우리도 어서 피해야 할 텐데……."

"지난번에도 코끼리 아저씨 재채기로 깃털이 몽땅 빠져 버렸단 말이에요."
"제발 참아주세요. 네?"

[279자]

The Super Speed Reading

[2차] 스키밍 훈련 3

재채기

실전속독 이해하기

새들도 걱정이 이만저만 아니었습니다.
이번엔 곰 아저씨가 깜짝 놀라서 소리를 쳤습니다.
"뭐라고, 재채기하면 나도 곤란해!"
"나도 그때 온몸에 난 털이 다 빠져서 겨울 내내 고생하였어."
"추운 겨우내 고목 속에서 알몸으로 지낸 일이 아직도 끔찍해."
"제발 재채기만은 하지 말아다오."
"제발 좀 참아라. 잉?"
곰 아저씨도 코끼리를 타일렀습니다.
코끼리 아저씨는 동물들이 절대 반대로 하는 수 없이 코를 물속에 넣고 참기로 하였습니다.

'코를 물 속에 넣고 참으면 시원할까?'
이 말을 들은 것처럼 악어가 나타나 말을 했습니다.
"그럼, 그렇게 하는 것이 동물들을 위하는 일이야!"
악어의 말에 물속의 물고기들이 머리를 내밀며 몰려와 야단들이었습니다.
"아저씨, 물속에서 재채기가 나오면 어떡해요?"

[263자]

[2차] 스키밍 훈련 3
실전속독 이해하기

재채기

"그럼, 우리 물고기들은 비늘이 다 떨어져 죽을 거예요."
"제발 부탁이니 물속에다 코를 넣지 마세요."
"살아난다 해도 비늘이 없어서 우리는 겨울에 다 얼어 죽고 말 거예요."
코끼리 아저씨는 곤란하게 되었습니다. "얘들아, 정말 미안하다."

"난 더 이상 재채기를 참지 못하겠어. 어서들 멀리 도망가거라."
코끼리 아저씨는 재채기가 곧 나올 것 같이 몸을 움찔거렸습니다.
"에~ 에~"
"잠깐만, 기다려요"
생쥐가 굴속에서 튀어 나왔습니다.
코끼리 아저씨의 콧등을 붙잡더니 잽싸게 '톡톡톡' 뛰어서 올라 갔습니다.
생쥐는 코끼리 아저씨의 얼굴까지 올라갔습니다.
"아저씨, 내가 지금부터 재미있게 춤을 출 것이니 잘 구경하세요."
생쥐는 콧등 위에서 재미있게 춤을 추었습니다.
코끼리 아저씨는 생쥐의 춤을 보고

[270자]

The Super Speed Reading

[2차] 스키밍 훈련 3

재채기

실전속독 이해하기

"하하하! 허허허!"
재미난 표정으로 웃음을 터트렸습니다.
"깔깔깔! 껄껄껄!
계속 웃습니다.
눈물이 날 정도로 웃었습니다.
한참을 웃다보니 재채기 할 생각은
다 잊어버렸습니다.
덩치 큰 코끼리 아저씨가 이리저리 땅 위에 구르면서 웃느라고 땅이 흔들리고
벽돌이 다 무너져 내렸습니다.
또, 나무가 부러지면서 원숭이들은 나무에서 떨어지고 새들은 깃털이 몽땅 빠져
서 알몸이 되었습니다.
삐쭉 나왔던 악어의 입은 안으로 말려있고 물고기의 비늘은 머리부터 꼬리까지
다 떨어져 나갔습니다.
생쥐는 코끼리 아저씨 코에서 튕겨 나와 멀리 물웅덩이에 떨어졌습니다.

생쥐는 큰 소리로 외쳤습니다.
"코끼리 아저씨! 이제 그만 웃으셔
요."
"땅이 꺼질 것만 같아요."
"생쥐 살려 주세요."
코끼리의 웃음으로 조용했던 숲
속이 발칵 뒤집힌 사건이었습니다. [291자]

[2차] 스키밍 훈련 3

실전속독 이해하기

재채기

숲 속 나라의 동물들이 평화롭게 지내려면 코끼리 아저씨가 지나치게 웃거나 재채기를 하면 안 되겠어요. '재채기'를 사전에서 찾아봤습니다. 코 안의 점막 신경이 자극을 받아 간질간질하다가 갑자기 입으로 숨을 터뜨려 내뿜으면서 큰 소리를 내는 일, 또는 그러한 현상입니다.   끝

[109자]

총 글자 수 :	1,470 자
최초 측정 시간 :	분 초

'재채기'의 내용을 실전속독으로 이해하면서 훈련을 마치고 다음 훈련은 77쪽으로 이동하세요.

The Super Speed Reading

문제 3

정답 번호에 ☑로 표시하세요.

속독 이해도 테스트

1. 아래 6문제 중에서 4문제 이상 맞추어야 한다.
2. 틀린 문제가 있으면 다시 한번 속독으로 읽으면서 확인한다.
3. 정답은 1회만 맞추고 2회부터는 실전속독 스피드 훈련만 한다.
4. 기록이 단축될 수 있도록 반복적으로 훈련한다.

재채기

1. 코끼리의 재채기 때문에 이틀 만에 집에 돌아온 동물은?
   ① 사자　　　② 원숭이　　　③ 곰　　　④ 생쥐

2. 코끼리 아저씨가 재채기를 한다면 새들은 어떻게 되나요?
   ① 하늘로 날아간다.　　　② 나무 위에서 떨어진다.
   ③ 깃털이 몽땅 빠진다.　　　④ 굴속으로 숨어야 한다.

3. 물속에 코를 넣는 것을 찬성한 동물은?
   ① 코끼리　　　② 다람쥐　　　③ 곰　　　④ 악어

4. 코끼리 콧등 위에서 춤을 춘 동물은?
   ① 생쥐　　　② 다람쥐　　　③ 강아지　　　④ 참새

5. 코끼리는 재채기를 하지 않았습니다. 무엇 때문일까요?
   ① 간지러워서　　　② 웃느라고　　　③ 아파서　　　④ 졸려서

6. 춤을 추던 생쥐가 코끼리 웃음 때문에 어떻게 되었나요?
   ① 아무 일도 없었다.　　　② 기절했다.
   ③ 강물에 떨어졌다.　　　④ 물웅덩이에 빠졌다.

[2차] 스키밍 훈련 3
실전 속독 단축훈련 기록표

<big>재채기</big>

▶ 시간이 단축될 수 있도록 소요시간을 꼭 기록한다.
▶ 실력이 향상되도록 중심 낱말을 반복 훈련한다.

속독 스피드훈련 측정기록란　　　※ 매 3회 실시

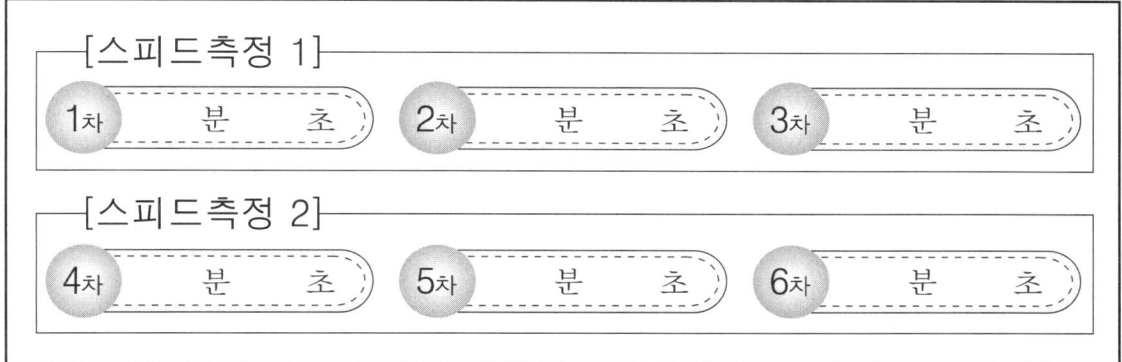

속독 자율훈련 측정기록란

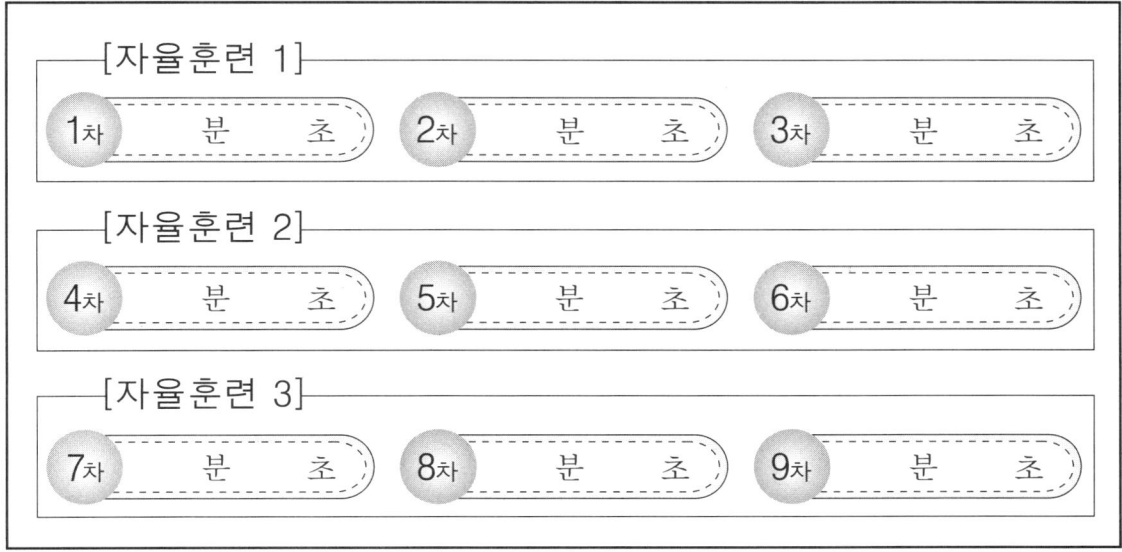

논술 따라잡기 — 생각 �기

재채기

♣ 아래 물음에 이유나 근거를 들어 자기의 생각을 펼쳐 보세요.
♣ 자신의 느낌이나 주장을 이야기나 글로 표현해 보세요.

1. 약육강식은 동물의 세계입니다. 약육강식(弱肉强食)의 뜻을 사전에서 찾아 써 보세요.

----

2. 코끼리에게 피해를 본 숲 속의 이야기를 동생에게 이야기하듯이 써 보세요.

[2차] 스키밍 훈련 4

실전속독 훈련 및 이해도 테스트

▶ 앞에서 훈련한 것과 같이 한 줄의 글자들을 최대한 한눈에 보고 중심 낱말을 빠르게 인지하며 아래로 이동한다.
▶ 이해도 테스트는 최초 1회만 훈련하고 2회부터는 속독 실력이 향상될 수 있도록 시간 단축을 목표로 훈련한다.

힘센 돼지 [4]

동물들만 모여 사는 나라에 어린 동물들은 아름다운 숲 속에 있는 파란 초등학교에 다니고 있습니다.
파란 초등학교는 곰 선생님이 어린 동물들을 가르치고 있습니다.
오늘은 토요일입니다.
어린 동물들은 학교에서 공부를 마치고 집으로 가려고 합니다.
선생님과 친구들과 인사를 나누고 헤어질 시간입니다.
"선생님 안녕히 계세요!"
"너희도 잘 가라!"
"친구들아, 안녕! 월요일에 만나자!"
여러 동물들은 서로 인사를 나누며 손을 흔들어 집으로 돌아가고 있습니다.
어린 돼지 통순이는 어린 토끼 핑순이와 같은 동네에 살고 있습니다.
통순이는 핑순이와 같이 가고 싶어서 저만치 앞서가는 핑순이를 불렀

[236자]

The Super Speed Reading

[2차] 스키밍 훈련 4   힘센 돼지

실전속독 이해하기

습니다.

"핑순아 같이 가자!"

"난! 너하고 같이 가기 싫어"

핑순이는 냉정하게 말했습니다.

"넌 너무 뚱뚱해서 내가 창피해."

핑순이는 두 귀를 쫑긋 세우며 걸음을 재촉하다 깡충깡충 뛰어갔습니다.

집으로 돌아온 통순이는 전신 거울 앞에 서서 자신의 모습을 비춰보고 울상이 되었습니다.

'정말, 내가 너무 뚱뚱한가?'

'뚱뚱한 돼지는 많은데 왜 그러지?'

'어떻게 하면 핑순이처럼 날씬해질 수 있을까?'

'그러면 핑순이가 날 좋아할 텐데……'

'그래, 오늘부터 밥을 안 먹으면 날씬해질 거야.'

통순이는 날씬해질 수 있다는 기대감에 손뼉을 치며 좋아했습니다.

통순이네 가족 저녁 식사 때가 되었습니다.

통순이는 엄마가 차려 놓은 맛있는 음식을 보자 군침이 돌았습니다.

'싫어, 싫어 먹으면 안 돼'

[262자]

[2차] 스키밍 훈련 4

실전속독 이해하기

힘센 돼지

"난! 정말 먹지 않을 거야."
"오늘따라 엄마는 내가 좋아하는 반찬 많이 만들어주셨네."
음식 앞에서 침을 넘기며 먹고 싶을 걸 꾹 참고 있었습니다.
핑순이와 친해지려면 이 순간을 참아야 한다고 생각했습니다.
차려놓은 음식이 미웠습니다.
가족들은 먹기 시작했는데 통순이는 옆에서 침만 '꿀꺽꿀꺽' 삼키고 있습니다.
통순이 어머니는 이상했습니다.
"무엇이든지 잘 먹었던 아이가 통 먹지를 않으니, 우리 통순이, 어디 아프니?"

걱정을 하던 통순이 엄마는 의사인 염소 할아버지를 모셔 왔습니다.
"우리 아이가 밥을 먹지 않고 있어요."
"그래요?" "어디 한번 보자꾸나?"
"어! 이거 큰일인데, 밥을 계속 안 먹으면 아주 아픈 주사를 놓아야 하는데 정말 큰일이야."
"주사를 맞으면 몸이 풍선처럼 부풀어 오를 텐데, 괜찮겠니?"
"싫어요! 풍선처럼 되기는 싫어요. 그냥 밥 먹을래요."
염소 할아버지 덕분에 통순이는 밥을 먹기 시작했습니다.
하루가 지났습니다.
일요일에 통순이는 아침밥을 먹고 밖으로 나갔습니다.

[348자]

The Super Speed Reading

[2차] 스키밍 훈련 4 힘센 돼지

실전속독 이해하기

어젯밤에 비가 많이 왔는지 냇가에 놓여있던 다리가 떠내려가고 없어졌습니다.
통순이는 깜짝 놀라서 아이들을 불러 모으기 시작하였습니다.
곰돌이와 핑순이도 걱정이 되어서 나왔습니다.

"얘들아 우리 다시 통나무 다리를 만들자!"
통순이가 가장 먼저 앞장서서 일을 먼저 합니다.
큰 나무를 옮기는 일은 통순이가 아니었으면 어림도 없는 일입니다.

통순이는 친구들과 힘을 모아 다리를 만들었습니다.
다리는 예전보다 더 튼튼한 통나무 다리가 되었습니다.
아이들은 기뻐서 통나무 다리를 왔다 갔다 하면서 뛰어다녔습니다.
핑순이는 통순이에게 미안한 마음이 들었습니다.
통순이가 아니었으면 다리가 만들어지긴 어려웠으니까요.
핑순이가 통순이에게 먼저 말을 했습니다.
"통순아, 미안해."
"넌 뚱뚱하지만 힘센 아이잖아, 넌 장점이 많아"

[293자]

[2차] 스키밍 훈련 4

실전속독 이해하기

힘센 돼지

통순이는 눈물이 핑 돌았습니다.
"그래, 앞으로 좋은 친구로 서로
도우며 지내자."
통순이와 핑순이는 친하게 지내는
친구가 되었습니다.   끝   [53자]

총 글자 수	:	1,192자
최초 측정 시간 :	분	초

'힘센 돼지'의 내용을 실전속독으로 이해하면서 훈련을 마치고
다음 훈련은 82쪽으로 이동하세요.

The Super Speed Reading

문제 4   정답 번호에 ☑로 표시하세요.

속독 이해도 테스트

1. 아래 6문제 중에서 4문제 이상 맞추어야 한다.
2. 틀린 문제가 있으면 다시 한번 속독으로 읽으면서 확인한다.
3. 정답은 1회만 맞추고 2회부터는 실전속독 스피드 훈련만 한다.
4. 기록이 단축될 수 있도록 반복적으로 훈련한다.

힘센 돼지

1. 핑순이가 통순이를 싫어한 이유는?
  ① 날씬해서   ② 뚱뚱해서   ③ 많이 먹어서   ④ 키가 작아서

2. 의사는 왜? 통순이 집에 왔나요?
  ① 엄마가 아프셔서   ② 통순이가 배탈이 나서
  ③ 통순이가 밥을 안 먹어서   ④ 통순이가 기침을 많이 해서

3. 의사선생님이 주사를 맞으면 무엇처럼 된다고 하였나요?
  ① 달   ② 호빵   ③ 항아리   ④ 풍선

4. 의사 선생님으로 등장한 동물은?
  ① 곰   ② 사자   ③ 염소   ④ 토끼

5. 등장한 동물이 아닌 것은?
  ① 토끼   ② 곰   ③ 염소   ④ 사자

6. 핑순이가 통순이 장점을 알게 된 동기는?
  ① 숲속에서 핑순이를 구해줘서
  ② 다리를 만드는 일을 솔선수범하였기 때문에
  ③ 힘이 세다고 아이들이 이야기를 해서
  ④ 아이들에게 인기가 많아서

[2차] 스키밍 훈련 4

실전 속독 단축훈련 기록표

힘센 돼지

▶ 시간이 단축될 수 있도록 소요시간을 꼭 기록한다.
▶ 실력이 향상되도록 중심 낱말을 반복 훈련한다.

속독 스피드훈련 측정기록란   ※ 매 3회 실시

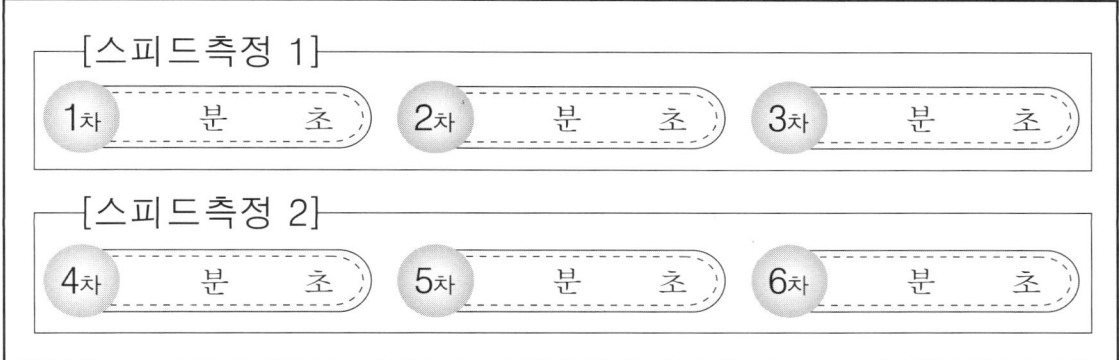

속독 자율훈련 측정기록란

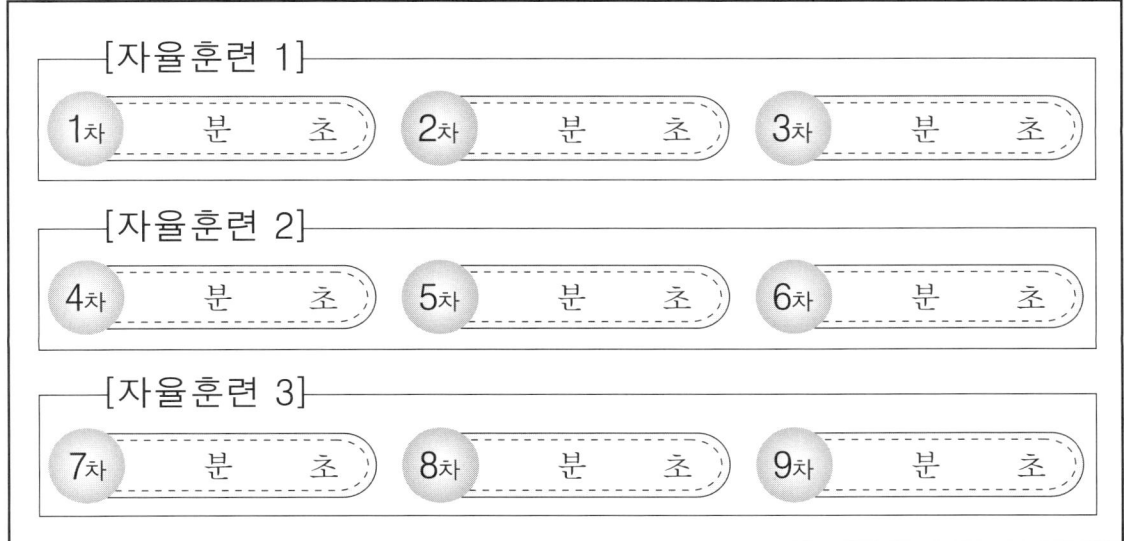

논술 따라잡기 **생각 쓰기**

힘센 돼지

♣ 아래 물음에 이유나 근거를 들어 자기의 생각을 펼쳐 보세요.
♣ 자신의 느낌이나 주장을 이야기나 글로 표현해 보세요.

1. 우리나라는 다이어트와 성형열풍으로 '외모지상주의국가'라고 합니다. 진정한 아름다움은 무엇인가요?

---

2. 핑순이 입장에서 퉁순이에게 사과의 편지를 써 보세요.

[2차] 스키밍 훈련 5

실전속독 훈련 및 이해도 테스트

▶ 앞에서 훈련한 것과 같이 한 줄의 글자들을 최대한 한눈에 보고 중심 낱말을 빠르게 인지하며 아래로 이동한다.

▶ 이해도 테스트는 최초 1회만 훈련하고 2회부터는 속독 실력이 향상될 수 있도록 시간 단축을 목표로 훈련한다.

우천(雨天)[5]

비가 내리는 하늘은 회색빛입니다.

하늘은 비를 뿌리느라 바쁜 날입니다.

나무와 잔디는 온통 초록색입니다.

나무와 잔디가 대청소하는 날이지요.

먼지가 말끔히 씻겨져 초록색이 더 예쁜 색깔을 만들어 냅니다.

해바라기님은 여전히 방글방글 웃습니다.

"해바라기님! 비를 맞아서 추우시죠?"

"제가 우산을 씌워 드릴까요?"

"아니야, 시원할 걸, 오랜만에 샤워한단다."

"비 맞는 것을 무척이나 좋아해."

"뿌리로 물을 많이 빨아들이면 영양 보충이 된단다."

"해바라기님은 우산이 필요 없네요."

"다른 친구를 씌워주렴."

다른 친구를 만나러 돌아다녔습니다.

나뭇잎 사이에 청개구리가 앉아 울고

[226자]

The Super Speed Reading

[2차] 스키밍 훈련 5   우천(雨天)

실전속독 이해하기

있었습니다.
"청개구리야, 청개구리야"
"내가 우산 씌워 줄게 울지 마라!"
"비를 맞아서 울고 있구나?"
"난 괜찮아,
비 맞는 걸 너무 좋아해."
"기분이 좋아 개굴개굴 노래를 부르고 있던 거야."
"비 오는 날은 목소리가 잘 나오거든."
파란 잎사귀 위로 달팽이가 느릿느릿 기어가고 있었습니다.
"비를 많아 맞아 힘이 없구나."
"달팽이님! 달팽이님!"
"우산 씌워 줄게요, 힘내세요!"
"난, 괜찮아!"
"비를 맞으며 운동을 하고 있어."

"내가 원래 느리잖아?"
"평소에 걸어 다니는 속도야."
"너무 걱정하지 마!"
"다른 친구를 씌워주렴."
길 잃은 나비 한 마리가 날아다니고 있습니다.
"불쌍해라, 나비야, 나비야"

[218자]

[2차] 스키밍 훈련 5

우천(雨天)

실전속독 이해하기

"이리와, 우산 안으로 들어와."

"그래, 고마워"

"비를 맞으면 날 수가 없어."

"우산을 씌워주니 정말 고마워!"

우산이 필요한 친구가 있어서 다행입니다.

비가 오면 누군가에게 우산을 씌워주고 싶었습니다. 끝

[75자]

총 글자 수	:	519자
최초 측정 시간	:	분 초

'우천(雨天)'의 내용을 실전속독으로 이해하면서 훈련을 마치고
다음 훈련은 2장으로 이동하세요.

The Super Speed Reading

문제 5

정답 번호에 ☑로 표시하세요.

속독 이해도 테스트

1. 아래 6문제 중에서 4문제 이상 맞추어야 한다.
2. 틀린 문제가 있으면 다시 한번 속독으로 읽으면서 확인한다.
3. 정답은 1회만 맞추고 2회부터는 실전속독 스피드 훈련만 한다.
4. 기록이 단축될 수 있도록 반복적으로 훈련한다.

우천(雨天)

1. 해바라기가 우산이 필요 없었던 이유는 무엇인가요?
① 뿌리로 수분을 보충한다
② 항상 방글방글 웃기 때문에
③ 키가 커서 맞는 우산이 없다
④ 비가 많이 오는 날을 좋아 해서

2. 청개구리가 '개굴개굴' 하는 것은 무엇을 하는 걸까요?
① 청승맞게 울고 있다.
② 친구를 찾고 있다.
③ 가족을 찾고 있다.
④ 노래를 부르고 있다.

3. 달팽이는 비 오는 날 무얼 하고 있었나요?
① 명상하기
② 보물찾기
③ 운동하기
④ 공부하기

4. 나비는 왜 비를 맞으면 안 된다고 하였나요?
① 비를 싫어하기 때문에
② 비가 오면 날 수가 없어서
③ 꽃들이 싫어해서
④ 우산이 없어서

5. 결국 우산이 필요했던 친구는 누구였나요?
① 곰
② 나비
③ 고양이
④ 해바라기

6. 우천(雨天)의 뜻은?
① 우산의 뜻이다.
② 하늘에서 날고 있다는 뜻이다.
③ 비가 내리는 날씨이다.
④ 비를 맞는 날이다.

[2차] 스키밍 훈련 5
실전 속독 단축훈련 기록표

우천(雨天)

▶ 시간이 단축될 수 있도록 소요시간을 꼭 기록한다.
▶ 실력이 향상되도록 중심 낱말을 반복 훈련한다.

속독 스피드훈련 측정기록란 ※ 매 3회 실시

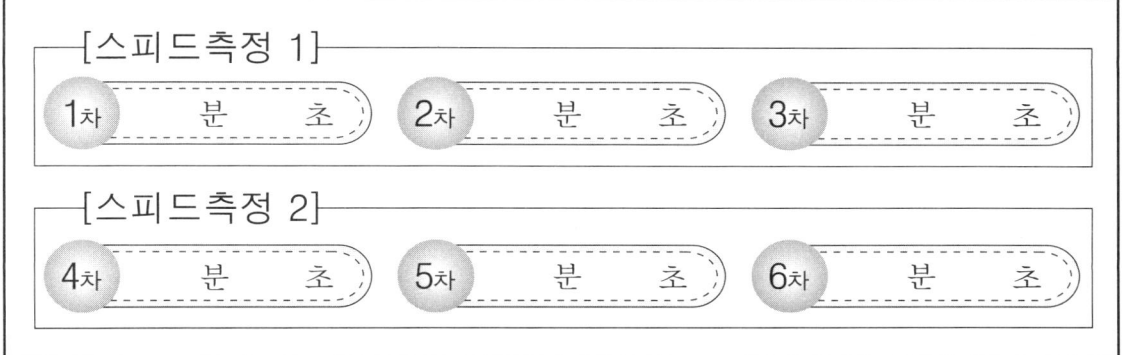

속독 자율훈련 측정기록란

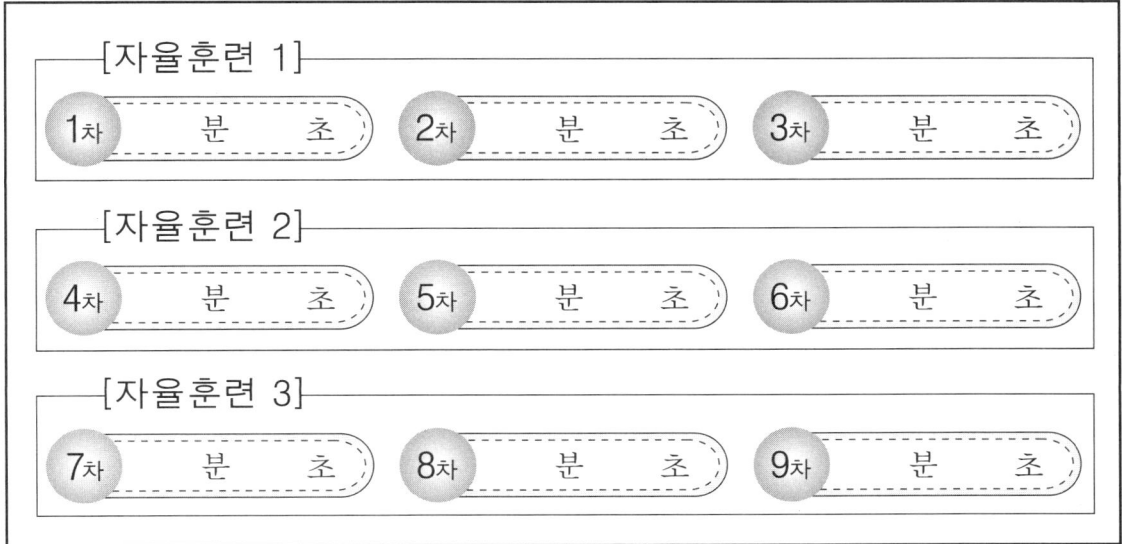

논술 따라잡기 — 생각 쓰기

우천(雨天)

♣ 아래 물음에 이유나 근거를 들어 자기의 생각을 펼쳐 보세요.
♣ 자신의 느낌이나 주장을 이야기나 글로 표현해 보세요.

1. '비 온 뒤에 땅이 굳어진다.' 라는 속담의 뜻을 써 보세요.
   속담사전이나 인터넷에서 사전검색을 참고하세요.

   _____
   _____
   _____
   _____
   _____

2. '대기 중의 수증기가 식어서 물방울이 되어 땅 위로 내리는 것' 인 비의 종류를 세 가지 이상 써 보세요.

   _____
   _____
   _____
   _____
   _____
   _____

2장

The Super Speed Reading

재밌는 한글과 그림 속독법

실전속독 훈련법

▶ 1장보다 글자가 조금 작아 졌습니다.
▶ 읽기만 해도 재미있는 동화와 논술
▶ 내용이 머릿속으로 쏙 들어온다.
▶ 논리적 사고력을 키우는 생각의 힘
▶ 흥미를 느끼는 속독 훈련법

안력운동

기호 4~기호 6 해설

안력운동 훈련 방법

1. 머리를 고정한 상태에서 바른 자세를 하세요.

2. 눈에 약간의 힘을 준 상태에서 훈련하세요.

3. 안구만을 움직여서 화살표 방향을 따라 이동하세요.

4. 각 안력운동 훈련기호에 따라 다양하게 운동하세요.

5. 차츰 안구에 힘이 생기며 안력이 강화됩니다.

6. 시야의 흐름이 원숙해지며 안구가 빨라집니다.

7. 시야의 폭이 더욱더 넓어지게 됩니다.

8. 매일 반복운동으로 시력이 향상됩니다.

기호 4
안력 운동

→ 시점을 중심에 두고 화살표 방향을 따라 상·하, 좌·우로 10초 동안 빠르게 반복 실시하세요.

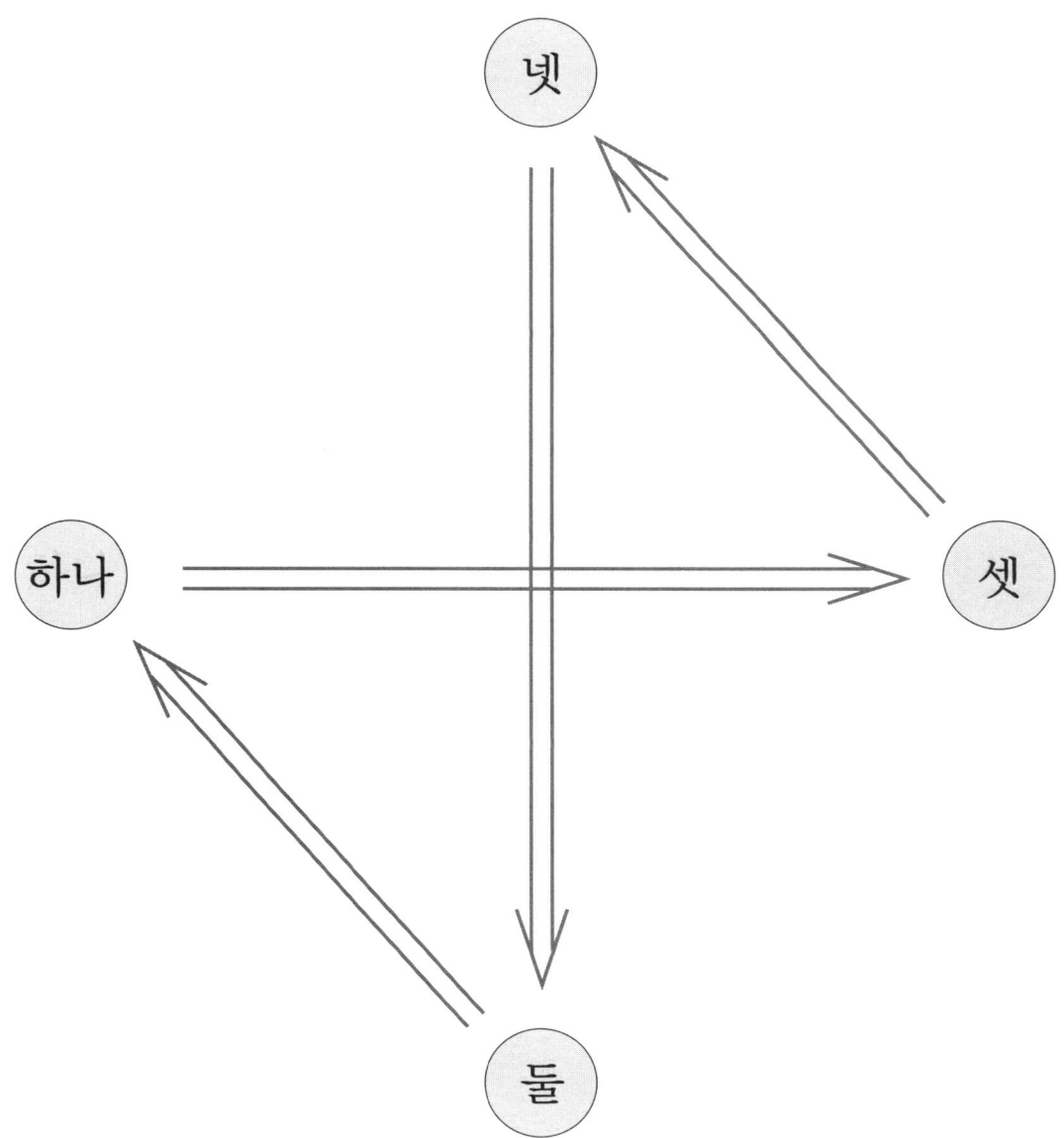

The Super Speed Reading

 기호 5
안력 운동

→ 시점을 중심에 두고 화살표 방향을 따라 원을 그리듯이 안구를 좌로 2회, 우로 2회씩 연속적으로 10초 동안 빠르게 반복 실시하세요.

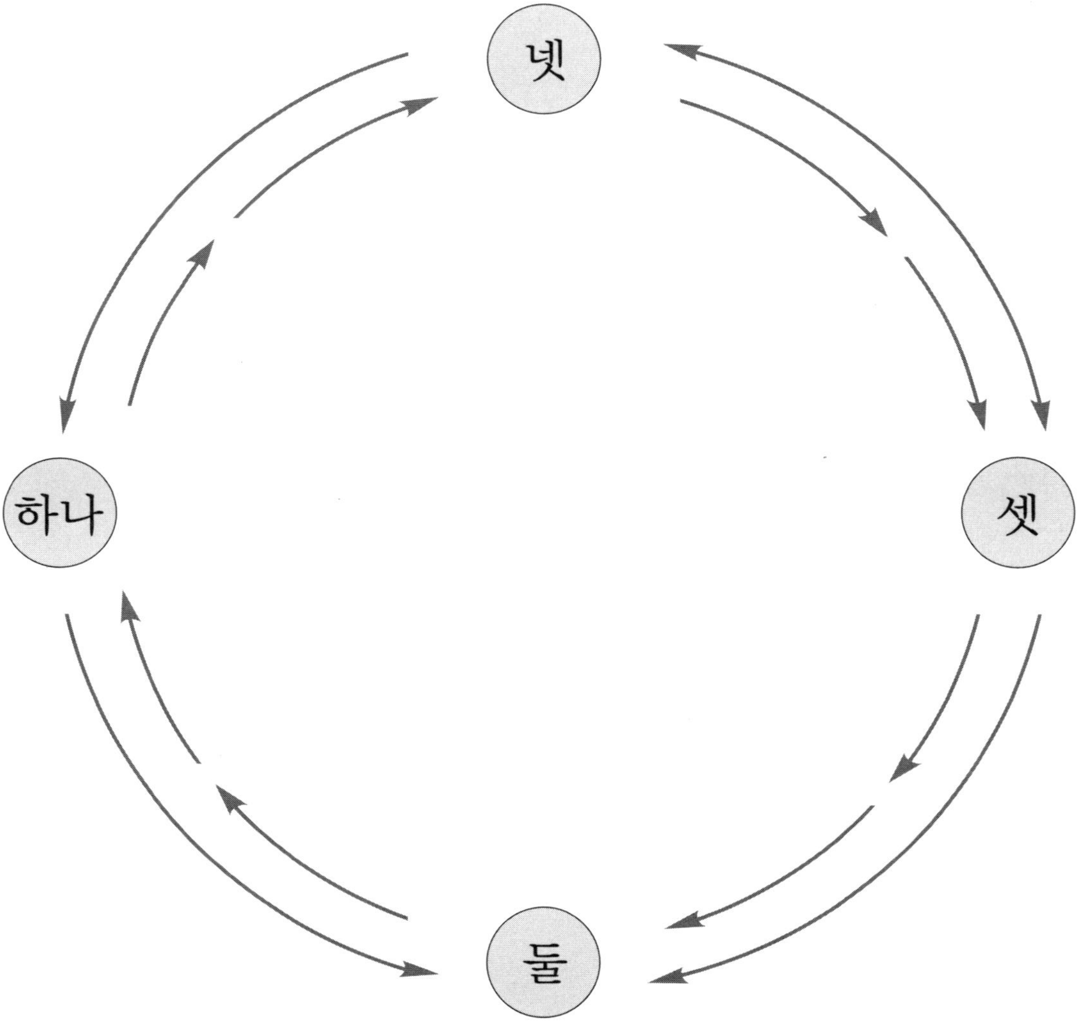

기호 6
안력 운동

→ 시점을 중심에 두고 화살표 방향을 따라 연속적으로 10초 동안 빠르게 반복 실시하세요.

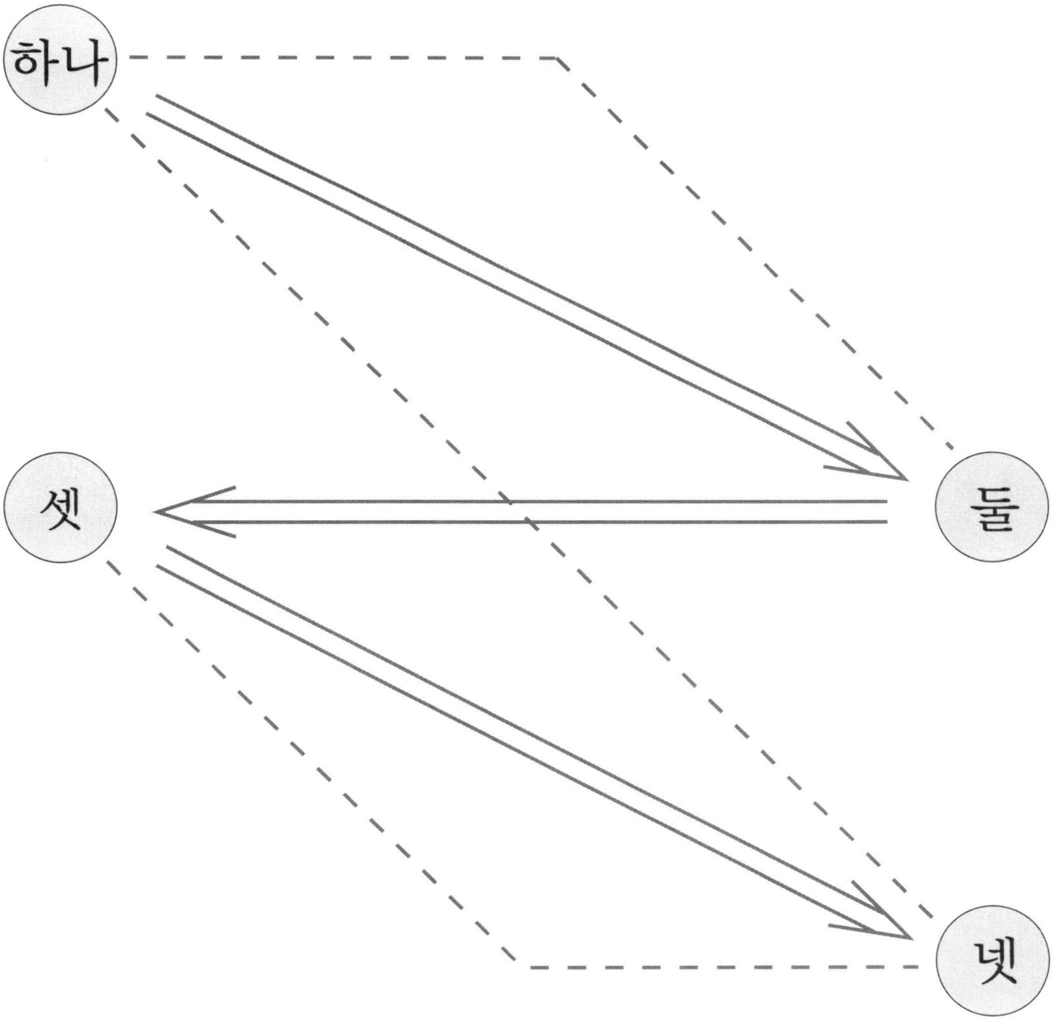

The Super Speed Reading

기본 안구운동 및 글자인지 훈련

기본 안구운동의 해설

❖ 기본 안구 운동을 할 때 시점을 중심에 두고 훈련하세요.

❖ 되도록 머리는 고정한 상태에서 안구만을 움직여 이동하세요.

❖ 눈을 약간 크게 뜬 상태에서 안구에 힘이 들어가면 훈련하세요.

❖ 턱을 야간 아래로 당긴 상태에서 움직이지 말고 훈련하세요.

❖ 눈은 되도록 깜빡이지 않은 상태에서 좌·우의 글자만을 인지하세요.

❖ 연결된 글자 내용을 따라 이해하면서 아래로 이동하세요.

❖ 초시계를 준비하고 소요시간을 측정하여 기록하세요.

The Super Speed Reading

훈련 1

기본 안구 운동 및 글자인지

1. 시점을 중심에 둔 상태에서 좌·우의 글자를 인지하세요.
2. 머리를 고정한 상태에서 안구만을 이동하여 인지하세요.
3. 시작과 동시에 훈련 1~2까지 초시계를 소요시간을 측정하세요.

← 시점 →

좌	우
우	리
가	속
독	법
을	배
우	면
빠	른
독	파
능	력
으	로
다	양
하	게
책	을
읽	고
나	서
그	배
경	지
식	을

기본 안구운동 및 글자인지

The Super Speed Reading

훈련 2
기본 안구 운동 및 글자인지

1. 시점을 중심에 둔 상태에서 좌·우의 글자를 인지하세요.
2. 머리를 고정한 상태에서 안구만을 이동하여 인지하세요.
3. 시작과 동시에 훈련 1~2까지 초시계를 소요시간을 측정하세요.

← 시점 →

좌	우
바	탕
으	로
사	고
할	수
있	으
며	논
리	적
으	로
서	술
할	수
있	는
능	력
을	키
우	는
데	목
적	이
있	다

기본 안구 운동 및 글자인지 훈련 기록표

훈련목표: 내용을 이해하면서 20초 이내 주파하세요.

- 시간이 단축될 수 있도록 소요시간을 꼭 기록한다.
- 실력이 향상되도록 같은 내용을 반복 훈련한다.

속독 스피드훈련 측정기록란

※ 매 3회 실시

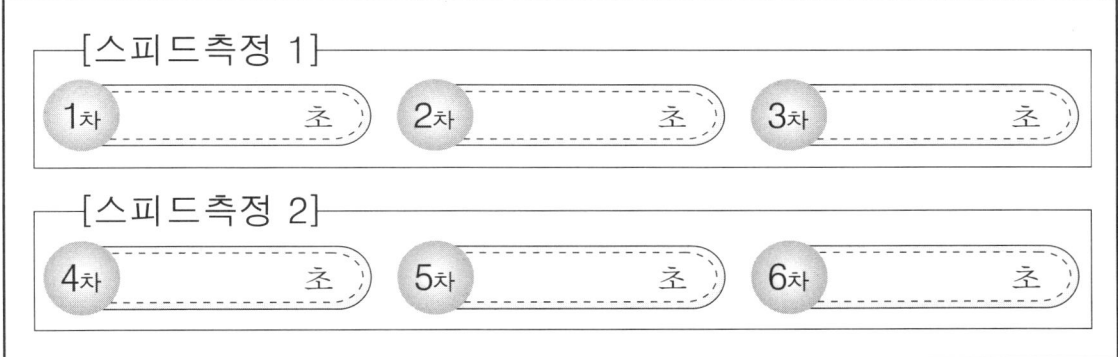

속독 자율훈련 측정기록란

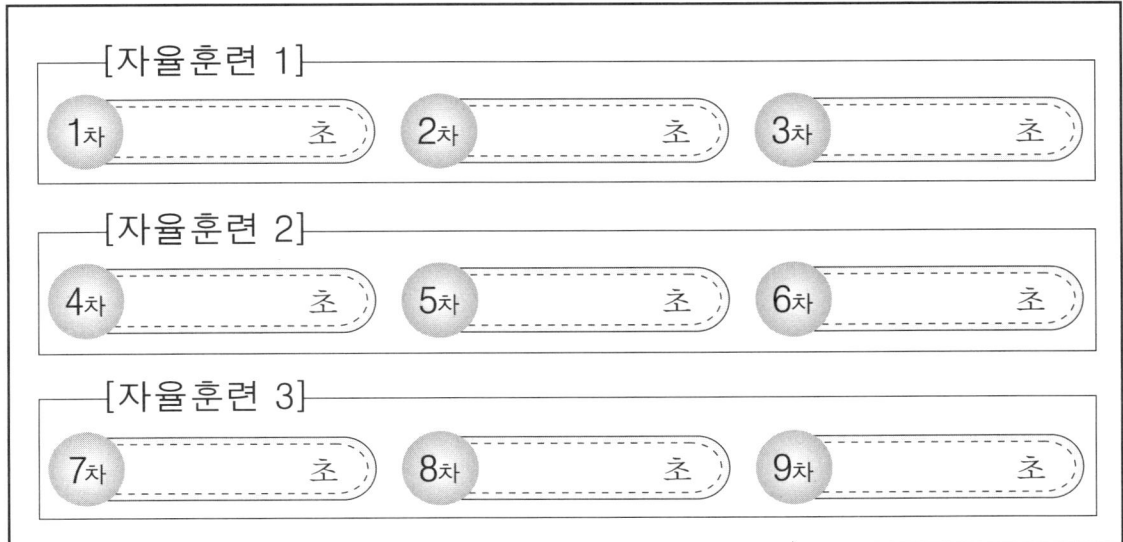

The Super Speed Reading

기본 안구운동 세로훈련

1. 시점을 중심에 둔 상태에서 상·하로 글자를 인지한다.
2. 시작과 동시에 좌 → 우, 우 → 좌로 이동하여 소요시간을 측정한다.
3. 머리를 고정한 상태에서 안구를 이용하여 훈련한다.

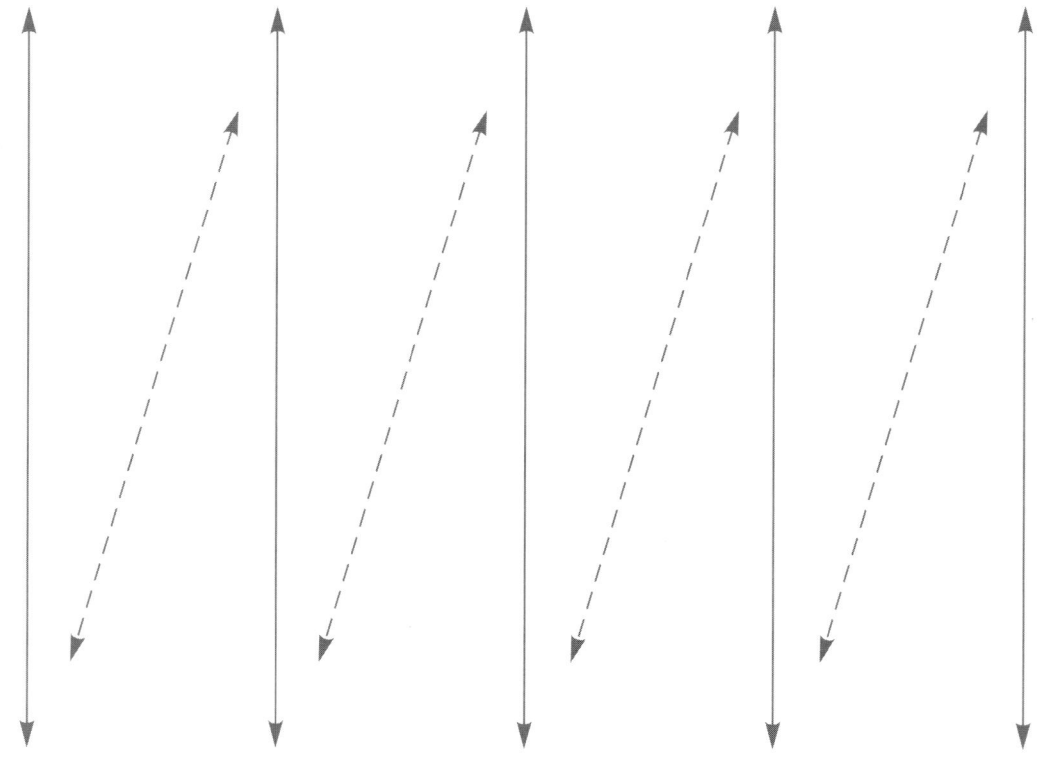

기본 안구운동 세로훈련 기록표

훈련목표: 글자를 인지하면서 총 5회 15초 이내 주파하세요.

- 좌 → 우로 가면 1회, 다시 우 → 좌로 오면 2회가 됩니다.
- 상·하로 시폭이 확대되도록 빠르게 반복 훈련한다.
- 시간이 단축될 수 있도록 소요시간을 꼭 기록한다.

속독 스피드훈련 측정기록란　　　　　　　　※ 매 3회 실시

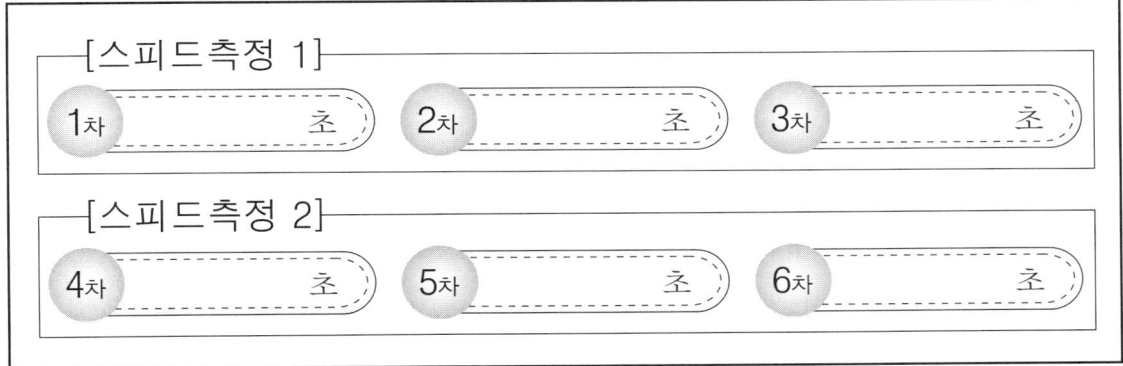

속독 자율훈련 측정기록란

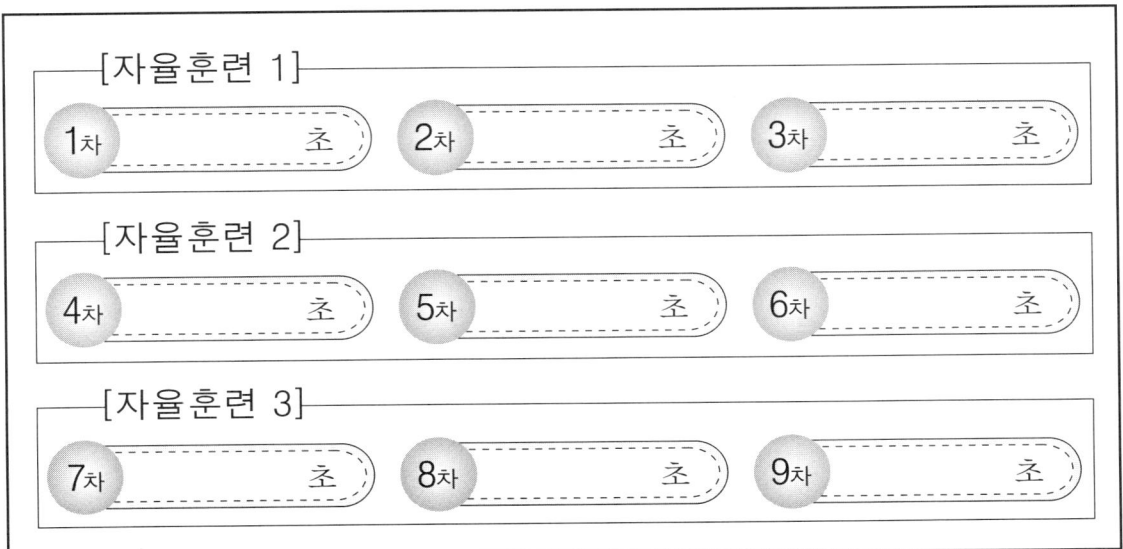

기본 글자인지 훈련 해설

기본 글자인지 훈련방법

❖ 한 줄의 글자를 되도록 한눈에 봅니다.

❖ 한 줄의 글자들은 핵심단어라고 생각합니다.

❖ 좌·우의 개념으로 글자를 순간 인지합니다.

❖ 글자를 인지하면서 수직으로 **빠르게** 이동합니다.

❖ 글자 인지훈련 1호~10호까지 연속 훈련합니다.

❖ 머리는 고정한 상태에서 안구만을 움직여 글자를 인지합니다.

The Super Speed Reading

한글 숫자 훈련 1

기본 글자인지 훈련

➔ 한글 숫자를 기본으로 빠르게 인지하면서 수직으로 이동하세요.
➔ 한글 숫자를 순서대로 인지하여서, 하나~이백까지 훈련하세요.
➔ 기본 글자인지 훈련은 1호에서 10호까지 1분 이내에 주파하여야 합니다.
➔ 훈련은 1호~10호까지 소요시간을 측정하여 기록하세요.

[글자 : 하나~스물까지]

← 시점 →

— — —하나— — — — — — — — — —둘— — — —

— — —셋— — — — — — — —넷— — — — — —

— — — — —다섯— — — — —

— — —여섯— — — — — — — — —일곱— — —

— — — —여덟— — — — — —아홉— — — — —

— — — — —열— — — — — — —열하나— — —

— — — —열둘— — — — — — — —열셋— — —

— — — — — —열넷— — — — — —열다섯— — —

— —열여섯— — — — — —열일곱— — — — —

— 열아홉— — — — — — — — —스물— — —

기본 글자인지 훈련 137

The Super Speed Reading

한글 숫자 훈련 2

기본 글자인지 훈련

➔ 한글 숫자를 기본으로 빠르게 인지하면서 수직으로 이동하세요.
➔ 한글숫자를 순서대로 인지하여서, 하나~이백까지 훈련하세요.
➔ 기본 글자인지 훈련은 1호에서 10호까지 1분 이내에 주파하여야 합니다.
➔ 훈련은 1호~10호까지 소요시간을 측정하여 기록하세요.

[글자 : 스물하나~마흔까지]

← 시점 →

— — 스물하나 — — — — — — — — 스물둘 — — —

— — — 스물셋 — — — —

— 스물넷 — — — — — — — — 스물다섯 — —

— 스물여섯 — — — — — — 스물일곱 — — —

— — 스물여덟 — — — 스물아홉 — — —

— 서른 — — — — — — 서른하나 — — — —

— — — — — 서른둘 — — — — 서른셋 — —

— 서른넷 — — — — — — — 서른다섯 — —

— 서른여섯 — — — — — 서른일곱 — —

— 서른여덟 — — — 서른아홉 — — — 마흔 — —

한글 숫자 훈련 3

기본 글자인지 훈련

→ 한글 숫자를 기본으로 빠르게 인지하면서 수직으로 이동하세요.
→ 한글 숫자를 순서대로 인지하여서, 하나~이백까지 훈련하세요.
→ 기본 글자인지 훈련은 1호에서 10호까지 1분 이내에 주파하여야 합니다.
→ 훈련은 1호~10호까지 소요시간을 측정하여 기록하세요.

[글자 : 마흔하나~예순까지]

← 시점 →

— — — 마흔하나 — — — — — — 마흔둘 — —

— — — — 마흔셋 — — — — — 마흔넷 — —

— — — — 마흔다섯 — — —

— 마흔여섯 — — — — — 마흔일곱 — — —

— — 마흔여덟 — — — — 마흔아홉 — — — 쉰 — —

— — 쉰하나 — — — — — — — 쉰둘 — —

— 쉰셋 — — — — — — 쉰넷 — — —

— 쉰다섯 — — — — — 쉰여섯 — — —

— — — 쉰일곱 — — — — — 쉰여덟 — —

— 쉰아홉 — — — — — — 예순 — — —

The Super Speed Reading

한글 숫자 훈련 4

기본 글자인지 훈련

➔ 한글 숫자를 기본으로 빠르게 인지하면서 수직으로 이동하세요.
➔ 한글 숫자를 순서대로 인지하여서, 하나~이백까지 훈련하세요.
➔ 기본 글자인지 훈련은 1호에서 10호까지 1분 이내에 주파하여야 합니다.
➔ 훈련은 1호~10호까지 소요시간을 측정하여 기록하세요.

[글자 : 예순하나~여든까지]

← 시점 →

— — — 예순하나 — — — — — — 예순둘 — — —

— — 예순셋 — — — — — 예순넷 — — —

— — 예순다섯 — — — — 예순여섯 — —

— — 예순일곱 — — — — 예순여덟 — —

— — — — — 예순아홉 — — —

— — 일흔 — — — 일흔하나 — — — — — 일흔둘 — — —

— — — — — — — 일흔셋 — —

— — — 일흔넷 — — — — — 일흔다섯 — —

— 일흔여섯 — — — — 일흔일곱 — — — — 일흔여덟 — —

— 일흔아홉 — — — — — — — 여든 — —

한글 숫자 훈련 5

기본 글자인지 훈련

➜ 한글 숫자를 기본으로 빠르게 인지하면서 수직으로 이동하세요.
➜ 한글 숫자를 순서대로 인지하여서, 하나~이백까지 훈련하세요.
➜ 기본 글자인지 훈련은 1호에서 10호까지 1분 이내에 주파하여야 합니다.
➜ 훈련은 1호~10호까지 소요시간을 측정하여 기록하세요.

[글자 : 여든하나~백까지]

← 시점 →

― ― 여든하나 ― ― ― ― ― ― ― ― 여든둘 ― ―

― ― ― 여든셋 ― ― ― ― ― ― ― 여든넷 ― ― ―

― ― ― ― ― 여든다섯 ― ― ―

― ― 여든여섯 ― ― ― ― ― ― ― ― 여든일곱 ― ―

― 여든여덟 ― ― ― ― ― 여든아홉 ― ― ― 아흔 ― ―

― ― ― 아흔하나 ― ― ― ― ― ― ― 아흔둘 ― ―

― ― 아흔셋 ― ― ― ― ― ― ― 아흔넷 ― ― ―

― ― ― ― 아흔다섯 ― ― ― ― ― 아흔여섯 ― ―

― ― ― 아흔일곱 ― ― ― ― ― 아흔여덟 ― ― ―

― ― ― ― 아흔아홉 ― ― ― ― ― 백 ― ― ―

The Super Speed Reading

한글 숫자 훈련 6

기본 글자인지 훈련

➔ 한글 숫자를 기본으로 빠르게 인지하면서 수직으로 이동하세요.
➔ 한글 숫자를 순서대로 인지하여서, 하나~이백까지 훈련하세요.
➔ 기본 글자인지 훈련은 1호에서 10호까지 1분 이내에 주파하여야 합니다.
➔ 훈련은 1호~10호까지 소요시간을 측정하여 기록하세요.

[글자 : 백일~백이십]

← 시점 →

— — 백일 — — — — — — — — — 백이 — —

— — 백삼 — — — — — — — — — 백사 — —

— — — — 백오 — — —

— — — — 백육 — — — — — 백칠 — —

— — — 백팔 — — — — 백구 — — — — —

— 백십 — — — — 백십일 — — — — — — 백십이

— — 백십삼 — — — — — 백십사 — — —

— — — — 백십오 — — — — — 백십육 — —

— — — 백십칠 — — — — — 백십팔 — — —

— — — — 백십구 — — — — 백이십 — —

142 제2장 재밌는 한글과 그림 속독법

한글 숫자 훈련 7

기본 글자인지 훈련

➔ 한글 숫자를 기본으로 빠르게 인지하면서 수직으로 이동하세요.
➔ 한글 숫자를 순서대로 인지하여서, 하나~이백까지 훈련하세요.
➔ 기본 글자인지 훈련은 1호에서 10호까지 1분 이내에 주파하여야 합니다.
➔ 훈련은 1호~10호까지 소요시간을 측정하여 기록하세요.

[글자 : 백이십일~백사십]

← 시점 →

— — 백이십일 — — — — — — — 백이십이 — —

— — — — 백이십삼 — — — — — 백이십사 — —

— — — — 백이십오 — — — —

— — — 백이십육 — — — — — — — 백이십칠 —

— — — — — 백이십팔 — — — — — 백이십구 —

— — 백삼십 — — — — 백삼십일 — — — — 백삼십이 — —

— 백삼십삼 — — — — — — 백삼십사 — — —

— 백삼십오 — — — — — — 백삼십육 — — —

— — 백삼십칠 — — — — — — — 백삼십팔 —

— 백삼십구 — — — — — — — — 백사십 —

The Super Speed Reading

한글 숫자 훈련 8
기본 글자인지 훈련

→ 한글 숫자를 기본으로 빠르게 인지하면서 수직으로 이동하세요.
→ 한글 숫자를 순서대로 인지하여서, 하나~이백까지 훈련하세요.
→ 기본 글자인지 훈련은 1호에서 10호까지 1분 이내에 주파하여야 합니다.
→ 훈련은 1호~10호까지 소요시간을 측정하여 기록하세요.

[글자 : 백사십일~백육십]

← 시점 →

— — 백사십일 — — — — — — — — — 백사십이 —

— — — — — 백사십삼 — — —

— — 백사십사 — — — — — — — 백사십오 —

— — — — 백사십육 — — — — — 백사십칠 —

— — 백사십팔 — — — — — — — 백사십구 —

— 백오십 — — — 백오십일 — — — — 백오십이 — —

— 백오십삼 — — — — — — 백오십사 — — —

백오십오 — — — — — — — — 백오십육 — —

— — 백오십칠 — — — — — — — 백오십팔 —

— 백오십구 — — — — — — — — — 백육십 —

The Super Speed Reading

 한글 숫자 훈련 9

기본 글자인지 훈련

➔ 한글 숫자를 기본으로 빠르게 인지하면서 수직으로 이동하세요.
➔ 한글 숫자를 순서대로 인지하여서, 하나~이백까지 훈련하세요.
➔ 기본 글자인지 훈련은 1호에서 10호까지 1분 이내에 주파하여야 합니다.
➔ 훈련은 1호~10호까지 소요시간을 측정하여 기록하세요.

[글자 : 백육십일~백팔십]

← 시점 →

— — 백육십일 — — — — — — 백육십이 — —

— — 백육십삼 — — — — — — 백육십사 —

— — 백육십오 — — — — — 백육십육 — —

— — — 백육십칠 — — — — 백육십팔 —

— — — 백육십구 — — —

— 백칠십 — — — — — 백칠십일 — — —

— 백칠십이 — — — — 백칠십삼 — — — 백칠십사

— — — 백칠십오 — — — — — 백칠십육 —

— — 백칠십칠 — — — — 백칠십팔 — —

— — 백칠십구 — — — — — 백팔십 — —

The Super Speed Reading

한글 숫자 훈련 10
기본 글자인지 훈련

➡ 한글 숫자를 기본으로 빠르게 인지하면서 수직으로 이동하세요.
➡ 한글 숫자를 순서대로 인지하여서, 하나~이백까지 훈련하세요.
➡ 기본 글자인지 훈련은 1호에서 10호까지 1분 이내에 주파하여야 합니다.
➡ 훈련은 1호~10호까지 소요시간을 측정하여 기록하세요.

[글자 : 백팔십일~이백]

← 시점 →

― ― 백팔십일 ― ― ― ― ― ― ― ― ― 백팔십이 ―

― ― ― ― ― 백팔십삼 ― ― ― ―

― ― 백팔십사 ― ― ― ― ― ― 백팔십오 ―

― ― ― 백팔십육 ― ― ― ― ― 백팔십칠 ―

― 백팔십팔 ― ― ― ― 백팔십구 ― ― ― 백구십 ― ―

― ― ― 백구십일 ― ― ― ― ― ― 백구십이 ―

― 백구십삼 ― ― ― ― ― ― 백구십사 ― ―

― 백구십오 ― ― ― ― ― ― ― 백구십육 ―

― ― ― 백구십칠 ― ― ― ― ― 백구십팔 ― ―

― 백구십구 ― ― ― ― ― ― 이백 ― ― ―

한글 숫자 트레이닝

기본 글자인지 훈련 기록표

[글자 하나~글자 이백까지]

➔ 시간이 단축될 수 있도록 소요시간을 꼭 기록한다.
➔ 실력이 향상되도록 숫자를 인지하며 반복 훈련한다.

속독 스피드훈련 측정기록란   ※ 매 3회 실시

속독 자율훈련 측정기록란

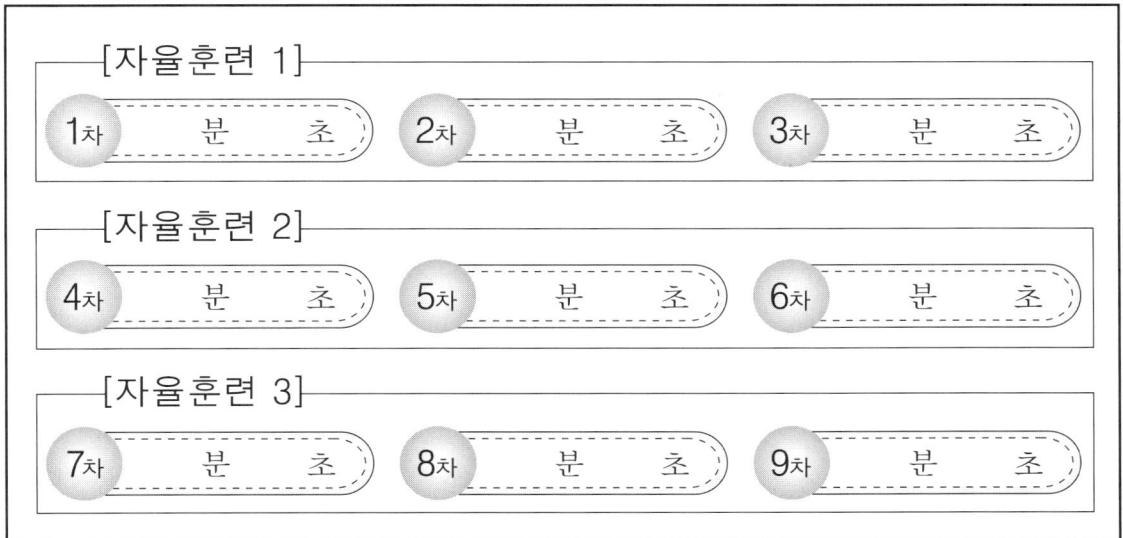

The Super Speed Reading

기본 글자 단어인지 트레이닝 해설

중심낱말 인지하기

1. 속독으로 책을 읽으려면 한 횡의 중심이 되는 낱말을 인지합니다.

2. 중심이 되는 낱말을 주축으로 인지하며 빠르게 아래로 이동합니다.

3. 중심낱말 주위에 점선들은 중심 낱말을 중심으로 연결 내용이 있다고 생각하면서 훈련하세요.

4. 눈의 흐름은 부드럽고 자연스럽게 안구를 이동하여야 합니다.

5. 시점은 한 횡의 중심으로부터 최대한 좌·우로 넓게 보아야 합니다.

6. 중심 낱말을 한눈에 보고 이해하여야 합니다.

7. 여러 번 반복적으로 훈련하여 소요시간을 단축합니다.

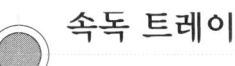

속독 트레이닝 1
기본글자 단어인지 훈련

▶ 기본 글자단어를 스캐닝기법으로 빠르게 인지하면서 수직으로 이동하세요.
▶ 스캐닝 훈련은 1호에서 10호까지 1분 이내에 주파하여야 합니다.
▶ 글자단어 인지훈련은 1호에서 10호까지의 소요시간을 측정 기록하세요.

← 시점 →

옛날 농부가 — — — — — — — — — — — — — 산에 — — — —

— — — 빨간 부채와 — — — — — — — — 파란 부채를 — — — —

— — 주웠 — — — — — —

— — — — — 누가 — — — — — — — — — 산에다 — — — —

— — — 농부는 — — — — — — — — — — — — — 펼쳐 — — —

그런데 — — — — — — — — — — — — 코가 뜨거워 — — — — — —

— — — — 점점 — — — — — — — — — — — — 커지는 — — — — —

— — 농부는 깜짝 — — — — — — — 빨간 부채를 — — — — —

— — — — — 내동댕이 — — — —

— — 코가 늘어서 — — — — — — — — — 야단났는걸 — — — —

The Super Speed Reading

속독 트레이닝 2
기본글자 단어인지 훈련

 요술 부채

▶ 기본 글자단어를 스캐닝기법으로 빠르게 인지하면서 수직으로 이동하세요.
▶ 스캐닝 훈련은 1호에서 10호까지 1분 이내에 주파하여야 합니다.
▶ 글자단어 인지훈련은 1호에서 10호까지의 소요시간을 측정 기록하세요.

← 시점 →

- - - 이번에는 - - - - - - - - - - - - - - 파란 부채를 - -

- - - - 펼쳐서 - - - - - - - - - - 커진 코가 - - - - - -

- - - 점점 - - - - - - 작아 - - - -

- - 이 부채는 - - - - - - - - - - - 한 쌍 - - - - - - -

- - - - 코를 - - - - - - - - - - - 늘고 줄이고 - - - -

- - 요술 부채를 - - - - - - - - - - - 집으로 - - - - - -

- - - - - - - 가지고 왔 - - - - - -

- - - 부인은 - - - - - - - - - - - - 신기한 부채를 - - -

- - - - - - - 믿지 - - - - - - - - - - -

- - - - 농부는 - - - - - - - - 빨간 부채를 - - - - - -

속독 트레이닝 3
기본글자 단어인지 훈련

요술 부채

▶ 기본 글자단어를 스캐닝기법으로 빠르게 인지하면서 수직으로 이동하세요.
▶ 스캐닝 훈련은 1호에서 10호까지 1분 이내에 주파하여야 합니다.
▶ 글자단어 인지훈련은 1호에서 10호까지의 소요시간을 측정 기록하세요.

← 시점 →

- - - -부쳐 보였- - - - - - - - - -코가 늘어- - - - -

- - -다시 파란- - - - - - - - - - - -코가 줄어- - -

- - -부인은- - - - - - - - - - - -배를 잡고- - - - -

- - - - -웃었- - - - - - - - -

- - - -농부는- - - - - - - - - -빨간 부채를- - - - -

- -부인에게- - - - - - - - - - -부인의 코가- - -

-늘어나- - - - - - -다시- - - - - - - 파란부채로- -

- -줄어들어- - - - - - - - -

농부는 - - - -이 부채로- - - - - - -돈벌이- - - - -

- -어느 날 농부- - - - - - - - - -부잣집 환갑- - -

The Super Speed Reading

속독 트레이닝 4

기본글자 단어인지 훈련

요술 부채

▶ 기본 글자단어를 스캐닝기법으로 빠르게 인지하면서 수직으로 이동하세요.
▶ 스캐닝 훈련은 1호에서 10호까지 1분 이내에 주파하여야 합니다.
▶ 글자단어 인지훈련은 1호에서 10호까지의 소요시간을 측정 기록하세요.

← 시점 →

- - - 환갑 맞은 - - - - - - - - - 술에 취에 - - - - - - -

- - - - - - 춤을 - - - - - - - - - - - 사람도 많이 - - -

- - 농부는 - - - - - - - - - - - - 영감 곁 - - - - - - -

- - - 더우시지요 - - - - - - - - - - 제가 부채를 - - -

농부는 - - - - - 빨간 부채로 - - - - - 영감의 얼굴 - - -

- - - 코가 점점 - - - - - - - - - - 그런 줄도 모 - - - -

- - 시원하다 - - - - - - - - -

- - - - - 사람들이 - - - - - - - - - - 영감님 코가 - -

- - 영감은 코를 - - - - - - - - 소스라치게 - - - - -

- - - 내 코가 - - - - - - - - 이렇게 커졌 - - - - - -

속독 트레이닝 5

요술 부채

기본글자 단어인지 훈련

▶ 기본 글자단어를 스캐닝기법으로 빠르게 인지하면서 수직으로 이동하세요.
▶ 스캐닝 훈련은 1호에서 10호까지 1분 이내에 주파하여야 합니다.
▶ 글자단어 인지훈련은 1호에서 10호까지의 소요시간을 측정 기록하세요.

← 시점 →

- - - 영감은 거울을 - - - - - - - - - - - 울상 - - - - -

- - 급히 의원을 - - - - - - - - - - - 코를 보고 - - - - -

- - - - - - 중얼거렸 - - - - - - - -

- - - 의원이 나는 - - - - - - - - - - - 이런 병 - - - - -

- - 다른 의원을 - - - - - - - - - - - 불러도 못 고쳐 - -

이튿날 농부 - - - - - - - - - 파란 부채를 - - - - - - -

- - - - - - 영감 집을 - - - - - - - - - - - 찾아 - - - -

- - 영감은 코를 - - - - - - - - - - - 끙끙 앓고 - - -

- - - - - 제가 콧병을 - - - - - - - - 영감은 고함 - -

- - 의원도 못 - - - - - - - - - 자네가 어떻게 - - - - -

The Super Speed Reading

속독 트레이닝 6
기본글자 단어인지 훈련

요술 부채

▶ 기본 글자단어를 스캐닝기법으로 빠르게 인지하면서 수직으로 이동하세요.
▶ 스캐닝 훈련은 1호에서 10호까지 1분 이내에 주파하여야 합니다.
▶ 글자단어 인지훈련은 1호에서 10호까지의 소요시간을 측정 기록하세요.

← 시점 →

- - 제가 코를 - - - - - - - - - - - - - - 고쳐 드리면 - - - -

- - - - - 내 재산 - - - - - - - - - 절반을 - - - - - -

- - 정말이십니까 - - - - - - - -

- - 농부는 영감을 - - - - - - - - - - - 방바닥 뉘고 - - -

- - - 파란 부채로 - - - - - - - - 살살 부쳐 - - - - - - -

- - - - - - - 코가 줄어 - - - - - - - - - - 했습 - - - -

- - - - 자, 이제 다 - - -

- - - - - - - - - 영감은 벌떡 - - - - - - - - 거울을 - - -

정말 그전처럼 - - - - - - - - - - - - - 줄어들어 - - - -

- - - - - 약속대로 - - - - - - - - 재산의 반을 - - - -

속독 트레이닝 7

기본글자 단어인지 훈련

▶ 기본 글자단어를 스캐닝기법으로 빠르게 인지하면서 수직으로 이동하세요.
▶ 스캐닝 훈련은 1호에서 10호까지 1분 이내에 주파하여야 합니다.
▶ 글자단어 인지훈련은 1호에서 10호까지의 소요시간을 측정 기록하세요.

← 시점 →

- - - - 농부는 벼락 - - - - - - - - - - - - - 부자가 - - - -

농부가 대청 마루 - - - - - - - - - - - - - - 낮잠 - - - - - -

- - - 고양이가 - - - - - - - - - - - - - 빨간 파린 부채 - - -

- - 입에 - - - - - - - 달아 - - - - -

- - - - 그 고양이는 - - - - - - - - - - - 부자 영감 집 - -

고양이였 - - - - - -

- - - - - 부자 영감은 - - - - - - - - - - 이 빨간 부채 -

- - 내 코가 - - - - - - 병이 - - - - - -

- - 영감은 - - - - - - 고양이에게 - - - - - 살살 - - - -

- - - - 고양이 코가 - - - - - - - - - - - 점점 - - - - -

The Super Speed Reading

속독 트레이닝 8

기본글자 단어인지 훈련

 요술 부채

▶ 기본 글자단어를 스캐닝기법으로 빠르게 인지하면서 수직으로 이동하세요.
▶ 스캐닝 훈련은 1호에서 10호까지 1분 이내에 주파하여야 합니다.
▶ 글자단어 인지훈련은 1호에서 10호까지의 소요시간을 측정 기록하세요.

← 시점 →

- - - 그 놈이 - - - - - - - - - - 내 코를 - - - - - - -

- - - 이렇게 늘여 - - - - - -

- - 영감은 파란 부채 - - - - - - - - - 고양이를 부쳐 - -

- 고양이 코가 - - - - - - - 점점 줄어 - - - -

- - - - 내가 그놈 - - - - - - - - - 속았군 - - - - - - -

- - - 어디 - - - - - 두고보자 - - - - - - - - - - - - - -

영감은 - - - - - - - - - - - 농부의 집 - - - - - - 달려 -

- - - - 농부는 - - - - - - - - - 대청마루 - - - - - - -

- - - - - - - 잠을 - - - - - - - - - - -

- - 영감은 - - - - - - - - - 농부의 코 - - - - - - -

속독 트레이닝 9
기본글자 단어인지 훈련

▶ 기본 글자단어를 스캐닝기법으로 빠르게 인지하면서 수직으로 이동하세요.
▶ 스캐닝 훈련은 1호에서 10호까지 1분 이내에 주파하여야 합니다.
▶ 글자단어 인지훈련은 1호에서 10호까지의 소요시간을 측정 기록하세요.

← 시점 →

- - 빨간 부채로 - - - - - - - - - - 마구 - - - - - - -

- - - 영감은 - - - - - 빨간 부채 - - - - 놓고 - - -

- - - 파란 부채만 - - - - - - - - 가지고 집으로 - - -

농부는 잠 - - - - - 코를 - - - - - 깜짝 놀랐 - - - -

- - - - 농부는 - - - - - 파란 부채를 - - - - -

그러나 - - - - - - 파란 부채를 - - - - - - - 찾을 -

- - - 없었 - - - - - -

- - 영감이 가지고 - - - - - - - - 모르고 - - - - -

- 농부는 코가 - - - - 커서 - - - - - 움직이지도 - - -

- - 그때 - - - - - - - - - 영감이 다시 - - - - - -

The Super Speed Reading

속독 트레이닝 10
기본글자 단어인지 훈련

 요술 부채

▶ 기본 글자단어를 스캐닝기법으로 빠르게 인지하면서 수직으로 이동하세요.
▶ 스캐닝 훈련은 1호에서 10호까지 1분 이내에 주파하여야 합니다.
▶ 글자단어 인지훈련은 1호에서 10호까지의 소요시간을 측정 기록하세요.

← 시점 →

- - -자네의 코를- - - - - - - - - - - - -내가 고쳐- - - - -

그러면- - - - -어떡하겠나- - - - - - - -

- - -농부는- - - - - - - - - - -영감이 파란부채- - -

- -가지고- - - - - - - - -알아차려- - - -

- -제 콧병만- - - - - - - - - -재산의 절반을- - -

- -안 돼- - - - - - - -몽땅 나에게- - - - - -

- -그럼- - - - -내 재산- - - - - - - - -전부를- - - -

- - -영감은- - - - - - - - - - -농부의 얼굴- - - - - -

파란 부채로- - - - - - - - -코가 작아- - - - - - - - -

영감은- - - -농부의 재산- - - - - - 몽땅 찾아- - - -

속독 트레이닝
기본글자 단어인지 훈련 기록표

요술 부채

➔ 시간이 단축될 수 있도록 소요시간을 꼭 기록한다.
➔ 실력이 향상되도록 같은 내용을 반복 훈련한다.

속독 스피드훈련 측정기록란   ※ 매 3회 실시

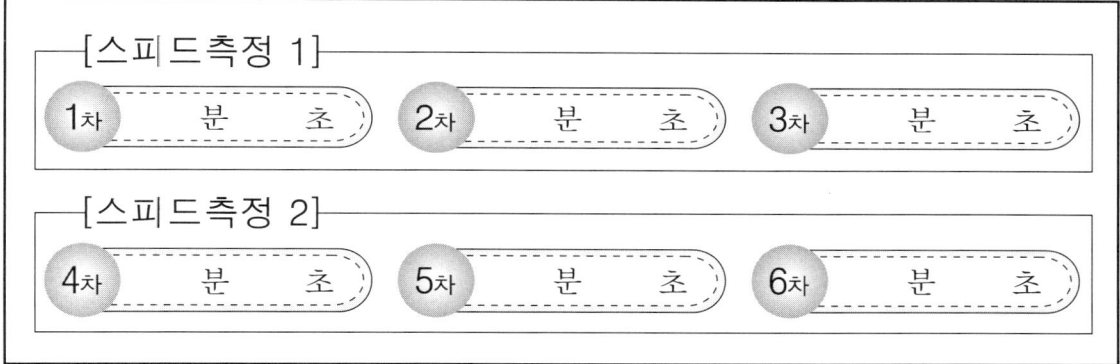

속독 자율훈련 측정기록란

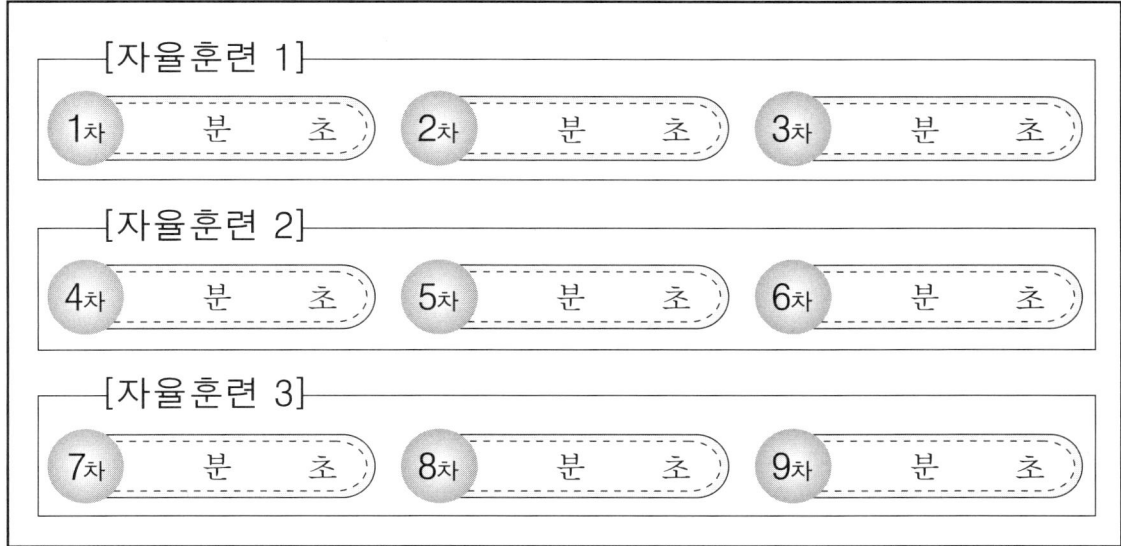

The Super Speed Reading

3차 스킵[skip] 건너뛰어 읽기

속독을 위한 중심낱말 스킵훈련 해설

1. 속독으로 책을 읽으려면 한 줄의 중심이 되는 낱말을 인지합니다.

2. 중심이 되는 낱말을 주축으로 인지하고 한 줄의 글자 내용을 이해하면서 빠르게 아래로 이동합니다.

3. 앞으로 전개될 내용을 미리 감지하면서 이어 달리세요.

4. 눈의 흐름은 부드러우면서 빠르게 안구를 이동해 나갑니다.

5. 시점은 한 줄의 중심으로부터 최대한 좌·우로 넓게 보아야 합니다.

6. 중심 낱말을 한눈에 인지하고 이해하여야 합니다.

7. 여러 번 반복적으로 훈련하여 소요시간을 단축합니다.

The Super Speed Reading

[3차] 스킵훈련 6

중심낱말 인지하기 훈련

▶ 시점을 중심에 둔 상태에서 한 줄의 글자 및 점 기호들까지 최대한 한눈에 본다.
▶ 한 줄의 글자를 보는 즉시 안구는 순간적으로 미세하게 움직이며 좌·우의 중심 낱말을 빠르게 인지한다.
▶ 각 줄의 중심 낱말을 연속적으로 인지하면서 빠르게 수직으로 이동한다.

외투[6]

하늘나라 · · · · 추운 겨울이 · · · ·
달 아가씨는 · · · · · 지구를 관찰 · · · · ·
땅에서 · · · · · · · 외투를 · · ·
하늘나라 · · · 옷을 입지 · · · · · ·
외투를 · · · 멋있을 · ·
 · · · 입고 싶어
하늘나라의 임금님 · · · · · 부탁하자
 · · · · · · 하늘나라 · · ·
저의 소원 · · · · ·
 · · 땅에서 사는 · · · · 외투를 · · · · ·
 · · 외투를 입게 · · · ·
 · · 사람들이 입는 · · · · · 까다로워
처음 · · · · · 만들어 보자
드디어 · · · · · · 허락하였 · · ·
 · · · · 옷을 만들어 · · ·

The Super Speed Reading

[3차] 스킵훈련 6 　　　　　　　　　　　　　　　　　　　　외투

중심낱말 인지하기

　　　　줄자를 꺼내어　　　　허리의 치수를
옷감을　　　　　　재봉틀로 박기
　　　완성되었
보름도　　　　만들어졌
　　　마무리 작업　　　　　　　단추까지

하늘나라　　　달 아가씨를
　　잘 맞나　　입어
달 아가씨는　　　　외투를 입어
외투는　　　　　　헐렁헐렁
　　　　　난처했

　　　몸과 허리　　　정확히
　　　　다시 만들자
치수를　　　　　　꼼꼼히
　　줄자를
신하가　　　　　　　　쟀습
　　　　　날씬해졌어

아니어요　　　　　　밥 먹었어요
걱정 마라　　　　맞는 외투를

[3차] 스킵훈련 6 　　　　　　　　　　　　　　　　　　외투

중심낱말 인지하기

· · · · · · · 　　　외투 작업 · · · 　　· 시작하였 · ·
옷감을 · · · 　· 잘랐습 · ·
재봉틀로 · · · · · · · · · 정성을 다하였 · · ·
· · · 보석으로 · · · ·
두 번째 외투 · · · · · 완성되었 · · ·
새로 만든 · · · · · · · · 좁고 날씬하게 · · ·
· · · ·
· · · · 치수를 · · · · 맞을 거야
· · · · 임금님은 · · · · 달 아가씨를 · · · ·
· · · · 입어 보아라
임금님 · · · · · ·
· · · · 옷이 작아요
· · · 채울 수가 · · ·
· · · · 울상이 되었 · · ·
임금님은 · · · · · ·
옷을 · · · · 몸이 · · · ·
· · 만드는 동안 · · · · 뚱뚱하면 · · · · · ·
· · · ·
임금님은 · · · · · 참았습 · ·
· · 방법이 · · · ·
· · 두벌을 · · · ·

The Super Speed Reading

[3차] 스킵훈련 6   외투
중심낱말 인지하기

한 벌 · 날씬할 · · ·
또 · · 뚱뚱할 · · · ·
두벌을 · · · 걱정이 · · · · ·
임금님은 · · · · · · 외투 두벌을 · · · · · ·
달 아가씨는 · · · · · · · · 마음대로 골라 · · ·
· · · · ·
· · 문제가 · · · · ·
몸에서 · · · 환한 빛 · · · · · · · ·
어 · · · 달님이 · · · · · ·
· · · 보름달이 · · · ·
깜깜 · · ·
사람들은 · · · · · · · · 달이 보이지 · · · · ·
아이들은 늦게 · · · · · · 불만이었 · · ·
· · · · · 사람들의 걱정 · · · 고민을 · · · ·
달아 · · · ·
· · · 아이들을 · · · 결정 · · ·
아이들이 편하게 · · · · · · · 해 주어야 · · ·
· · · · · 외투 · · · ·
네 임금님 · · · 원하는 일 · · · · · · ·
· · · · 외투를 벗자 · · · · · · · 환해졌 · · ·
· · · 달을 보고 · · · 반가워하였 · · ·

[3차] 스킵훈련 6
중심낱말 인지하기

외투

아이들도 · · · · ·
어두운 밤길 · · · · · · · 사람들은 · · · · ·
· · · · 살이 쪘다 · · · 날씬했다 · · · · ·
옷을 입지 · · · · · · 환하게 밝혀 · · ·
· · · · · 나타나지 · · ·
· · · 만들어주신 · · · · 입고 싶어서 · · ·
외투를 · · · · 입고 있기 · · · · ·
· · · 춥다
겨울밤 · · 별님도 · · · · ·
옷이 없는 · · · · · · · 임금님을 · · · · ·
· · · 저도 · · · · 외투가 입고 · · · · ·
저도 달처럼 · · · · 멋진 외투 · · · · ·
· · 한 벌만 · · · · ·
별 아저씨는 · · · · · 임금님에게 · · · · ·
미안해 · · · · · · · 없구나
무엇보다 · · · 옷감과 실을 · · · · ·
· · · · 별 아저씨의 · · · 들어줄 수 · · · · ·
· · · 깊이 생각 · · · · ·
구름을 · · · · ·

추운 날에는 · · · · · · · 춥지 않도록 · · · · ·

The Super Speed Reading

[3차] 스킵훈련 6 　　　　　　　　　　　　　　　　　외투

중심낱말 인지하기

별 아저씨는 · · · · · 쏘~옥 · · · · · ·
· · · · · · · · 구름 속 · · 달 아가씨 · · · · ·
달 아가씨 · · · · · · · 밤하늘을 비추고 · · ·
안 되겠다 · · · · · · · · · · 우리도 함께 · · · · ·
별 아저씨 · · · · · · · 벗었습 · ·
밤하늘 · · · · · · · · · 빛이 났 · · ·
사람들은 · · · 밤하늘을 · · · · ·
달도 환하고 · · · · · 아름답고 · · · ·
땅 아래 · · · · · · 달과 별을 · · · · · · · · 끝

최초 측정 시간 :　　　분　　　초

'외투'의 중심 낱말 인지 훈련을 30차까지 마치고
다음 훈련은 192쪽으로 이동하세요.

[3차 스킵훈련 6]
중심낱말 인지훈련 기록표

외투

▶ 시간이 단축될 수 있도록 소요시간을 꼭 기록한다.
▶ 실력이 향상되도록 중심 낱말을 반복 훈련한다

속독 스피드훈련 측정기록란　　　　　　　※ 매 3회 실시

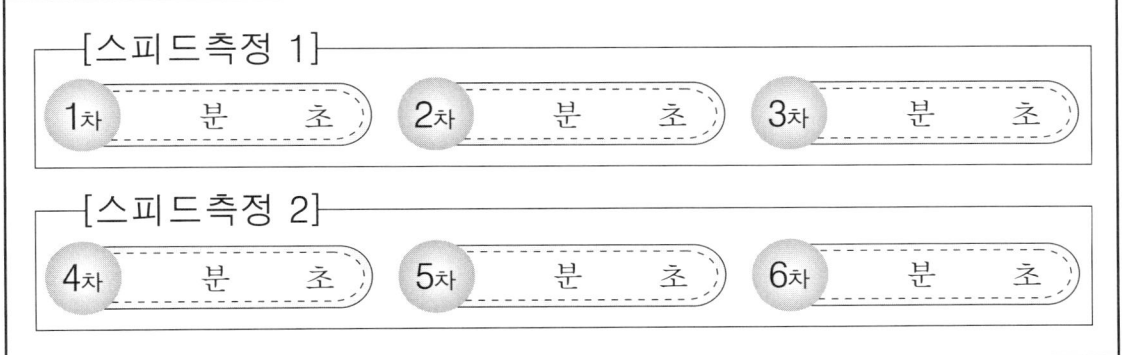

속독 자율훈련 측정기록란

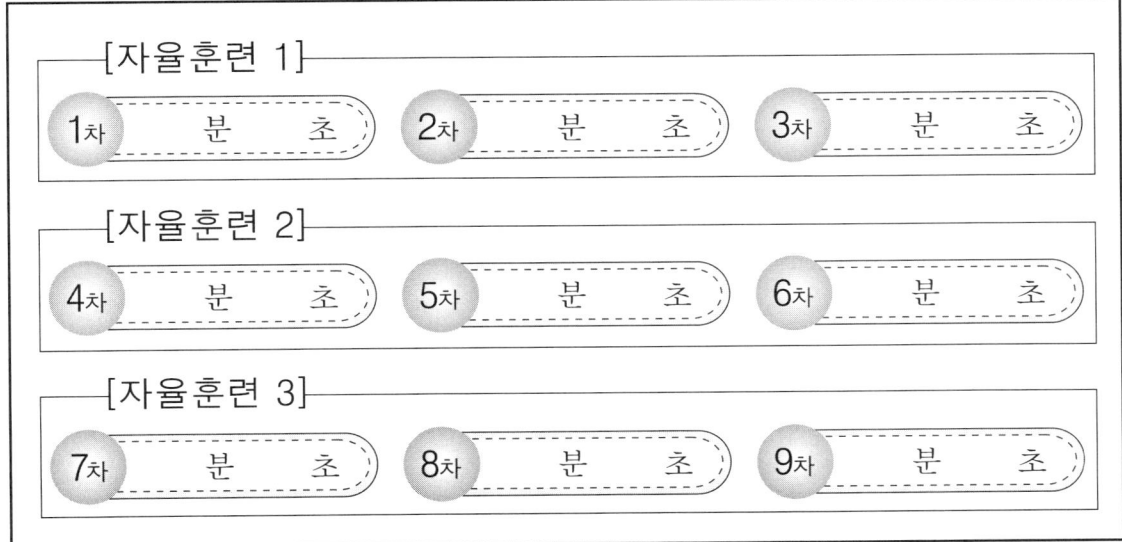

The Super Speed Reading

[3차] 스킵훈련 7

중심낱말 인지하기 훈련

▶ 시점을 중심에 둔 상태에서 한 줄의 글자 및 점 기호들까지 최대한 한눈에 본다.
▶ 한 줄의 글자를 보는 즉시 안구는 순간적으로 미세하게 움직이며 좌·우의 중심 낱말을 빠르게 인지한다.
▶ 각 줄의 중심 낱말을 연속적으로 인지하면서 빠르게 수직으로 이동한다.

바다 여행[7]

숲 속에 · · · · · · · 바다가 · · · · · · ·

· · · 어떻게 · · · ·

바다 · · · ·

· · 새들에게 · · · ·

새들은 · · · · · · · 날아다닐 수 · · · · · ·

· · ·

여우와 토끼 · · · · 찾아 나섰 · · ·

파랑새야 · · 바다가 · · · · · · ·

· · · 바다는 짭짤해

· · 소금처럼 · · ·

· · · · 넓고 깊어

· · 바다는 차가워

다람쥐가 · · · · · · 말을 했 · · ·

· · · · 얼음처럼 · · · ·

아니야 · · · · · 고체야

[3차] 스킵훈련 7

바다 여행

중심낱말 인지하기

바다는 · · · 액체라고 · ·
· · · 빗방울 · · ·
· · · · · 아니란 말 · ·
빗방울 · · · 달라
· · · · 크고 넓어서 · · 보이질 않아
너희는 · · · · 갈 수가 · · · ·
곰이 · · · · · · ·
· · · · · 들판처럼 · · ·
· · · 들판에는 풀이 · · · · · 풀이 없어
들판은 · · · · 있잖아
바다는 · · · 없어
바닷가에 · · · · · · 소리도 · · ·
철썩철썩 · · · · · 들린단다
토끼가 · · · · 말을 했 · · ·
· · 쏴 아 · · · · 바람과 비슷 · · · ·
· · · · · 바다를 설명 · · · 어려워 답답 · · · ·
동물들은 · · · 궁금합 · ·
· · · · · 여우가 제안 · · · ·
· · 그러지 말고 · · · · 바다여행 · ·
바다를 · · 출발

The Super Speed Reading

[3차] 스킵훈련 7   바다 여행

중심낱말 인지하기

동물 친구들 · · · · 떠나기로 · · · · ·
파랑새야 · · 길을 잘 · · · · ·
· · 내가 알려 · ·
길을 잘 · · · · · 함께 간다면 · · · ·
동물들이 · · · · · 길을 떠났 · · ·
산을 · · 들을 ·
강을 건너 · · · · · 길을 걸어갔 · · ·
다리도 · · 배도 고팠 · · ·
· · · 바다 구경을 · · · 힘든 것도 · · · · · ·
숲 속에서 · · · · · · · 며칠을 걸어 · · ·
· · · 바다가 보이기 · · · ·
먼저 · · · · 다람쥐가 · · · · ·
· 푸른 바다 · · · · ·
· 바닷소리도 · · ·
모두 · · · 도착하였 · · ·
다람쥐와 곰은 · · · · · · 이야기를 나누고 · · · · ·
파도소리는 · · · · · · · 다르구나
· · · 나뭇잎이 흔들리는 · · · · 물이 부딪치는 · ·
토끼와 여우는 · · · · · 들어갔습 · ·
· · · 시원하구나
· · · 짭짤하다 · · · · · 먹어보자

[3차] 스킵훈련 7

중심낱말 인지하기

바다 여행

· · · · ·

진짜 · · · · 소금 같아

여우는 · · · · 토끼 친구를 · · · · ·

· · 물장구 · · · 재밌게 · ·

다람쥐야 · · · · ·

· · · · 들어와

기다려 · · · · · 들어갈 거야

· · · 준비운동을 · · · · 풍덩 · · · · ·

바다로 간 · · · · 물놀이 · · · · ·

· · · 넓은 마음 · · · ·

바다는 우리를 · · · ·

· · · 참 고맙다

동물 친구들 · · · 즐거운 시간 · · · · · ·

바다로 여행 · · · · · · · 즐거운 시간 · · · · · · ·

끝

| 최초 측정 시간 : | 분 | 초 |

'바다 여행'의 중심 낱말 인지 훈련을 마치고
다음 훈련은 201쪽으로 이동하세요.

The Super Speed Reading

[3차] 스킵훈련 7

중심낱말 인지훈련 기록표

바다 여행

▶ 시간이 단축될 수 있도록 소요시간을 꼭 기록한다.
▶ 실력이 향상되도록 중심 낱말을 반복 훈련한다.

속독 스피드훈련 측정기록란 ※ 매 3회 실시

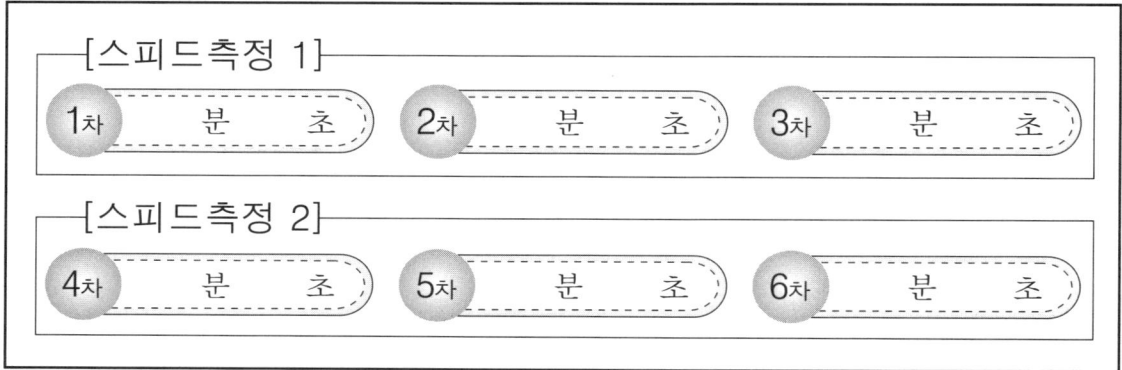

속독 자율훈련 측정기록란

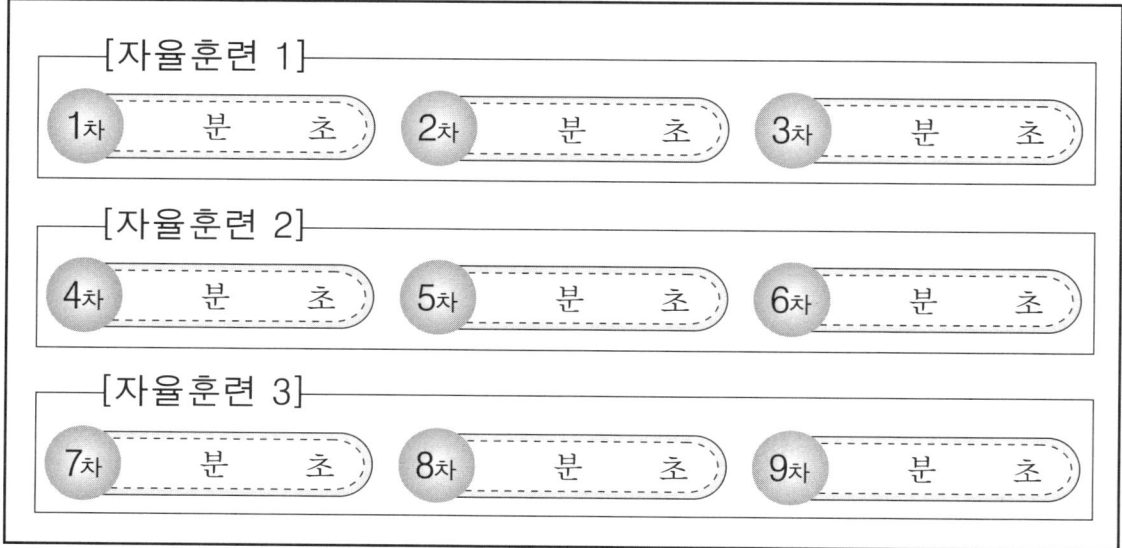

[3차] 스킵훈련 8
중심낱말 인지하기 훈련

▶ 시점을 중심에 둔 상태에서 한 줄의 글자 및 점 기호들까지 최대한 한눈에 본다.
▶ 한 줄의 글자를 보는 즉시 안구는 순간적으로 미세하게 움직이며 좌·우의 중심 낱말을 빠르게 인지한다.
▶ 각 줄의 중심 낱말을 연속적으로 인지하면서 빠르게 수직으로 이동한다.

코나비[8]

나무그늘 · · · · · · · 명상을 · · ·
 · · · 클래식 음악 · · · · · · · 생각하는 · · ·
  · · · 마음이 복잡 · · · 명상의 · · · · · ·
명상은 고요히 · · · · · 생각하는
 · · · · 사색하는 · · · 정신적 육체적 · · ·
 · · ·
코끼리가 명상 · · · · · · · · 노랑나비가 · ·
 · ·
눈을 떴을 · · · · · 코끼리 앞을 · · · · ·
 ·
코끼리는 · · · · · 나비가 되고 · · · · ·
 · · · · 부러워
 · 내가 싫어 · · · 회색 피부 · · · ·
 · · · · 싫어
 · · 나는 · · · · 생겼을까

The Super Speed Reading

[3차] 스킵훈련 8

코나비

중심낱말 인지하기

몸집도 · · · · · · · 내 모습이 · · ·
· · · · 날씬한 몸 · · · · 날아다닐 수 · · · · · · ·
· · · · · · · 몸을 한탄하며 · · · · · · · 울고 있습 ·
· · · · · 카멜레온 · · · · · 말을 했 · · · · · · ·
나비가 되고 · · · · · 꽃밭 위에 · · · · · · · · · ·
· · 나비가 · · · · · · · · · 되고 싶다
열 번만 · · · · 나비가 · · · · · · · · ·

· · 울게 되면 · · · · · · · 코끼리로 · ·
· · · · 명심해라
· · · ·
코끼리는 · · · · · · · 상상하였 · · · · · ·
카멜레온 · · ·
· · 나비가 · · · · ·
코끼리는 · · · 꽃밭으로 · · · · · · ·
눈을 꼭 · · · · · · · · 누웠습 · ·
· · 나비가 · · · · ·

주문을 · · · · ·
· · · 외울 때 마다 · · · · · 확인했습 · ·
· 눈을 뜨자

[3차] 스킵훈련 8

중심낱말 인지하기

코끼리는 · · · · 노랑나비로 · · · · · ·
· · · · 몸 양쪽 · · · · 날개가 달렸 · · · · · ·
날개를 단 · · · · · · · 나비처럼 훨훨 · · · · · ·
여러 마리의 · · · · · · · 춤을 추며 · · · ·
· · · · 상상 · ·
· · 땅에 · · ·
· · 상처 · ·
· · · · · · · · 친구처럼 · · · · · · 어울려서 춤을 · ·
· · · · · · 울지 않을 · ·
기분이 · · · 울면 바보 · · · · ·
코끼리는 · · · · 꽃밭을 · · · · · ·
· · · 어느 날 · · · 사람이 · · · · ·
텔레비전에 · · · · · · 나비박사 · · · ·
· · · 나비를 연구 · · · · · 여러 나라 · · · · ·
수백 종류 · · · · · · · · · 나비 전문가 · · ·
· · · 포충망 · · · · · · · 돌아다니다가
· · · · · · · ·
· · · · · · 처음 보는 · · ·
· · · 희귀한 나비 · · · · · · 마음이 긴장 · · ·
· · ·

The Super Speed Reading

[3차] 스킵훈련 8　　　　　　　　　　　　　　　　　　코나비

중심낱말 인지하기

코나비　·　·　·　·　살금살금　·　·　·　·　·　·
큰 포충망　·　·　·　·　코나비를　·　·　·　·　·
　·　·　·　·　·　·　·　·　·　·　·　·
기어들어가는　·　·　·　애원　·　·　·　·
코나비　·　·　살려달라고　·　·　·　·　울기 시작　·　·　·　·
코나비　·　·　·　·　마술이 풀리고　·　·　·　·
카멜레온　·　·　·　·　말씀이　·　·　·
울지 마라　·　·　·　·　·　명심해라
　·　·　·　·　코끼리를 보고　·　·　·　·
　·　·　·　·　·　줄행랑칩　·　·　·　·　·　코끼리는
존경하는　·　·　·　·　용서를　·　·　·
박사님　·　·　·　·　제가 놀라게
　·　·　·　안 그럴게요
놀라서　·　·　·　·　·　코끼리 말을　·　·　·　·　·
코나비는　·　·　·　·　큰 코끼리로　·　·　·　·
두 번 다시　·　·　·　·　·　·　·　상상하지 않습니다
자신의 모습을　·　·　·　·　멋진 코끼리가　·　·　·　·
나도 멋진　·　·　·　·　힘센 코끼리로　·　·　·　끝

| 최초 측정 시간 : | 분 | 초 |

'코나비'의 중심 낱말 인지 훈련을 마치고
다음 훈련은 208쪽으로 이동하세요.

[3차] 스킵훈련 8
중심낱말 인지훈련 기록표

코나비

▶ 시간이 단축될 수 있도록 소요시간을 꼭 기록한다.
▶ 실력이 향상되도록 중심 낱말을 반복 훈련한다

속독 스피드훈련 측정기록란　　　　　※ 매 3회 실시

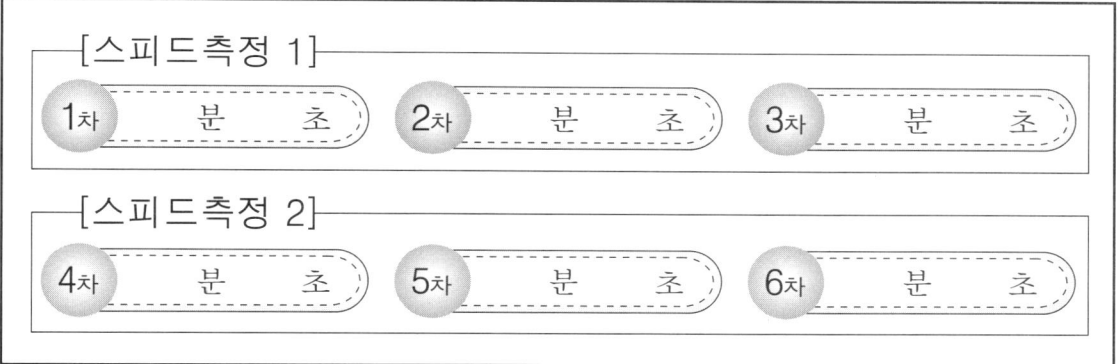

속독 자율훈련 측정기록란

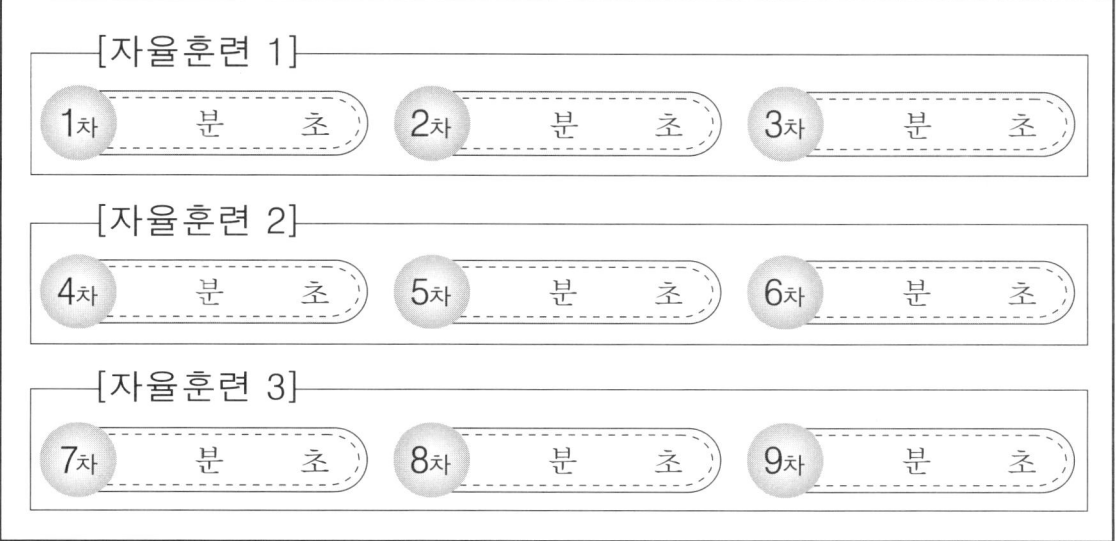

The Super Speed Reading

[3차] 스킵훈련 9

중심낱말 인지하기 훈련

▶ 시점을 중심에 둔 상태에서 한 줄의 글자 및 점 기호들까지 최대한 한눈에 본다.
▶ 한 줄의 글자를 보는 즉시 안구는 순간적으로 미세하게 움직이며 좌·우의 중심 낱말을 빠르게 인지한다.
▶ 각 줄의 중심 낱말을 연속적으로 인지하면서 빠르게 수직으로 이동한다.

못 말리는 여치[9]

새와 개미 · · · · · 친구 · · ·
· · · · 여치도 · · · · 친구 · · ·
세 명의 · · · 사이좋게 · · · · · · · ·
셋은 · · · 만났습 · ·
물새와 두 친구 · · · · · 늘 재미있 · · · · · · · ·
화기애애 · · · · · 시간은 · · · ·
· · 좋은 생각 · · ·
배가 · · 여치가 · · · · · ·
· · · 이야기만 · · · · · 음식을 · · · · · · ·
·
· · 굿 아이디어 · · · · ·
나도 배가 · · 물새 너는 · ·
· 나도 아침 · · · · ·
개미와 물새 · 좋아했 · · ·
그럼 각자 · · · · · · · · 나누어 먹기로 · · · · · ·

[3차] 스킵훈련 9

중심낱말 인지하기

못 말리는 여치

음식을 · · · · · 뿔뿔이 · · · · · ·
한 시간이 · · · 물새가 · · · · ·
· · · 물고기 · · · · 물고 나타났 · · ·
5분 간격 · · · · · · · 밥알을 나뭇잎 · · · · ·
여치만 오면 · · · 뭘 갖고 · · · · ·
개미와 물새 · 여치를 · · · · · ·
· · · 왜 늦을까
개미와 물새 · · · · · · 음식을 먹지도 · · ·
· · · · · 안 올까
특별한 음식 · · · · · · ·
· · · 기다려 보자
1시간 · · · · · ·
개미와 물새 · · · · · 지쳤습 · ·
배고파 · · · · · 우리 먹을까
음식은 · · · · · · 먼저 먹으면 · · ·
· · · 우정이 · · · · ·
· · · 배고파 죽겠네 · · · · 기다려보자
여치가 빨리 · · · · 음식을 같이 · · · ·
한 시간을 · · · · · 여치는 돌아오지 · · · ·
개미야 · · · · · 먼저 먹자

중심낱말 인지하기 훈련 179

The Super Speed Reading

[3차] 스킵훈련 9　　　　　　　　　　　못 말리는 여치

중심낱말 인지하기

· · 여치한테 · · · · · 어쩔 수 없다
배가 고파 · · · · · · ·
개미와 물새 · · · · · · · ·
음식을 배불리 · · · · · · · 여치를 찾아 · · · · ·
· · · 여치가 · · · · 생긴 것 같아
· · · · 찾아보자
여치야 · · · · · · ·
이름을 · · · · · · · 찾았습 · ·
여치는 · · · · 보이지 않았 · · ·
· · · · · 목청을 · · · 크게 불렀 · · ·
· · · 대답은 · · · · ·
조금씩 걸어서 · · · · · 냇가에 · · · · · ·
· · 냇물 위에 · · · 붕어가 입을 · · · · ·
· · · · ·
물새가 · · 붕어를 · · · · · ·
· · 맛있겠다
큰 붕어가 · · · · · · · · 행운이다
· · 나누어 · ·
· · · · ·
물새는 · · · · · · · 개미와 나누어 · · · · · · · ·
붕어는 · · 통통하게 · · ·

[3차] 스킵훈련 9
중심낱말 인지하기

못 말리는 여치

· · · ·
물새는 · · · · · · 배를 쪼았 · · ·
붕어의 배가 · · · · 여치가 튀어 · · · · ·
· · · · · 기절할 뻔 · · · ·
여치야 · · · · · · ·
· · · 물어보았 · · ·
여치는 · · · 이야기를 · · · ·
· · 붕어의 뱃속이 · · · · · 궁금해서 · · · · ·
· · ·
거짓말 말아 · · · 너를 잡아 · · · ·
누가 · · · · ·
· · · 빈정대며 · · · · ·
여치는 · · · · · 시치미를 · · ·
· 허풍쟁이야 · · · · · ·
물새가 · · · 웃음을 · · · · · ·
· · 붕어에게 · · · · · · 멍청한 줄 · ·
· · · · 뱃속 구경 · · · ·
· · · · · 다 알겠네
붕어 뱃속은 · · · · · · · · · · 보이질 않았어
· · ·
여치는 · · · · · · · 창피하고 · · · ·

The Super Speed Reading

[3차] 스킵훈련 9　　　　　　　　　　　　못 말리는 여치

중심낱말 인지하기

· · · 자신의 손으로 · · · 딱 치며 · · · · ·
· · · 훌러덩 · · · · · · ·
대머리가 된 · · · · · 억지를 부렸 · · ·
· · ·
여치의 모습 · · · · · 웃음이 나왔 · · ·
물새가 · · ·
· · · · · · 내가 잡은 · ·
· · 붕어를 잡지 · · · · · · 세상 구경도 · · · · ·
· · 죽었을 · ·
· · · · 붕어 몸속에 · · · · · · · 붕어를 잡지 · ·
· · · 내가 잡은 · ·
아니야 · · · · · · ·
· · · 말다툼을 · · · · · · · · · 입을 쭉 · · ·
· · ·
물새는 · · 뾰족하게 · · · · · · ·
· · · 꼬챙이 주둥이 · · · ·
여치가 · · ·
· · · 하하하 · · · · · ·
화가 난 · · · · 더욱더 길게 · · ·
물새의 · · · 긴 꼬챙이 · · · · · · ·

[3차] 스킵훈련 9   못 말리는 여치

중심낱말 인지하기

길어진 물새의 · · · · · · 개미는 허리를 · · · · · ·
· · ·
· · · · · 웃음을 · · · · · · · 허리가 끊어질 · · ·
웃었 · · ·
· · 개미의 · · · 날씬하게 · · · · · 끝

최초 측정 시간 :   분   초

'못 말리는 여치'의 중심 낱말 인지 훈련을 마치고
다음 훈련은 216쪽으로 이동하세요.

The Super Speed Reading

[3차] 스킵훈련 9

중심낱말 인지훈련 기록표

못 말리는 여치

▶ 시간이 단축될 수 있도록 소요시간을 꼭 기록한다.
▶ 실력이 향상되도록 중심 낱말을 반복 훈련한다

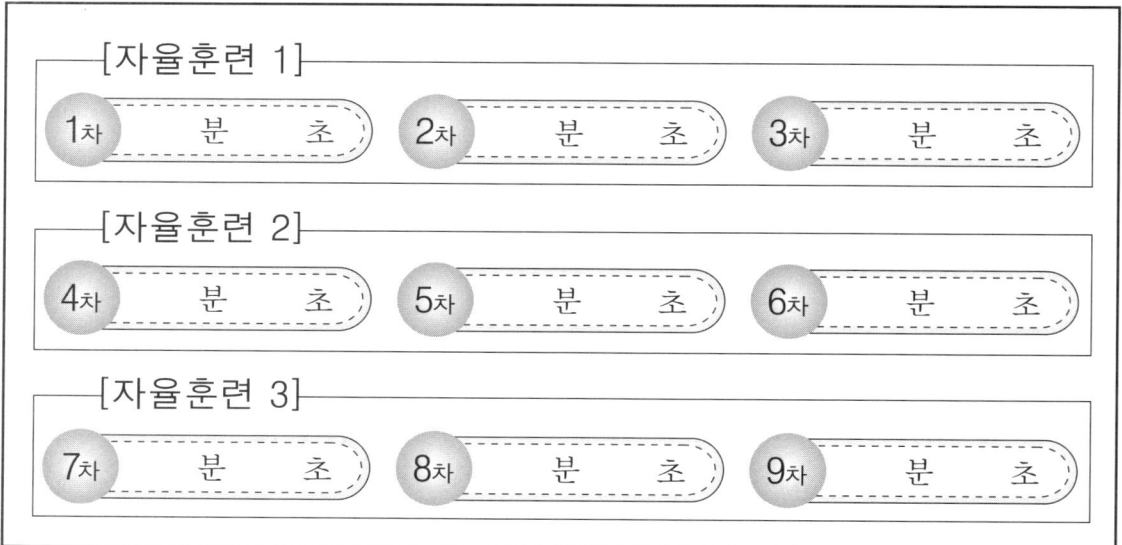

[3차] 스킵훈련 10

중심낱말 인지하기 훈련

▶ 시점을 중심에 둔 상태에서 한 줄의 글자 및 점 기호들까지 최대한 한눈에 본다.
▶ 한 줄의 글자를 보는 즉시 안구는 순간적으로 미세하게 움직이며 좌·우의 중심 낱말을 빠르게 인지한다.
▶ 각 줄의 중심 낱말을 연속적으로 인지하면서 빠르게 수직으로 이동한다.

굴렁쇠[10]

굴렁쇠 · · · 유행 · · ·
· · · · 남자 아이들이 · · · · · · · · · 굴리고 · · · ·
요즘은 여자 · · · · 굴렁쇠 · · · · · · · · · · · · · · ·
· · · · 여기저기서 · · · · · · · · · 뛰어다니는 · · · ·
꼬마가 · · · · · · 골목 밖으로 · · ·
굴렁쇠 · · · · · · · · 연못 속 · · · · · · ·
· · · · · 앙 하고 · · · · 울고 있습 · ·
· · 팔이 짧아서 · · · · · · · · · 꺼낼 수 없습 · ·
· · · · · 형이 · · · ·
꼬마야 · · ·
· · 긴 팔로 · · · · · 꺼내 줄게
· 걱정 · · · 기다려
· · · · · 굴렁쇠 자루 · · · · · 연못 속에 빠진 · · · ·
건져주었 · · ·
울던 · · · · · · · · · 좋아했습 · ·

The Super Speed Reading

[3차] 스킵훈련 10   굴렁쇠

중심낱말 인지하기

· · · ·
· · 즐겁게 · ·
굴렁쇠 · · · · · · 집으로 갔습 · ·
뒷산 · · 큰 나무 · · · ·
파란 도깨비 · · · · · · · · 동네를 내려다 · ·
· · · ·
· · 굴렁쇠를 · · · 놀아 볼까 · · · ·
파란 도깨비 · · · · 굴리고 싶었 · · ·
밤이 되기를 · · · · · · · 마을로 내려 · · · ·
밤에는 · · · · 깊은 잠이 · · · ·
· · 도깨비는 · · · · · · 집에 몰래 · ·
· · 굴렁쇠가 · · 다행이다.
· · 그 굴렁쇠 · · · 연못으로 · · · ·
연못은 · · · · 조용했 · · ·
얼음 판 · · · · 느낌이었 · · ·
· · 물에 빠지지 · · · · 걸어 다녔 · · ·
파란 도깨비 · · · · 굴렁쇠 · · ·
· · · 굴려보자
도깨비가 · · · · 물위를 · · ·
· · 도깨비는 · · · 쌩쌩 · · ·
· · ·

[3차] 스킵훈련 10

중심낱말 인지하기

굴렁쇠

· · · · ·
· · 재미있는데 · · · · · · · 연못 안을 · · · · ·
· · 그때였습 · · ·
· · · 빨간 도깨비 · · · · · · ·
빨간 도깨비 · · · · · · · · 굴렁쇠를 · ·
· 뺏습 · · ·
· · · · 굴려 보자
·
· · · 파란 도깨비는 · · · · · · · · 쫓았습 · · ·
빨간 도깨비 · · · · · 살짝 밀어 · · ·
· · · 굴렁쇠는 · · · · · 굴러갔습 · ·
· · · · · 빨간 도깨비 · · · · · 굴리며 산으로 · · ·
· 들어갔 · · ·
· · · · · · · 내 것이야 · · · · ·
· · · 계속 뒤를 · · · · · · ·
놀란듯이 · · · · · · 더 속력을 · · · · · · ·
뼁뼁 · · · · · 산꼭대기 · · · · · · ·
· · 굴렁쇠는 · · · · · · · 하늘로 올라 · · · ·
· · · 흰 구름과 · · · · · · 부딪쳤 · ·
· · · · 빨간 도깨비 · · · · · · · 곤두박질치고 · ·
· · · ·

The Super Speed Reading

[3차] 스킵훈련 10   굴렁쇠

중심낱말 인지하기

굴렁쇠도 · · · · 떨어지고 · · · · · ·
· · · · 파란 도깨비가 · · · · · · · 달려가 잡았 · · ·
빨간 도깨비 · · · · · · · · 소나무에 걸려 · · · ·
· · · ·
· · · · · · 굴렁쇠를 꼭 · · · · 놓지 않았 · · ·
이리 내 · ·
· · · · · · 도깨비는 서로 · · · · 뺏으려고 · · · ·
잡아당겼 · · · · ·
· · · · · 굴렁쇠는 · · · · · · · · 정사각형 · ·
· · · ·
몰라 · · · · · 너 때문에 · · · ·
· · · · · 짜증을 · · · ·
사각형이 · · · · · · · · 빨간 도깨비가 · · ·
이까짓 · · · · · · · 만들어주지
· · · 큰 소리 · · · · · · 방망이를 꺼냈 · · ·
· · · · 뚝딱 뚝딱 · · · · · · · 외우면 · · ·
외우면 · · · · · · 도깨비 방망 · ·
· · · 이름을 · ·
· · · · · · · 굴렁쇠
· 몰라
· · · · · · 이름을 · · · · · · · 나오너라 · ·

The Super Speed Reading

[3차] 스킵훈련 10   굴렁쇠

중심낱말 인지하기

빨간 도깨비와 · · · · · · 울상이 · · · · ·
· · · 생각하던 · · · · · 말했습 · ·
우리 · · · 만들어 · ·
좋아 · · · · 만들어 보는 ·
· · · · ·도깨비들은 · · · · 땀을 뻘뻘 · · · · ·
· · 만들기 시작 · · · · ·
도깨비 방망이 · · · · · 금방 만드는 · · · · ·
· · · · 두드려서 · · · · · · 더 재미있습 · · ·
· · · · 똑같은 · · · 두개가 완성 · · · ·
· 자 사이좋게 · · · 나누어 · ·
· ·
· · · · · 파란 도깨비와 · · · · · 싸우지 않고 · · ·
굴리며 · · · · · · · · · 마을로 달려갔답니다.   끝

최초 측정 시간 :   분   초

'굴렁쇠'의 중심 낱말 인지 훈련을 마치고
다음 훈련은 225쪽으로 이동하세요.

The Super Speed Reading

[3차] 스킵훈련 10

중심낱말 인지훈련 기록표

굴렁쇠

▶ 시간이 단축될 수 있도록 소요시간을 꼭 기록한다.
▶ 실력이 향상되도록 중심 낱말을 반복 훈련한다

속독 스피드훈련 측정기록란   ※ 매 3회 실시

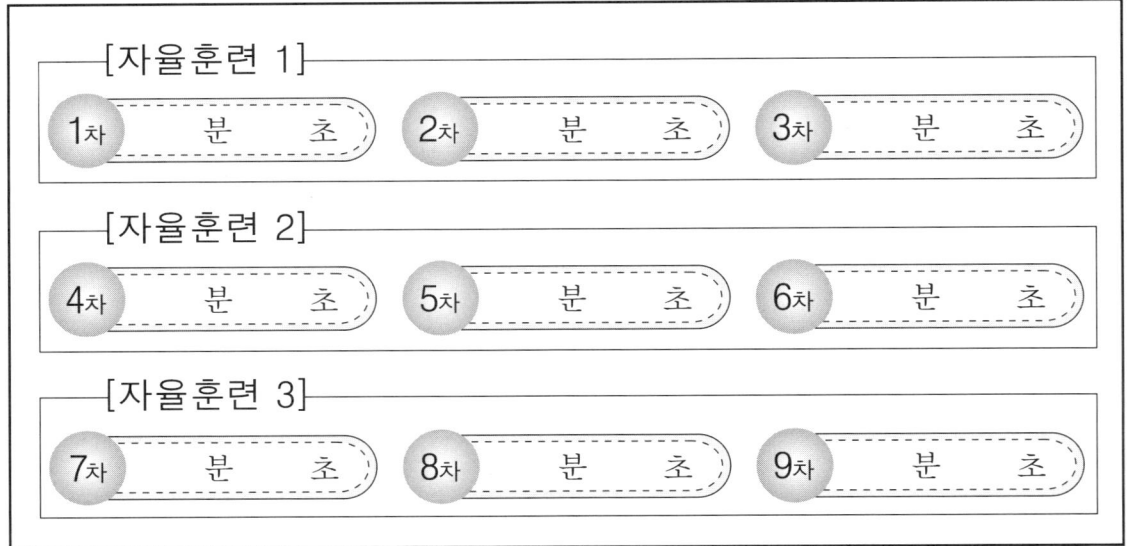

4차 스키밍[skimming] 미끄러지듯 빨리 읽기

▬ 실전속독 스키밍 훈련
   이해도 테스트 및 논술 문제

♣ 속독은 시점을 중심에 두고, 시야를 확장한 상태로 한 줄의 글자를 최대한 많이 봅니다.

♣ 속독은 머리는 고정한 상태에서 눈동자를 살짝 움직여 글의 내용을 이해하는 훈련입니다.

♣ 속독은 시야의 흐름을 미끄러지듯이 한 줄씩 빠르게 순간 좌우로 이동하여 훈련합니다.

♣ 속독은 중심 낱말과 주변의 글자를 포함하여 내용을 함축하고 인지하는 훈련입니다.

♣ 속독은 한 줄 또는 두 줄 이상을 중첩하여서 한 눈에 보고, 빠르게 연결하여 훈련합니다.

♣ 속독은 이해 중심으로 순간 인지하고 빠르게 수직(아래쪽 방향)으로 이동하는 훈련입니다.

♣ 속독은 '스키밍' 기법으로 최초 훈련할 때, 1회만 이해도 테스트 합니다.

♣ 속독은 '스키밍' 기법으로 같은 내용을 반복 훈련하여 기록을 단축합니다.

♣ 속독은 반복 훈련을 10회 이상 끝난 후, 논술 문제를 테스트합니다.

The Super Speed Reading

[4차] 스키밍 훈련 6

실전속독 훈련 및 이해도 테스트

▶ 앞에서 훈련한 것과 같이 한 줄의 글자들을 최대한 한눈에 보고 중심 낱말을 빠르게 인지하며 아래로 이동한다.

▶ 이해도 테스트는 최초 1회만 훈련하고 2회부터는 속독 실력이 향상될 수 있도록 시간 단축을 목표로 훈련한다.

외투 [6]

하늘나라에도 몹시 추운 겨울이 있습니다.

달 아가씨는 땅위의 세상, 지구를 관찰하고 있었습니다.

'땅에서 사는 사람들은 따뜻하게 외투를 입었어.'

'하늘나라에서는 옷을 입지 않는데 이상하다.'

'외투를 입으면 멋있을 거야.'

'꼭 한번 입고 싶어.'

'하늘나라의 임금님을 찾아가서 부탁하자!'

"임금님, 임금님! 하늘나라 임금님!"

"저의 소원을 들어주세요."

"저 아래, 땅에서 사는 사람이 입은 외투를 한번 입고 싶습니다."

"멋있는 외투를 입게 해주세요."

"글쎄, 사람들이 입는 옷은 만들기가 까다로워."

"처음, 부탁이니 한번 만들어 보자."

드디어 하늘나라 임금님은 허락하였습니다.

"당장 너의 옷을 만들어주겠다."

[231자]

[4차] 스키밍 훈련 6

외투

실전속독 이해하기

임금님은 줄자를 꺼내어 달 아가씨의 허리의 치수를 재었습니다.

옷감을 가져와 가위로 자르고 재봉틀로 박기 시작하였습니다.

옷은 쉽게 완성되었습니다.

보름도 되기 전 외투가 만들어졌습니다.

임금님은 마무리 작업으로 바늘에 실을 꿰어서 단추까지 달았습니다.

하늘나라 임금님은 달 아가씨를 불렀습니다.

"자! 잘 맞나 한번 입어 보아라!"

달 아가씨는 기쁜 마음으로 외투를 입어 보았습니다.

외투는 달 아가씨의 몸보다 크고 헐렁헐렁했습니다.

하늘나라 임금님은 난처했습니다.

"정말 이상하군."

"분명히 몸과 허리의 치수를 정확히 쟀는데……."

"할 수 없어 다시 만들자."

"치수를 잘못 재었으니 다시 꼼꼼히 재어야겠다."

"여봐라, 줄자를 갖고 오너라."

신하가 갖고 온 줄자로 치수를 쟀습니다.

"이상하네, 훨씬 날씬해졌어."

"다이어트를 했나?"

"아니어요. 임금님, 꼬박꼬박 밥 먹었어요."

"걱정 마라, 이번에는 잘 맞는 외투를 만들 수 있어."

하늘나라 임금님은 외투 작업을 다시 하기 시작하였습니다.

[346자]

The Super Speed Reading

[4차] 스키밍 훈련 6   외투

실전속독 이해하기

옷감을 가위로 다시 잘랐습니다.

재봉틀로 예쁘게 한 올 한 올 박아서 정성을 다하였습니다.

"단추는 보석으로 달아주자."

두 번째 외투가 15일이 안 돼서 완성되었습니다.

새로 만든 외투는 먼저 만든 옷보다 훨씬 좁고 날씬하게 잘 만들어졌습니다.

'이번에는 치수를 정확히 쟀으니 잘 맞을 거야!'

하늘나라 임금님은 뿌듯한 마음으로 달 아가씨를 불렀습니다.

"어디 한번 입어 보아라!"

"임금님! 너무 기대가 되네요."

"아! 임금님, 옷이 작아요."

"단추를 채울 수가 없어요."

달 아가씨는 울상이 되었습니다.

임금님은 이제 알 것 같았습니다.

"옷을 만드는 사이에 몸이 뚱뚱해졌어."

"옷을 만드는 동안 말랐다가 다시 뚱뚱하면 맞는 옷을 만들기는 어려워."

임금님은 화가 났지만 참았습니다.

"좋은 방법이 없을까?"

"맞아, 두벌을 만드는 거야."

"한 벌은 날씬할 때 입고."

"또, 한 벌은 뚱뚱할 때 입어라."

"두벌을 만들면 걱정이 없을 거야!"

임금님은 달 아가씨에게 외투 두벌을 만들어 주었습니다.

달 아가씨는 언제나 몸에 잘 맞는 옷을 마음대로 골라 입을 수 있게 되었습니다.

[4차] 스키밍 훈련 6
실전속독 이해하기

외투

다시 문제가 생겼습니다.
몸에서 나오는 환한 빛이 옷에 가려졌습니다.
"어, 이상해. 달님이 보이지 않아."
"오늘이 보름달이 뜨는 날이야."
"깜깜하잖아."
사람들은 하늘을 아무리 쳐다봐도 달이 보이지 않았습니다.

아이들은 늦게까지 놀 수없어 모두 불만이었습니다.
하늘나라 임금님은 사람들의 걱정을 알고 고민을 하였습니다.
"달아, 안 되겠다!"
"땅에 사는 아이들을 위하여 결정을 해야 하겠어."
"아이들이 편하게 잠을 잘 수 있도록 해 주어야 하지 않겠니?"
"조금 춥더라도 외투를 벗어라."
"네 임금님, 아이들이 원하는 일을 모른척할 수 없네요."
달 아가씨가 외투를 벗자 어두웠던 밤하늘이 환해졌습니다.
사람들은 달을 보고 너무나 반가워하였습니다.
아이들도 즐거워했습니다.
"어두운 밤길을 잘 걸어 다닐 수 있어서 사람들은 나를 좋아해."
달 아가씨는 살이 쪘다가 다시 날씬했다 반복했습니다.
옷을 입지 않는 날은 온 세상을 환하게 밝혀 갔습니다.
오늘은 "달 아가씨가 나타나지 않았어."
"임금님이 만들어주신 외투가 너무 입고 싶어서 달 아가씨가

[368자]

The Super Speed Reading

[4차] 스키밍 훈련 6   외투

실전속독 이해하기

외투를 따듯하게 입고 있기 때문일 거야."
"아! 정말 춥다."
겨울밤은 별님도 추웠습니다.
옷이 없는 별 아저씨는 하늘나라 임금님을 찾아갔습니다.
"임금님! 저도 달 아가씨처럼 외투가 입고 싶어서 찾아왔습니다."

"저도 달처럼 따뜻하고 멋진 외투가 입고 싶어요."
"저에게도 한 벌만 만들어 주세요."
별 아저씨는 슬픈 표정으로 임금님에게 부탁했습니다.
"미안해, 외투를 만들어 줄 수 없구나!"
"무엇보다도 많은 옷감과 실을 구할 수 없어"
임금님은 별 아저씨의 부탁을 들어줄 수 없어서 걱정이 되었습니다.
임금님은 깊이 생각하였습니다.
"구름을 불러 모아라."
"구름아! 구름아!"

"추운 날에는 너희가 별 아저씨들을 춥지 않도록 감싸주어라."
별 아저씨는 구름 속으로 "쏘~옥" 들어갔습니다.
별 아저씨들은 따듯한 구름 속에서
달 아가씨를 쳐다보니,

[285자]

[4차] 스키밍 훈련 6
실전속독 이해하기

외투

달 아가씨는 혼자서 외투를 벗고 밤하늘을 비추고 있었습니다.

"안 되겠다. 달 아가씨가 외투를 벗을 때에는 우리도 함께 따라서 벗자!"

별 아저씨들도 구름 외투를 모두 벗었습니다.

밤하늘에서는 여기저기서 반짝반짝 빛이 났습니다.

사람들은 많이 모여 밤하늘을 쳐다보며 이야기를 나눕니다.

"달도 환하고, 별은 보석처럼 아름답고 참 예쁘다!"

땅 아래 사람들은 밤하늘에 달과 별을 보며 모두 기뻐하였답니다.   끝

[160자]

총 글자 수	:	1,756 자
최초 측정 시간	:	분 초

'외투'의 내용을 실전속독으로 이해하면서 훈련을 마치고
다음 훈련은 168쪽으로 이동하세요.

The Super Speed Reading

문제 1 정답 번호에 ☑로 표시하세요.

속독 이해도 테스트

1. 아래 6문제 중에서 4문제 이상 맞추어야 한다.
2. 틀린 문제가 있으면 다시 한번 속독으로 읽으면서 확인한다.
3. 정답은 1회만 맞추어 보고 2회부터는 실전속독 스피드 훈련만 한다.
4. 기록이 단축될 수 있도록 반복적으로 훈련한다.

외투

1. 달 아가씨의 외투는 누가 만들어주었나요?

　① 보름달님　　② 임금님　　③ 별님　　　　④ 해님

2. 처음 만든 옷은 어떠했나요?

　① 옷이 너무 작았다.　　　② 잘 맞는 옷이다.
　③ 옷이 크고 헐렁했다.　　④ 재료가 싼 옷이다.

3. 두 번째 옷을 만드는 기간은 며칠 걸렸나요?

　① 5일　　　② 15일　　　③ 30일　　　④ 20일

4. 달님이 외투를 입었을 때 사람들이 불편한 이유는?

　① 날씨가 덥다.　　　　　　② 바람이 분다.
　③ 어두운 밤길 걷기가 힘들다.　④ 밤이라 상관없다.

5. 달 아가씨를 따라 누가 외투를 입고 싶어 했나요?

　① 임금님　　② 별 아저씨　　③ 달 아저씨　　④ 별 아가씨

6. 임금님은 누구보고 외투 대신 춥지 않도록 도와주라고 했나요?

　① 달　　　② 별　　　③ 해　　　④ 구름

[4차] 스키밍 훈련 6
중심낱말 인지훈련 기록표

외투

▶ 시간이 단축될 수 있도록 소요시간을 꼭 기록한다.
▶ 실력이 향상되도록 중심 낱말을 반복 훈련한다.

속독 스피드훈련 측정기록란 ※ 매 3회 실시

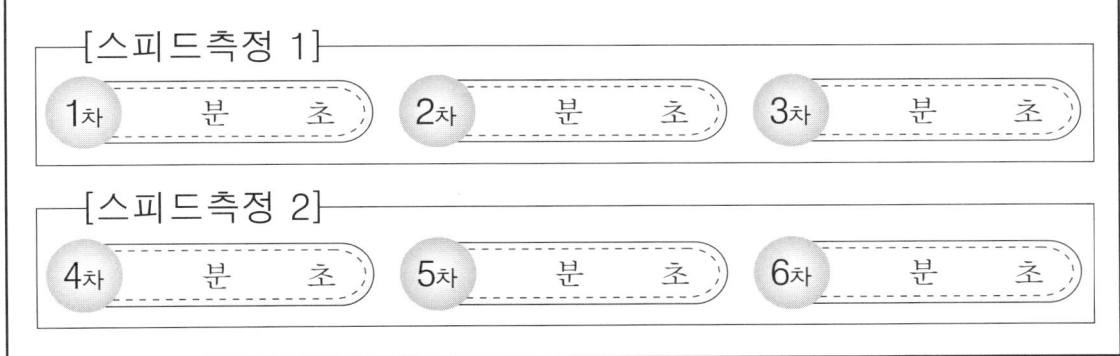

속독 자율훈련 측정기록란

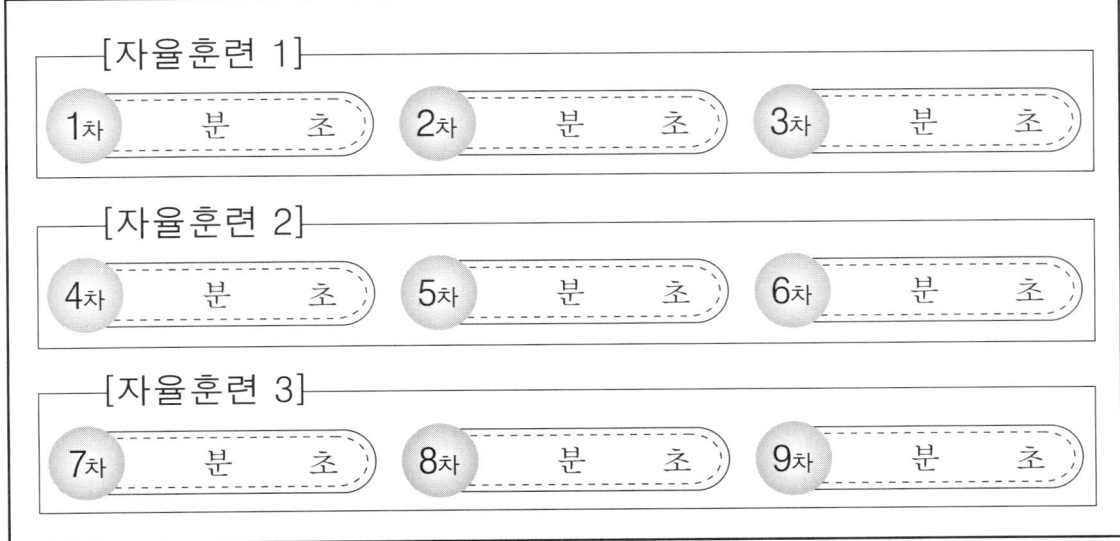

| 논술 따라잡기 | 생각 쓰기 |

외투

♣ 아래 물음에 이유나 근거를 들어 자기의 생각을 펼쳐 보세요.
♣ 자신의 느낌이나 주장을 이야기나 글로 표현해 보세요.

1. '달'의 종류를 써 보세요.

---

2. 별자리에 대한 전설이야기를 간단하게 써 보세요.

The Super Speed Reading

[4차] 스키밍 훈련 7

실전속독 훈련 및 이해도 테스트

▶ 앞에서 훈련한 것과 같이 한 줄의 글자들을 최대한 한눈에 보고 중심 낱말을 빠르게 인지하며 아래로 이동한다.
▶ 이해도 테스트는 최초 1회만 훈련하고 2회부터는 속독 실력이 향상될 수 있도록 시간 단축을 목표로 훈련한다.

바다 여행[7]

숲 속에 사는 여우와 토끼는 바다가 궁금했습니다.
"바다는 어떻게 생겼을까?"
"바다? 나도 몰라."
"우리 새들에게 물어보자!"
"새들은 날개가 있어서 어디든지 날아다닐 수 있으니까 알 수 있을 거야!"
여우와 토끼는 새들을 찾아 나섰습니다.
"파랑새야! 너는 바다가 어떻게 생겼는지 알아?"
"그럼, 알지! 바다는 짭짤해."
"바다는 소금처럼 생겼어?"
"아니야, 바다는 아주 넓고 깊어."
"그리고, 바다는 차가워."
다람쥐가 옆에서 듣고 있다가 말을 했습니다.
"그렇게 차가우면 얼음처럼 생겼구나?"
"아니야, 얼음은 딱딱해서 고체야."

[195자]

The Super Speed Reading

[4차] 스키밍 훈련 7

바다 여행

실전속독 이해도

"바다는 물이야. 액체라고 하지."
"물이면 빗방울을 닮았어?"
"아니야, 그것도 아니란 말이야!"
"빗방울과는 아주 달라."
"바다는 아주 크고 넓어서 끝이 보이질 않아!" "너희는 넓은바다를 끝까지 갈 수가 없을 거야."

곰이 끼어들었습니다.
"그렇게 넓으면 들판처럼 생겼니?"
"아니야, 들판에는 풀이 있지만 바다에는 풀이 없어!"
"들판은 걸어갈 수 있잖아!"
"바다는 걸을 수 없어."
"바닷가에 가면은 쏴~ 아~ 하는 소리도 들리지."
"철썩철썩 때리는 소리도 들린단다." 토끼가 궁금해서 말을 했습니다.
"그럼 쏴 아 소리가 나면 바람과 비슷하겠구나."
"아니야!"

파랑새는 바다를 설명하기가 어려워 답답하였습니다.
동물들은 바다가 궁금합니다.
눈치 빠른 여우가 제안을 하였습니다.
"자! 그러지 말고 우리 모두 바다여행 하자."
"바다를 향해 출발!"

[275자]

[4차] 스키밍 훈련 7

바다 여행

실전속독 이해도

동물 친구들이 모두 떠나기로 하였습니다.
"파랑새야, 네가 길을 잘 아니까 알려줘!"
"그래 내가 알려 줄게."
길을 잘 아는 파랑새와 함께 간다면 안심합니다.
동물들이 바다를 찾아 길을 떠났습니다.
산을 넘고 들을 지났습니다.
강을 건너서 며칠 동안 먼 길을 걸어갔습니다.
다리도 아프고 배도 고팠습니다.

동물들은 바다 구경을 위해서 힘든 것도 참기로 다짐했습니다.
숲 속에서부터 아주 먼 곳까지 며칠을 걸어왔습니다.
드디어 바다가 보이기 시작합니다.
먼저 앞서가던 다람쥐가 소리쳤습니다.
"야! 푸른 바다가 보인다!"
"야! 바닷소리가 들린다!"
모두 바다에 도착하였습니다.
다람쥐와 곰은 바다를 보면서 서로 이야기를 나누고 있습니다.

"파도소리는 바람소리와 정말 다르구나."
"바람은 나뭇잎이 흔들리는 소리, 바다는 물이 부딪치는 소리."
여우가 먼저 바닷물 속으로 들어갔습니다.
"아! 정말 시원하구나!"

[313자]

The Super Speed Reading

[4차] 스키밍 훈련 7

실전속독 이해도

"바닷물은 짭짤하다는데 어디 한번 먹어 보자!"

"아! 정말 짜다."

"진짜 신기해, 맛이 소금 같아."

여우는 바다 속에서 토끼 친구를 재촉합니다. "토끼야, 바다로 들어와."

"우리 물장구치며 재밌게 놀자."

"다람쥐야, 어서 들어와." "곰돌아, 너도 들어와."

"기다려, 준비운동하고 들어갈 거야!" "하나, 둘, 셋, 넷"

곰돌이는 준비운동을 하고 물속으로 '풍덩' 들어갔습니다.

바다로 간 동물친구들은 물놀이에 정신 없습니다.

"바다 같은 넓은 마음으로 지내자!"

"바다는 우리를 즐겁게 해."

"바다는 참 고맙다."

동물친구들은 모두 즐거운 시간을 보냈습니다. 끝

[201자]

총 글자 수	:	984 자
최초 측정 시간 :	분	초

'바다 여행'의 내용을 실전속독으로 이해하면서 훈련을 마치고
다음 훈련은 173쪽으로 이동하세요.

The Super Speed Reading

문제 7

속독 이해도 테스트

정답 번호에 ☑로 표시하세요.

1. 아래 6문제 중에서 4문제 이상 맞추어야 한다.
2. 틀린 문제가 있으면 다시 한번 속독으로 읽으면서 확인한다.
3. 정답은 1회만 맞추어 보고 2회부터는 실전속독 스피드 훈련만 한다.
4. 기록이 단축될 수 있도록 반복적으로 훈련한다.

바다 여행

1. '바다여행' 글에서 등장하는 동물친구가 아닌 것을 고르세요.
   ① 파랑새   ② 여우   ③ 원숭이   ④ 토끼

2. '바다는 짭짭해' 라고 표현한 동물친구는?
   ① 토끼   ② 파랑새   ③ 여우   ④ 다람쥐

3. 토끼는 바다를 무엇과 비슷하다고 말했나요?
   ① 바람   ② 소금   ③ 빗방울   ④ 얼음

4. '바다여행'을 제안한 동물친구는 누구인가요?
   ① 다람쥐   ② 토끼   ③ 파랑새   ④ 여우

5. 곰돌이가 바다 속으로 들어가기 전에 무엇을 했을까요?
   ① 춤을 춘다.   ② 준비운동을 했다.
   ③ 바닷물을 맛을 봤다.   ④ 사진촬영을 했다.

6. 동물친구들은 바다를 무엇에 비유하였나요?
   ① 지혜   ② 창의   ③ 마음   ④ 운동

The Super Speed Reading

[4차] 스키밍 훈련 7

중심낱말 인지훈련 기록표

바다 여행

▶ 시간이 단축될 수 있도록 소요시간을 꼭 기록한다.
▶ 실력이 향상되도록 중심 낱말을 반복 훈련한다.

속독 스피드훈련 측정기록란   ※ 매 3회 실시

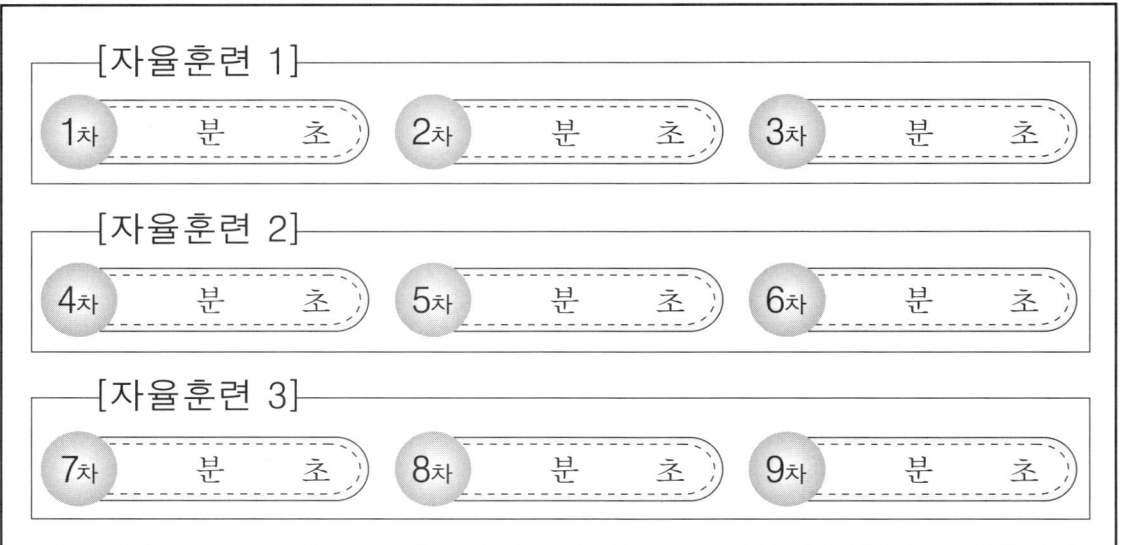

논술 따라잡기 — 생각 쓰기

바다 여행

♣ 아래 물음에 이유나 근거를 들어 자기의 생각을 펼쳐 보세요.
♣ 자신의 느낌이나 주장을 이야기나 글로 표현해 보세요.

1. '시'는 다른 사람에게 감동을 줍니다.

　　바다를 소재로 감동이 있는 시를 써 보세요.

　　_____
　　_____
　　_____
　　_____
　　_____

2. '파도소리는 바람소리와 정말 다르구나.' 에서 파도소리와 바람소리의 의성어를
　　써 보세요.

　참고 : 의성어(擬聲語)는 사물의 소리를 흉내 낸 말입니다.
　예 : 딸랑딸랑, 덩더꿍, 우당탕, 쨍그랑. 철석 등으로 소리 시늉말이나 소리 흉내말입니다.

　　_____
　　_____
　　_____
　　_____
　　_____

The Super Speed Reading

[4차] 스키밍 훈련 8

실전속독 훈련 및 이해도 테스트

▶ 앞에서 훈련한 것과 같이 한 줄의 글자들을 최대한 한눈에 보고 중심 낱말을 빠르게 인지하며 아래로 이동한다.

▶ 이해도 테스트는 최초 1회만 훈련하고 2회부터는 속독 실력이 향상될 수 있도록 시간 단축을 목표로 훈련한다.

코나비[8]

나무그늘 아래서서 덩치 큰 코끼리가 명상을 합니다.

마치 클래식 음악을 틀어놓고 골똘히 뭔가를 생각하는 모습입니다.

코끼리는 마음이 복잡할 때면 명상의 시간을 갖습니다.

코끼리가 무슨 생각을 하는지 궁금하죠?

명상은 고요히 눈을 감고 깊이 생각하는 것을 말합니다.

명상은 집중이나 사색을 하는 방법으로 정신적, 육체적 건강에 도움이 된다고 합니다.

코끼리가 명상하는 나무 근처에는 한 마리 노랑나비가 훨훨 날아서 돌아다닙니다.

마침, 코끼리가 눈을 떴을 때 노랑나비는 코끼리 앞을 아름답게 날고 있습니다.

갑자기 코끼리는 예쁜 나비가 되고 싶었습니다.

"나비야, 네가 부러워."

"난, 내가 싫어."

"뚱뚱하고 회색피부가 보기 싫어."

"난, 나 자신인 코끼리가 싫어."

"흑흑, 나는 왜 이렇게 생겼을까?"

"몸집도 크고 날지 못하는 내 모습이 너무 싫어."

"나비처럼 날씬한 몸으로 훨훨 날아

[306자]

[4차] 스키밍 훈련 8

실전속독 이해하기

코나비

다닐 수 있으면 좋겠어."
코끼리는 자신의 몸을 한탄하며 혼자 중얼거리며 울고 있습니다.
나무 위에 앉아있는 카멜레온 아저씨가 말을 했습니다.
"코끼리야!"
"나비가 되고 싶으면 저기 꽃밭 위에 누워서 주문을 외워봐."

"나는 나비가 되고 싶다!" "나는 나비가 되고 싶다!"
"열 번만 주문을 외우면, 너는 나비가 될 수 있어."
"울지 말고 어서 외워봐."
"울게 되면 마술이 풀려서 다시 코끼리로 변한단다."
"꼭 명심해라, 절대 울면 안 돼!"
"네, 명심할게요."
코끼리는 나비가 된 자신의 모습을 상상하였습니다.
"정말일까요?" "카멜레온 아저씨!"
"나도 나비가 될 수 있어요?"
나비가 된다는 확신으로 코끼리는 숨 가쁘게 꽃밭으로 달려갔습니다.
코끼리는 눈을 꼭 감으며 조심스럽게 꽃밭에 누웠습니다.
그리고는, "나는 나비가 되고 싶다!"
"나는 나비가 되고 싶다!"

[281자]

The Super Speed Reading

[4차] 스키밍 훈련 8

코나비

실전속독 이해하기

주문을 외웠습니다.

주문을 외울 때마다 몇 번인가 꼭 확인했습니다.

"하나, 둘, 셋……" "아홉, 열."

"자! 눈을 뜨자!"

코끼리는 믿기지 않게 예쁜 노랑나비로 변했습니다.

코끼리의 몸 양쪽에는 나비처럼 날개가 달렸습니다.

날개를 단 코끼리는 꽃밭 위를 나비처럼 훨훨 날아다녔습니다.

주위의 여러 마리의 나비들과 나폴 춤을 추며 날았습니다.

날개가 달린 코끼리가 날아다니는 것을 상상해보세요.

코끼리는 무거운데 날다가 땅에 떨어지면 어떡하죠?

떨어지다가 나뭇가지에 걸리면 상처가 날 텐데 걱정입니다.

아무 걱정 없는 코끼리는 나비들을 친구처럼 생각합니다.

나비와 어울려서 춤을 추니 즐거웠습니다.

"나는 이제부터 울지 않을 거야."

"기분이 좋은데 울면 바보 코끼리이지!"

코끼리는 며칠이나 꽃밭을 훨훨 날고 있습니다.

어느 날 꽃밭에 사람이 나타났습니다.

텔레비전에서 본 적이 있는 유명한 나비 박사였습니다.

박사님은 나비를 연구하고자, 세계 여러 나라를 여행하는 것으로 유명했습니다.

[351자]

[4차] 스키밍 훈련 8

실전속독 이해하기

코나비

수백 종류의 나비를 수집하며 연구하는 나비 전문가였습니다.
박사님 손에는 포충망을 들고 있습니다.
꽃밭을 이리저리 돌아다니다가 '코나비'를 발견하였습니다.
"어! 이상하다, 처음 보는 나비야!"
박사님은 코나비를 보고 희귀한 나비를 발견했다고 생각합니다.

손이 떨리고 다리가 후들거려 마음이 긴장되기 시작하였습니다.
'정신 차리자, 조심스럽게 다가가야 해.' '놓치면 큰일이야.'
'코나비'를 잡으려고 살금살금 다가갔습니다.
큰 포충망으로 덮어, 코나비를 잡았습니다.
"살려 주세요! 살려 주세요!"
코나비는 기어들어가는 목소리로 애원합니다.
코나비는 제발 살려달라고 애원하다가 큰소리로 울기 시작했습니다.
코나비가 우는 바람에 마술이 풀리고 말았습니다.
카멜레온 아저씨의 말씀이 생각났습니다.
'울지 마라. 마술이 풀린다. 명심해라.'
박사님은 나비가 있을 자리에 코끼리를 보고 깜짝 놀랐습니다.
"뭐야? 덩치 큰 코끼리잖아."
"사람 살려!"
무엇에 홀린 듯이 나비를 채집하는 장비

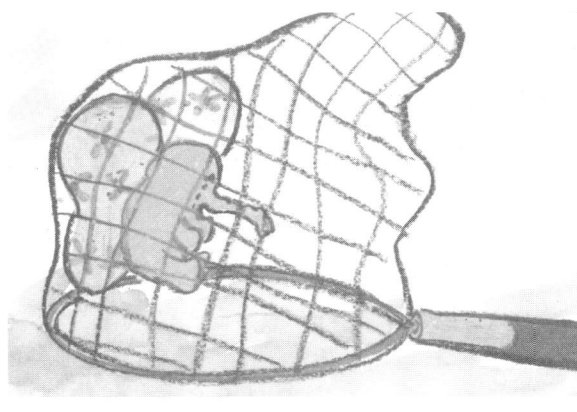

[349자]

The Super Speed Reading

[4차] 스키밍 훈련 8

실전속독 이해하기

코나비

를 던져두고 줄행랑칩니다.

어디론가 달려가는 박사님을 보고 코끼리는 안심하지만 걱정입니다.

평소에 존경하는 박사님을 놀렸으니, 어떻게 용서를 구할지 고민입니다.

"박사님, 죄송해요." "제가 놀라게 했죠?"

"다시는 안 그럴게요."

놀라서 뛰어가는 박사님은 코끼리 말을 들을 수가 없습니다.

"어, 박사님이 계속 뛰어가시네."

"내가 너무 심했나?"

"내 욕심 때문에 남에게 피해를 줬네."

예전처럼 코나비는 덩치가 큰 코끼리 모습입니다.

두 번 다시 코끼리는 나비가 되는 모습을 상상하지 않습니다.

'나 자신의 모습을 사랑하는 멋진 코끼리가 돼야지!'

'나도 멋진 상아가 달린 힘센 코끼리로 살아가야지.' 끝

[236자]

총 글자 수	:	1,523 자
최초 측정 시간 :	분	초

'코나비'의 내용을 실전속독으로 이해하면서 30차까지 훈련을 마치고 다음 훈련은 178쪽으로 이동하세요.

문제 8

속독 이해도 테스트

정답 번호에 ☑로 표시하세요.

1. 아래 6문제 중에서 4문제 이상 맞추어야 한다.
2. 틀린 문제가 있으면 다시 한번 속독으로 읽으면서 확인한다.
3. 정답은 1회만 맞추어 보고 2회부터는 실전속독 스피드 훈련만 한다.
4. 기록이 단축될 수 있도록 반복적으로 훈련한다.

코나비

1. '고요히 눈을 감고 깊이 생각하는 것'을 무엇이라 하나요?
   ① 상상   ② 생각   ③ 집중   ④ 명상

2. 코끼리가 나무 아래서 명상하는 이유는?
   ① 오래 살고 싶어서   ② 클래식음악을 듣고 싶어서
   ③ 마음이 복잡해서   ④ 신선이 되려고

3. 코끼리의 명상을 누가 방해했나요?
   ① 나비박사   ② 나비   ③ 잠자리   ④ 파랑새

4. 코끼리는 자신이 왜 싫었나요?
   ① 나비와 친하지 않아서
   ② 집에서 잠을 잘 수 없어서
   ③ 사람처럼 예쁜 옷을 입지 못해서
   ④ 뚱뚱하고 회색 피부가 싫어서

5. 나비가 되고 싶다는 주문을 몇 번 외워야 소원이 이루어진다고 했나요?
   ① 스무 번   ② 열 번   ③ 백 번   ④ 천 번

6. 나비박사님이 놀라서 도망간 이유는?
   ① 마술에 풀린 코끼리를 보고   ② 나비가 괴물처럼 생겨서
   ③ 코끼리가 살려달라고 울어서   ④ 희한한 나비를 발견해서

The Super Speed Reading

[4차] 스키밍 훈련 8

중심낱말 인지훈련 기록표

코나비

▶ 시간이 단축될 수 있도록 소요시간을 꼭 기록한다.
▶ 실력이 향상되도록 중심 낱말을 반복 훈련한다.

속독 스피드훈련 측정기록란   ※ 매 3회 실시

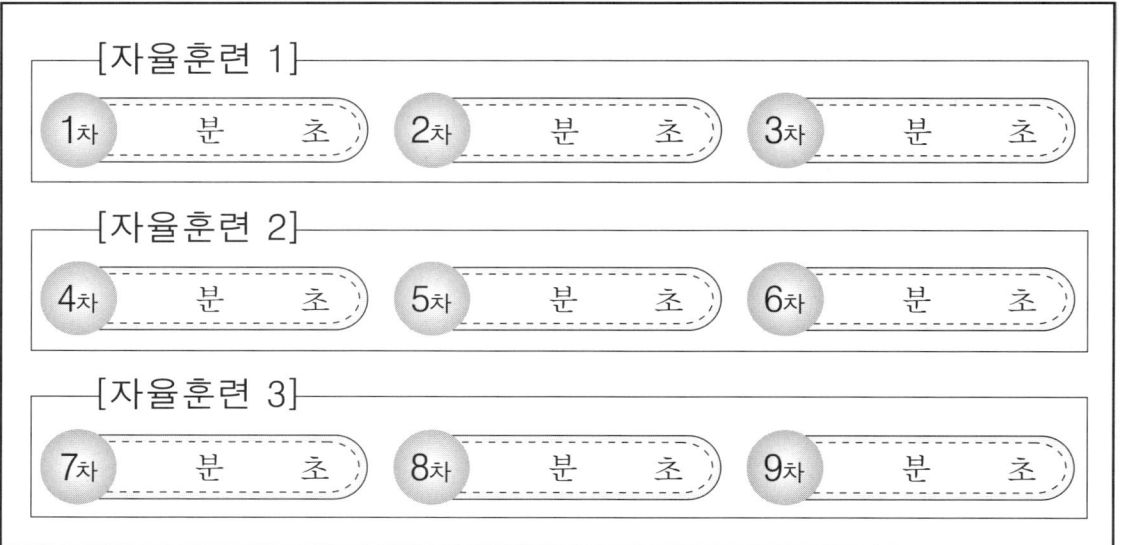

논술 따라잡기 **생각 쓰기**

코나비

♣ 아래 물음에 이유나 근거를 들어 자기의 생각을 펼쳐 보세요.
♣ 자신의 느낌이나 주장을 이야기나 글로 표현해 보세요.

1. 집중력은 공부하는데 도움이 됩니다.
　　나만의 집중하는 방법을 써 보세요.

---

1. '코나비' 글을 읽고 현실과 거리가 먼 내용을 써 보세요.

실전속독 훈련 및 이해도 테스트

The Super Speed Reading

[4차] 스키밍 훈련 9

실전속독 이해도 테스트

▶ 앞에서 훈련한 것과 같이 한 줄의 글자들을 최대한 한눈에 보고 중심 낱말을 빠르게 인지하며 아래로 이동한다.

▶ 이해도 테스트는 최초 1회만 훈련하고 2회부터는 속독 실력이 향상될 수 있도록 시간 단축을 목표로 훈련한다.

못 말리는 여치[9]

새와 개미는 매우 친한 친구사이입니다. 또 한 명의 여치도 함께 노는 친구랍니다.

세 명의 친구는 항상 사이좋게 지냈습니다.

어느 날 셋은 휴대전화 문자로 약속을 정하고 만났습니다.

물새와 두 친구들은 만나면 늘 재미있습니다.

화기애애한 분위기속에서 시간은 너무 빨리 지나갑니다.

"지금 좋은 생각이 났어."

배가 고픈 여치가 말을 했습니다.

"우리 이야기만 하지 말고 맛있는 음식을 먹으면서 즐겁게 놀면 어때?"

"굿 아이디어!"

"나도 배가 고파, 물새 너는 어때?"

"응, 나도 아침을 조금 먹었어."

개미와 물새는 여치 의견을 기다렸다는 듯이 좋아했습니다.

"자, 그럼 각자 맛있는 음식을 구해 와서 나누어 먹기로 하자."

[235자]

[4차] 스키밍 훈련 9

실전속독 이해하기

못 말리는 여치

셋은 음식을 구하고자 서로 뿔뿔이 흩어졌습니다.

한 시간이 지난 후 물새가 나타났습니다.

물새는 물고기 한 마리를 물고 나타났습니다.

5분 간격으로 개미가 하얀 밥알을 나뭇잎 위에 올려놓았습니다.

"여치만 오면 되는데, 뭘 갖고 나타나려나."

개미와 물새는 여치를 기다렸습니다.

"여치가 왜 늦을까?"

개미와 물새는 자기들이 가져온 음식을 먹지도 못하고 마냥 기다려야만 했습니다.

"글쎄, 왜 이렇게 안 올까?"

"특별한 음식을 갖고 오나 보다."

"조금만 기다려 보자!"

1시간을 기다렸습니다.

개미와 물새는 기다림에 지쳤습니다.

"배고파, 개미야 먼저 우리 먹을까?"

"음식은 오래 두면 상하는데, 먼저 먹으면 여치가 섭섭해 할 거야."

"우리의 우정이 깨진단 말이야."

"우정을 지키자!"

"아이고 배고파 죽겠네!"

"그래, 조금 더 기다려보자."

"여치가 빨리 돌아와야 음식을 같이 먹을 텐데"

한 시간을 더 기다렸지만 여치는 돌아오지 않았습니다.

"개미야! 배고프다. 우리끼리 먼저 먹자."

[335자]

The Super Speed Reading

 [4차] 스키밍 훈련 9   못 말리는 여치

실전속독 이해하기

"그래, 여치한테 미안하지만 어쩔 수 없다."

"배가 고파서 못 참겠어, 이러다 쓰러지겠다."

개미와 물새는 여치에게 미안한 마음으로 음식을 먹었습니다.

"자, 이제 힘이 생겼으니, 우리 여치를 찾아보자!"

음식을 배불리 먹은 개미와 물새는 여치를 찾아 길을 떠났습니다.

"아무래도 여치가 무슨 일이 생긴 것 같아."

"걱정이네, 빨리 찾아보자!"

"여치야! 여치야! 어디 있니?"

이름을 부르면서 이리저리 찾았습니다.

여치는 어디에도 보이지 않았습니다.

개미와 물새는 목청을 높여 더 크게 불렀습니다.

여전히 대답은 없었습니다.

조금씩 걸어서 찾아다니다가 냇가에 다다랐습니다.

흐르는 냇물 위에는 커다란 붕어가 입을 뻐끔뻐끔하면서 떠내려 오고 있습니다.

물새가 재빨리 붕어를 주둥이로 물었습니다.

"아! 맛있겠다."

"큰 붕어가 나에게 잡히다니 정말 행운이다."

"우리 나누어 먹자!"

"당연하지."

[303자]

제2장 재밌는 한글과 그림 속독법

[4차] 스키밍 훈련 9

못 말리는 여치

실전속독 이해하기

물새는 고개를 끄덕이며 개미와 나누어 먹기로 하였습니다.
붕어는 살이 통통하게 쪄있었습니다.
"우리 먹자!"
물새는 주둥이로 붕어의 배를 쪼았습니다.
붕어의 배가 갈라지더니 여치가 튀어 나왔습니다.
물새와 개미는 기절할 뻔했습니다.
"여치야! 어떻게 된 거야?"
개미가 물어보았습니다.
여치는 태연하게 이야기를 했습니다.

"내가 붕어의 뱃속이 어떻게 생겼는지 궁금해서 한번 들어가 보았어?"
"거짓말 말아! 붕어가 너를 잡아먹었잖아."
"누가 모를 줄 알아?"
개미가 빈정대며 말했습니다.
여치는 능청스럽게 시치미를 뗐습니다.
"이 허풍쟁이야! 누가 속을 줄 알아"
물새가 어이없어 '하하하' 웃음을 터트 렸습니다.
"내가 붕어에게 잡아먹힐 만큼 멍청한 줄 알아?"
"그럼 붕어 뱃속 구경은 잘했어?"
"무엇이 들어있는지 다 알겠네!"

[280자]

The Super Speed Reading

[4차] 스키밍 훈련 9 　　　　　　　　　못 말리는 여치

실전속독 이해하기

"붕어 뱃속은 너무 깜깜하고 더워서 아무것도 보이질 않았어?"
"하하하"
여치는 개미와 물새 때문에 창피하고 화가 났습니다.
여치가 자신의 손으로 이마를 딱 치며 위로 올리니 그만 여치의 이마가 훌러덩 벗겨졌습니다.
대머리가 된 여치는 다시 억지를 부렸습니다.
"하하하"
여치의 모습을 보고 다시 웃음이 나왔습니다.
물새가 말했습니다.
"그건 그렇고 이 붕어는 내가 잡은 거야!"
"내가 붕어를 잡지 못했으면 너는 영영 세상 구경도 못하고 뱃속에서 죽었을 거야!"
"뭐라고 내가 붕어 몸속에 들어가지 않았으면 넌 붕어를 잡지도 못했을 거야?"
"그래서 내가 잡은 거야!"

"아니야 내가 잡은 거야!"
서로 말다툼을 하다가 물새가 화가 나서 입을 쭉 내밀며 말을 했습니다.
물새는 주둥이가 뾰족하게 늘어났습니다.
"하하하, 꼬챙이 주둥이가 되었네."
여치가 놀려댔습니다.

[294자]

[4차] 스키밍 훈련 9

못 말리는 여치

실전속독 이해하기

개미도 "하하하" 웃었습니다.
화가 난 물새는 입은 더욱더 길게 내밀었습니다.
물새의 주둥이가 긴 꼬챙이처럼 더 길어졌습니다.
길어진 물새의 주둥이를 보면서 개미는 허리를 움켜잡고 깔깔깔 웃었습니다.
보면 볼수록 웃음을 참지 못하고 개미는 허리가 끊어질 정도로 웃었습니다.
결국, 개미의 허리는 날씬하게 되었습니다. -끝-

[128자]

총 글자 수	:	1,575 자
최초 측정 시간 :	분	초

'못 말리는 여치'의 내용을 실전속독으로 이해하면서 훈련을 마치고
다음 훈련은 185쪽으로 이동하세요.

The Super Speed Reading

문제 9

정답 번호에 ☑로 표시하세요.

속독 이해도 테스트

1. 아래 6문제 중에서 4문제 이상 맞추어야 한다.
2. 틀린 문제가 있으면 다시 한번 속독으로 읽으면서 확인한다.
3. 정답은 1회만 맞추어 보고 2회부터는 실전속독 스피드 훈련만 한다.
4. 기록이 단축될 수 있도록 반복적으로 훈련한다.

못 말리는 여치

1. 물새와 두 친구에서 두 친구는 누구인가요?
① 참새와 개미　　　　　② 여치와 붕어
③ 개미와 붕어　　　　　④ 개미와 여치

2. 세 명의 친구들이 무엇을 이용하여 약속을 정했나요?
① 편지　② 광고　③ 문자　④ 이메일

3. 누가 1등으로 음식을 구했나요?
① 개미　② 물새　③ 여치　④ 붕어

4. 여러 시간을 기다린 물새와 개미가 먼저 음식을 먹기로 하였습니다. 여치에게 어떤 마음으로 먹었나요?
① 미안한 마음　　　　　② 괘씸한 마음
③ 죄송한 마음　　　　　④ 후회하는 마음

5. 행방을 몰랐던 여치는 결국 어디에서 찾았나요?
① 하마 입속에서　　　　② 연못 근처에서
③ 붕어 뱃속에서　　　　④ 수족관에서

6. 개미의 허리가 날씬한 이유는 무엇인가요?
① 화를 많이 내서　　　　② 많이 웃었기 때문에
③ 여치가 허풍쟁이라서　　④ 붕어 배가 통통해서

The Super Speed Reading

[4차] 스키밍 훈련 9

정답 번호에 ╱로 표시하세요.

실전 속독 단축훈련 기록표

못 말리는 여치

▶ 시간이 단축될 수 있도록 소요시간을 꼭 기록한다.
▶ 실력이 향상되도록 중심 낱말을 반복 훈련한다.

속독 스피드훈련 측정기록란

※ 매 3회 실시

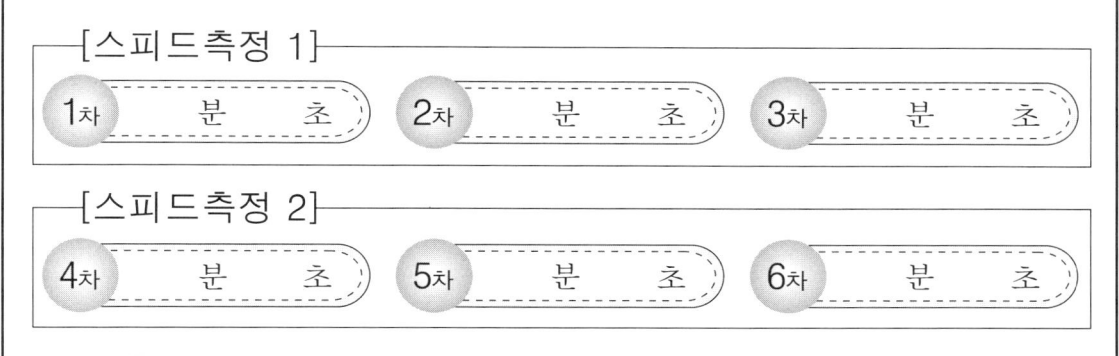

속독 자율훈련 측정기록란

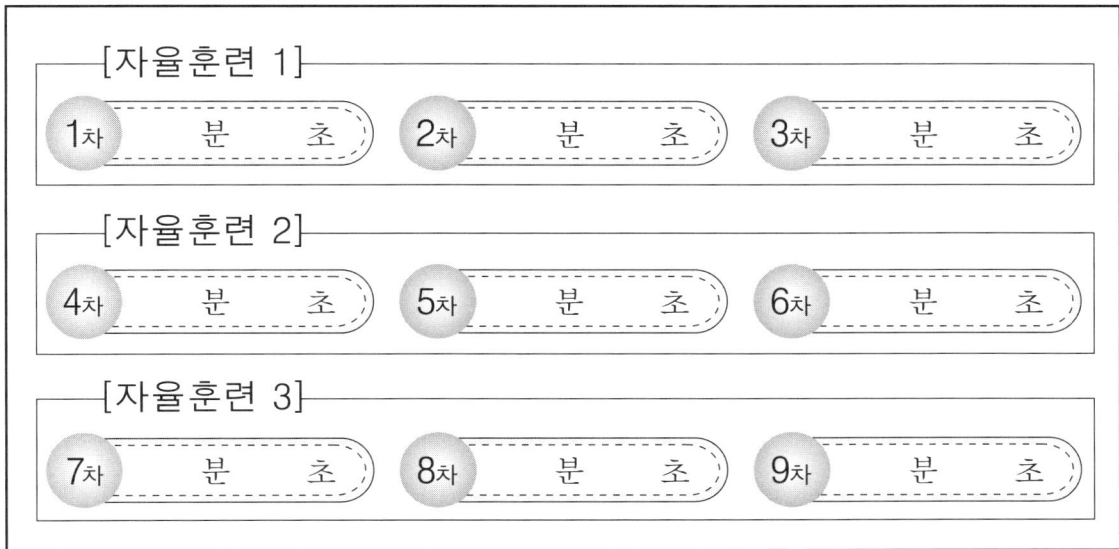

논술 따라잡기 — 생각 쓰기

못 말리는 여치

♣ 아래 물음에 이유나 근거를 들어 자기의 생각을 펼쳐 보세요.
♣ 자신의 느낌이나 주장을 이야기나 글로 표현해 보세요.

1. 논술은 읽은 책의 생각이나 느낌을 글로 쓰는 것입니다.

'허풍쟁이' 의 뜻은 지나치게 과장하거나 믿음성이 적은 말이나 행동을 하는 사람을 말합니다.

친구들이 여치를 허풍쟁이라고 생각한 이유를 써 보세요.

----

2. 본문에서 '아이디어(idea)' 는 외래어입니다.

외래어(外來語)는 외국에서 들어온 말로, 국어처럼 쓰는 단어입니다.

다음 중에서 우리가 흔히 쓰는 외래어를 골라 써 보세요.

예 엘리베이터, 아파트, 스키, 나이스, 땡큐, 컴퓨터. 버스, 라디오, 아파트, 예쁜, 부모, 오락실, 달력, 유리

[4차] 스키밍 훈련 10

실전속독 훈련 및 이해도 테스트

▶ 앞에서 훈련한 것과 같이 한 줄의 글자들을 최대한 한눈에 보고 중심 낱말을 빠르게 인지하며 아래로 이동한다.

▶ 이해도 테스트는 최초 1회만 훈련하고 2회부터는 속독 실력이 향상될 수 있도록 시간 단축을 목표로 훈련한다.

굴렁쇠[10]

우리학교 아이들에게 굴렁쇠 놀이가 유행입니다.

남자 아이들이 굴렁쇠를 만들어서 굴리고 다녔습니다.

요즘은 여자 아이들도 굴렁쇠를 굴리면서 달리고 있습니다.

아이들이 여기저기 굴렁쇠를 굴리며 뛰어다니는 모습이 활기찬 보입니다.

나이가 어려보이는 꼬마가 굴렁쇠를 굴리며 골목 밖으로 나왔습니다.

꼬마가 굴렁쇠를 잘 굴릴 수 있을까요?

비틀비틀 굴렁쇠가 굴러갑니다.

"어? 어어~어?"

굴렁쇠는 쓰러질 듯 기우뚱하더니 연못 속으로 빠지고 말았습니다.

꼬마는 그만 앙~ 하고 그 자리에서 울고 있습니다.

아이는 팔이 짧아서 연못에 빠진 굴렁쇠를 꺼낼 수 없습니다.

마침 지나가던 고등학생인 형이 아이의 사정을 알았습니다.

"꼬마야, 울지 마라."

[257자]

The Super Speed Reading

[4차] 스키밍 훈련 10　　　　　　　　　　　　　　　　굴렁쇠

실전속독 이해하기

"형이 긴 팔로 굴렁쇠를 꺼내 줄게."

"너무 걱정하지 말고 기다려라."

형은 긴 팔과 굴렁쇠 자루를 이용하여 연못 속에 빠진 굴렁쇠를 건져주었습니다.

"짠, 짜잔!"

굴렁쇠가 젖은 모습으로 나타납니다.

울던 꼬마는 씩 웃으며 좋아했습니다.

"형, 고마워."

"그래, 즐겁게 놀아."

'나도 형이 있으면 좋겠다.'

꼬마는 도와준 형을 고마워하며
굴렁쇠를 힘차게 굴렸습니다.

집 근처에는 산이 있습니다.

산에는 큰 나무가 많이 있습니다.

특히, 큰 나무에는 도깨비가 좋아하는 곳으로 사람들은 도깨비가 나타난다고 했습니다.

"밤에는 다니지 마라, 도깨비가 나타난다."

어른들이 늦게 다니는 아이들에게 일찍 들어오라고 겁주는 말입니다.

큰 나무에는 파란 도깨비가 살고 있습니다.

파란 도깨비는 깜깜한 밤에만 나타납니다.

파란 도깨비는 어두워지기 전에 나무꼭대기에서 사람이 사는 동네를 염탐합니다.

어느 날, 아이들이 굴렁쇠를 가지고 재미있게 노는 것을 발견했습니다.

'아주 재미있겠는 걸.'

'굴렁쇠를 가지고 놀아볼까?'

파란 도깨비는 굴렁쇠를 굴리고 싶었습니다.

[4차] 스키밍 훈련 10

굴렁쇠

실전속독 이해하기

'어서 빨리, 밤이 돼야 하는데.'

'밤이 되기를 기다렸다가, 사람들이 사는 마을로 내려가야지.'

'밤에는 사람들이 깊은 잠이 들어 걱정이 없어.'

밤이 되자, 파란 도깨비는 아이들이 자는 집에 몰래 들어갔습니다.

다행히 첫 번째 찾아간 집에는 낮에 가지고 놀던 굴렁쇠가 있었습니다.

'휴, 다행이다.'

'아이에게 들키지 않게 빨리 놀다가 제자리로 갖다놓아야지.'

조심조심 그 굴렁쇠를 가지고 연못으로 갔습니다.

연못은 아주 조용했습니다.

바다처럼 소리도 없고 시냇물처럼 졸졸졸 소리가 나지 않습니다.

마치 얼음 판 위를 걸어가는 느낌이었습니다.

도깨비는 물에 빠지지 않고 물 위를 걸어다녔습니다.

파란 도깨비는 가지고 온 굴렁쇠를 들었습니다.

"어디 한번 굴려보자!"

도깨비가 굴리는 굴렁쇠는 물 위를 잘도 굴러갑니다.

파란 도깨비는 물 위를 '쌩쌩' 반복하여 달렸습니다.

"야! 재미있다!"

"정말, 재미있다."

파란 도깨비는 소리를 지르기 시작하였습니다.

연못 안을 원을 그리면서 뱅뱅 돌아다녔습니다.

어? 바로 그때였습니다.

[357자]

The Super Speed Reading

[4차] 스키밍 훈련 10   굴렁쇠

실전속독 이해하기

갑자기 빨간 도깨비가 나타납니다.

빨간 도깨비는 파란 도깨비가 가지고 노는 굴렁쇠를 '휙' 하고 뺏습니다.

"어디, 딱 한 번만 굴려 보자!" "안 돼, 안 돼!"

"내 물건이 아니란 말이야."

"날이 밝아오면 돌려줘야 해."

파란 도깨비는 빨간 도깨비 뒤를 계속 쫓았습니다.

빨간 도깨비는 굴렁쇠를 살짝 밀었습니다.

굴렁쇠는 묘기를 부리듯 잘 굴러갔습니다.

"야! 신난다."

빨간 도깨비는 굴렁쇠를 굴리며 산속으로 들어갔습니다.

"그것은 내 것이야! 빨리 이리 줘!"

파란 도깨비를 놀리듯이 빨간 도깨비는 더 속력을 냈습니다.

"자, 어디 따라와 봐."

산속에서 뱅뱅 돌아 어느덧 산꼭대기까지 올라왔습니다.

산 정상에 올라왔습니다.

파란 도깨비는 한숨을 내쉬며 털썩 주저앉았습니다.

어찌 된 일인지, 굴렁쇠는 멈추지 않고 계속해서 하늘로 올라갔습니다.

빨간 도깨비도 멈출 수 없어 계속 굴렁쇠를 쫓았습니다.

"아야" 흰 구름과 머리를 꽝하고 부딪쳤습니다.

부딪치는 순간 빨간 도깨비는 아래로 곤두박질치고 말았습니다.

[348자]

[4차] 스키밍 훈련 10

굴렁쇠

실전속독 이해하기

굴렁쇠도 공중에서 떨어지고 말았습니다.

다행히 앉아 있던 파란 도깨비가 떨어지는 굴렁쇠를 달려가 잡았습니다.

빨간 도깨비는 소나무에 걸렸습니다.

도깨비들은 서로 굴렁쇠를 꼭 잡았습니다.

"이리 내" "난 못 주겠어"

빨간 도깨비와 파란 도깨비는 서로 굴렁쇠를 뺏으려고 마구 잡아당겼습니다.

"아야, 굴렁쇠 살려." "내 몸을 도깨비들이 마구 비틀고 있어."

굴렁쇠는 괴로웠습니다.

"어, 타원형이 정사각형으로 되었네."

"몰라, 몰라! 난 몰라! 다, 너 때문에 이렇게 된 거야!"

파란 도깨비가 짜증을 냈습니다.

사각형이 된 굴렁쇠를 잡고 있던 빨간 도깨비가 말했습니다.

"이까짓 것쯤이야 내가 당장 만들어주지."

큰소리치면서 도깨비 방망이를 꺼냈습니다.

"뚝딱뚝딱, 주문을 외우면 무엇이든 쏟아지는 도깨비 방망이지!"

"그럼 어서, 굴렁쇠를 만들어봐!"

사실, 도깨비들은 굴렁쇠를 보고도 '굴렁쇠' 라는 이름을 몰랐습니다.

"큰일인데, 이름을 알아야 '무엇이 나오너라!' 하는데"

빨간 도깨비와 파란 도깨비는 울상이 되었습니다.

파란 도깨비가 말했습니다.

"우리가 한번 만들어보자."

[377자]

The Super Speed Reading

[4차] 스키밍 훈련 10

굴렁쇠

실전속독 이해하기

"좋아, 우리가 직접 만들어 보는 거야."
도깨비들은 땀을 뻘뻘 흘리며 굴렁쇠를 만들기 시작합니다.
도깨비 방망이로 주문을 외워서 금방 만드는 것보다 이렇게 직접 '뚝딱뚝딱' 두드려서 만드는 것이 더 재미있습니다.
똑같은 굴렁쇠 두 개가 완성되었습니다.

"자, 사이좋게 하나씩 나누어 갖자." "그래!"
파란 도깨비와 빨간 도깨비는 싸우지 않고 나란히 굴렁쇠를 굴리며 도깨비들이 사는 마을로 달려갑니다. 굴렁쇠 때문에 마을에 내려오는 일은 없습니다.
닭이 '꼬끼오~' 울었습니다.

날이 밝았는데 굴렁쇠 주인인 꼬마가 굴렁쇠가 없어진 걸 알면 어떡하죠?
하지만, 하늘나라에서 하느님이 원형굴렁쇠 모습으로 착한 꼬마에게 돌아가게 하였습니다. - 끝 -

[255자]

총 글자 수	:	1,962 자
최초 측정 시간	:	분 초

'굴렁쇠'의 내용을 실전속독으로 이해하면서 훈련을 마치고
다음 훈련은 3장의 236쪽으로 이동하세요.

문제 10

속독 이해도 테스트

정답 번호에 ☑로 표시하세요.

1. 아래 6문제 중에서 4문제 이상 맞추어야 한다.
2. 틀린 문제가 있으면 다시 한번 속독으로 읽으면서 확인한다.
3. 정답은 1회만 맞추어 보고 2회부터는 실전속독 스피드 훈련만 한다.
4. 기록이 단축될 수 있도록 반복적으로 훈련한다.

굴렁쇠

1. 굴렁쇠를 다른 말로 표현한다면 무엇이라 할 수 있나요?
  ① 네모형쇠   ② 트라이앵글   ③ 동그랑쇠   ④ 타원형쇠

2. 연못에 빠진 굴렁쇠를 누가 꺼내주었나요?
  ① 대학교에 다니는 형   ② 고등학교에 다니는 형
  ③ 초등학교에 다니는 형   ④ 아저씨처럼 생긴 형

3. 큰 나무에는 어떤 도깨비가 사나요?
  ① 빨간 도깨비   ② 노란 도깨비
  ③ 하얀 도깨비   ④ 파란 도깨비

4. 두 번째로 나타난 도깨비는 누구인가요?
  ① 빨간 도깨비   ② 노란 도깨비
  ③ 하얀 도깨비   ④ 파란 도깨비

5. 왜? 도깨비들이 주문을 외우지 못했을까요?
  ① 굴렁쇠가 너무 커서
  ② 굴렁쇠의 이름을 몰라서
  ③ 굴렁쇠가 몇 개를 필요한지 몰라서
  ④ 주문을 누가 외워야 하는지 몰라서

6. 글에 나오는 굴렁쇠는 모두 몇 개가 되었나요?
  ① 한 개   ② 두 개   ③ 세 개   ④ 네 개

The Super Speed Reading

[4차] 스키밍 훈련 10

실전 속독 단축훈련 기록표

굴렁쇠

▶ 시간이 단축될 수 있도록 소요시간을 꼭 기록한다.
▶ 실력이 향상되도록 중심 낱말을 반복 훈련한다.

속독 스피드훈련 측정기록란 　　　　　　　　　※ 매 3회 실시

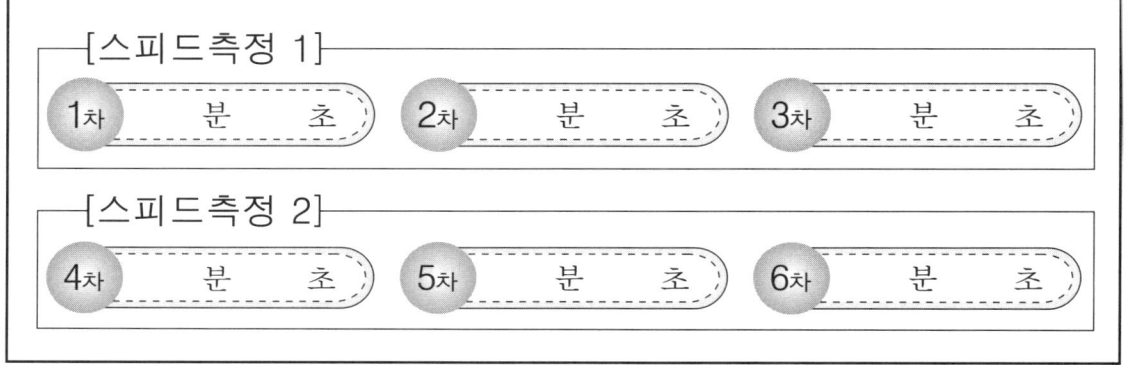

속독 자율훈련 측정기록란

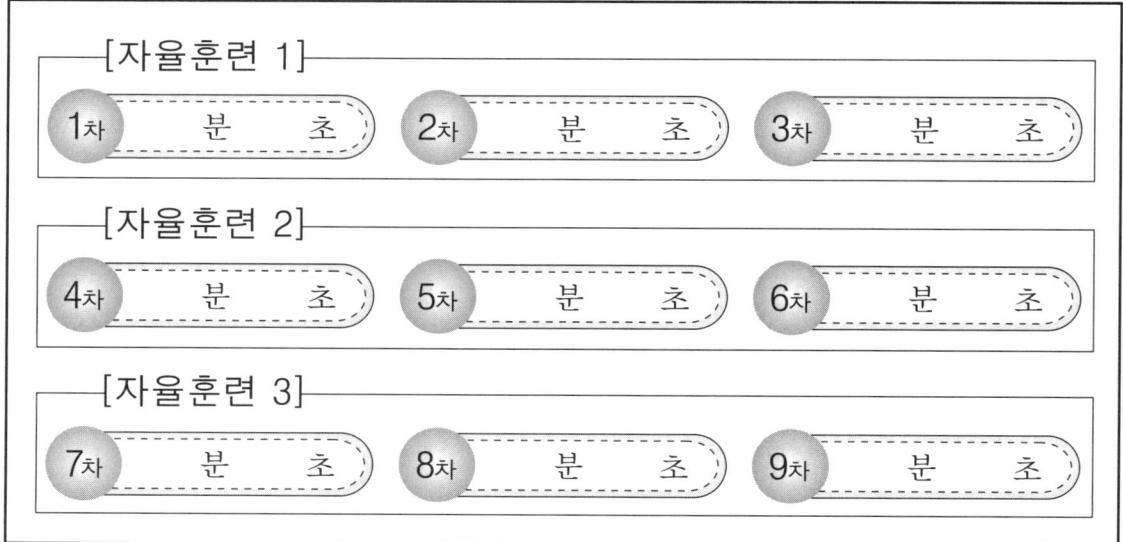

논술 따라잡기 — 생각 쓰기

굴렁쇠

♣ 아래 물음에 이유나 근거를 들어 자기의 생각을 펼쳐 보세요.
♣ 자신의 느낌이나 주장을 이야기나 글로 표현해 보세요.

1. 논술은 자기의 느낌으로, 자기 말을 쓴 글입니다.

논술은 창의력을 평가하는 글입니다.

아래 단어 중에서 하나를 선택하여 삼행시를 써 보세요.
예 : 남대문, 독서왕, 소나무, 삼국지, 논술왕, 속독왕

---

2. '논술= 글읽기+생각 쓰기' 입니다.

논술은 근거를 들어 자기의 주장을 쓴 글입니다.

주장과 근거의 정확한 뜻을 사전에서 찾아 써 보세요.

3장

The Super Speed Reading

재밌는 한글과 그림 속독법

실전속독 훈련법

▶ 2장보다 글자가 조금 더 작아졌습니다.
▶ 읽기만 해도 재미있는 동화와 논술
▶ 내용이 머릿속으로 쏙 들어온다.
▶ 논리적 사고력을 키우는 생각하는 힘
▶ 흥미를 느끼는 속독 훈련법

5차 스킵[skip] 건너뛰어 읽기

■ 속독을 위한 중심낱말 스킵훈련 해설

1. 속독으로 책을 읽으려면 한 줄의 중심이 되는 낱말을 인지합니다.

2. 중심이 되는 낱말을 주축으로 인지하되 한 줄의 글자 내용을 이해하면서 빠르게 아래로 이동합니다.

3. 앞으로 전개될 내용을 미리 감지하면서 이어 달리세요.

4. 눈의 흐름은 부드러우면서 빠르게 안구를 이동해 나갑니다.

5. 시점은 한 줄의 중심으로부터 최대한 좌·우로 넓게 보아야 합니다.

6. 중심 낱말을 한눈에 인지하고 이해하여야 합니다.

7. 여러 번 반복적으로 훈련하여 소요시간을 단축합니다.

The Super Speed Reading

[5차] 스킵훈련 11

중심낱말 인지하기 훈련

▶ 시점을 중심에 둔 상태에서 한 줄의 글자 및 점 기호들까지 최대한 한눈에 본다.
▶ 한 줄의 글자를 보는 즉시 안구는 순간적으로 미세하게 움직이며 좌·우의 중심 낱말을 빠르게 인지한다.
▶ 각 줄의 중심 낱말을 연속적으로 인지하면서 빠르게 수직으로 이동한다.

동물학교 도시락[11]

· · · · · · · · · · 지혜반 · · · · 점심시간 · · ·

동물초등학교는 · · · · · · · · · · 학교급식을 · · · · · ·

· · · · · 도시락 · · · · · ·

동물초등학교 · · · · · · · · · · · · 일들이 · · · · · · ·

· · · · 토끼가 · · · · · 시간 · · ·

· · 점심시간이 · · · · 토순이가 · · · · · · · ·

· · ·

· · · · · 도시락을 · · · · ·

· · 동물친구들은 · · · · · ·

· · · · · · 함께 먹자

토순이는 · · · · ·

· · 내가 · · · · · 반찬이 · · · · · · · ·

야옹이는 · · · · · · · 핥으면서 · · · · · · ·

· · ·

· · ·

[5차] 스킵훈련 11

중심낱말 인지하기

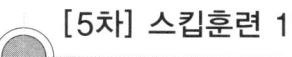

토순이는 · · · · · 세우면서 · · · · · · ·

· · · · · 클로버 · · · ·

· · · 식구들은 · · · · · · · · · 좋아해

· · 밥 · · · 조금 · ·

· · · · · · · · · ·

· · · · · 궁금해서 · · · · ·

· · · · 토끼풀이야

토끼풀 · · · · · · · ·

· · · · · 맛이 · · · · · · · 먹어라

야옹이는 · · · 생선을 · · · · · ·

토순이와 야옹이 · · · 원숭이와 돼지가 · · · · · · · · ·

· · · · · 말을 · · · ·

난 · · · · · · · · 싫어

꼬마 돼지는 · · · · · · · · · · · 투덜대며 · · · · ·

· · · · 원숭이가 · · · · ·

· · · · · 친구들하고 · · · · · · · 맛이 · · ·

· · · · · · · · · ·

도시락밥이 · · · · · 그것만 · · · · · ·

· · · · · · 배고픈 · · · · · · · · 말을

· · · · · · 빈정대면서 · · ·

· · · · · · 먹여주는 밥이 · · ·

The Super Speed Reading

 [5차] 스킵훈련 11   동물학교 도시락

중심낱말 인지하기

· · · · · 돼지가 · · · · · · · 한마디 · · ·

· · 아기냐 · · · · · · · ·

· · · · · · · · 깔깔거리며 · · · · ·

· · 꼬마돼지도 · · · · · · · · · · 투정을 · · · · ·

원숭이가 본 적이 · · · ·

· · · · · · · · · · · · 웃습니다.

· · 기린 선생님이 교실로 · · · · · · ·

· · · · · 수업은 음악 · · · · · · 즐겁게 · · · · ·

· · · · 노래를 · · · · · 점심시간이 · · · · ·

딩동댕 · · · · · · 종이 · · · ·

· · · · · · · 목을 · · · · · · · · · · · ·

· · · 점심 · · · · · ·

토순이 · · · · · 세면실에서 · · · · · · · · ·

· · · · · 도시락을 · · ·

· · · · · 감사히 · ·

· · 원숭이는 · · · 척하며 · · · · · · · 파란 시금치 · · ·

· · · · · 입에 · · · · · · · ·

· · 원숭아 · · · · · 먹으면 · · · · ·

· · · · · 표정으로 · · · · ·

238   제3장 재밌는 한글과 그림 속독법

[5차] 스킵훈련 11
중심낱말 인지하기

오이를

오두둑　　　맛있게 먹고

빨리　　　　오이 조각

튀어나오는

입안에

음식물이　　　　엉망이

음식은　　　　　건강

생선 튀김　　맛있게

맛있게　　　시끄럽게

혀는 쑥　　입과 코에　　핥아먹는

선생님이

음식을　　　　불쾌하지

씹어

입가에 묻은　　　냅킨으로

야옹이에게

꼬마 돼지는　　　먹여

젓가락

꼬마 돼지는　　도시락을

점심을　　　　씻고

손도　　밥과 반찬　손으로

The Super Speed Reading

[5차] 스킵훈련 11

동물학교 도시락

중심낱말 인지하기

　　　　　　연탄 가루가　　　　　　시꺼멓게

　　　밥과 반찬　　　　　　　　　까맣게

기린 선생님　　　　　　　　　얼굴 찡그리며

　씻지 않고　　　　　병균이　　　배탈이

　　　칠판에다

식사예절

　　　　손을

　　손으로

　　　　행동을

　음식은　　　　소리를

　　다음부터는

　　　　　입을 모아

| | 최초 측정 시간 : | 분 | 초 |

'동물학교 도시락'의 중심 낱말 인지 훈련을 마치고
다음 훈련은 265쪽으로 이동하세요.

[5차] 스킵훈련 11

중심낱말 인지훈련 기록표

동물학교 도시락

▶ 시간이 단축될 수 있도록 소요시간을 꼭 기록한다.
▶ 실력이 향상되도록 중심 낱말을 반복 훈련한다

속독 스피드훈련 측정기록란　　　　　　　　※ 매 3회 실시

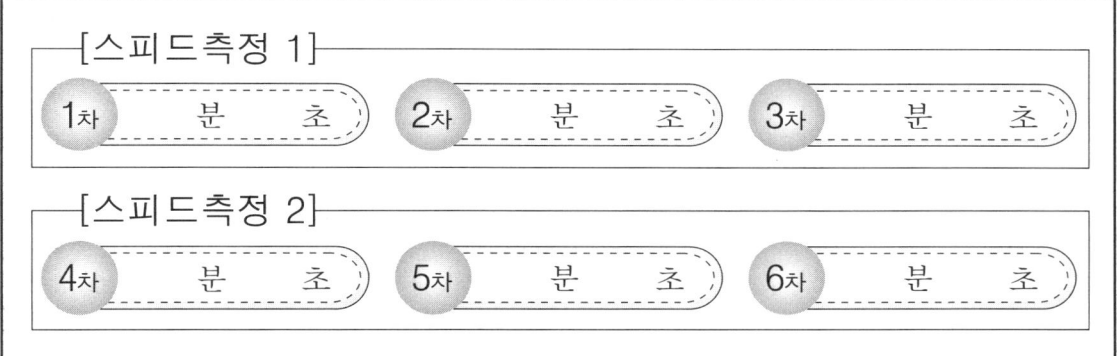

속독 자율훈련 측정기록란

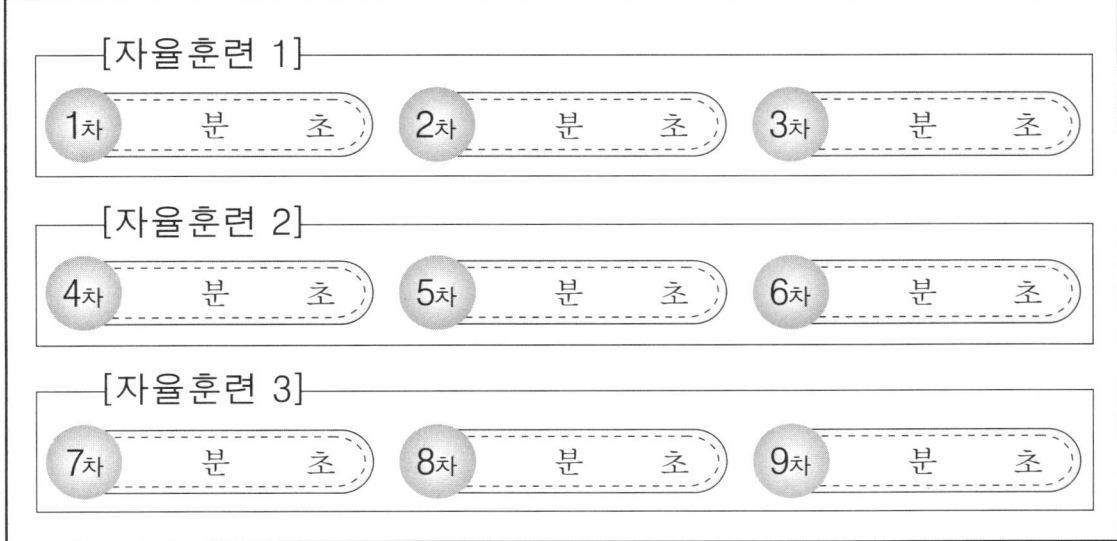

The Super Speed Reading

[5차] 스킵훈련 12

중심낱말 인지하기 훈련

▶ 시점을 중심에 둔 상태에서 한 줄의 글자 및 점 기호들까지 최대한 한눈에 본다.
▶ 한 줄의 글자를 보는 즉시 안구는 순간적으로 미세하게 움직이며 좌·우의 중심 낱말을 빠르게 인지한다.
▶ 각 줄의 중심 낱말을 연속적으로 인지하면서 빠르게 수직으로 이동한다.

일기쓰는 버스[12]

· · · · 해님이 · · · · · · · · · 버스아저씨를 · · · · ·
버스아저씨는 · · · · · · · · · 멋쟁이 · · ·

· · · · 좋은 아침 · · · · ·

· · · 버스아저씨 · · · · · · · · · · · · 콧노래 · · · 아침 ·
· · · · · 출발을 · · · · ·
· · · · · 도롯가로 · · · · 정류장에 · · · · ·
· · · · 한솔이가 · · · · · 기다리고 · · · · ·
· · · · 손을 들어 · · · · · 인사를 · · ·

· · · · 안녕
· · · 빨간 모자가 · · · · ·
멋쟁이 · · · · · · · · · · 어깨를
· · · · · · · ·

한솔이는 · · · · 차에 · · · · ·
· · · · 다섯 정거장을 · · · · · 정류소에 · · · ·

[5차] 스킵훈련 12

중심낱말 인지하기

일기쓰는 버스

· · · · · ·
· · · · 예의 바르고 · · · · · · ·
한솔이가 · · · · · · · · · · · · · 고등학교 학생 · · · · · · ·
우르르 · · · · · · · 단체로 · · · · · · · ·
· · · · 조용해졌 · · ·

· · · · · · · 버스 안 · · · 너무 많아 · · · · · · ·
· · · · · · · · · 썰렁함을 · · · ·
· · · · 1시간 이상 · · · · · · 러시아워 · · · · · ·

· · · · · 출퇴근이나 · · · · · · 혼잡한 · · · ·

· · 출근시간 · · · · · · 승객들이 · · · ·
· · · 몰랐 · · ·
정류소 · · · · · · · · · · 사람들이 · · ·
질서 있게 · · · · · · · · · 뛰어서 · · ·
· · · 내릴 곳을 · · ·
한 정거장 · · · · · · · · · · 안타깝 · · ·
· · · · 배가 고픈데 · · · · ·
· · · · 빵빵 주유소 · · · · ·
· · · · · · · · · · 기름이 · · · ·

The Super Speed Reading

[5차] 스킵훈련 12

일기쓰는 버스

중심낱말 인지하기

초콜릿 맛 기름 · · · · · · 기름

· · · · · · · · 가득 · · · ·

입가에 · · · 딸기 물이 · · · · ·

· · ·

· · · 기름을 · · · ·

·

· · · 에너지도 · · · 길을 · · ·

· · · 콧노래를 · · · · · 앞차가 · · ·

이상하다 · · · · · 길이 · · ·

· · 교통사고 · · · ·

도로는 · · · · · · · 꽉 막히기 · · · ·

· · ·

· · · · · 배차시간이 · · · · · 마음이 · · · ·

· · · · · · 천천히 · · · · · 졸고

· · ·

· · · 소리가 · · · · 제동장치를 · · · ·

· · · 놀라서 심장이 · · · ·

· · · 주황색 · · · 엉덩이 · · · ·

·

방심하지 · · · · · · 운전을 · · ·

· · · · 운전을 · · · · · 움직이 · · ·

[5차] 스킵훈련 12

중심낱말 인지하기

일기 쓰는 버스

종점까지 · · · · · · · · · ·

멋쟁이 · · · · · · · · · 한숨을 · · · · · · · ·

· 종점 · · · · · · · 어서들 · · · ·

· · · · · · · · 수고 많이 · · · · · ·

· · · · · · · · · 인사를 · · · · 집으로 · · · · · · ·

· · · · · · 차고인 · · · · · · · · · · 몸을

· · · · · · · · · · 샤워를 · · · · ·

· · · · 사람들을 · · 나르고 · · · · · · ·

· · · · · · · · · 하루일과를 · · · · · · · · 일기를 · ·

습관이 · · · ·

· · · · · 일과 몸은 · · · · 비가 오나 · · · · · ·

기다리는 · · · · · · · · · 행복하다고 · · · · ·

· · · 일기도 · · · · · · · · · · 내일을 · · 꿈나라 · · · · ·

· · · · 밤하늘 · · · · · 총총하게 · · · · ·

별님들 · ·

· · · 꿈

별님과 · · · · · · · · · · · · · · · · · 정류장을 · · ·

· · · · · · 끝

| 최초 측정 시간 : | 분 | 초 |

'일기 쓰는 버스'의 중심 낱말 인지 훈련을 마치고
다음 훈련은 274쪽으로 이동하세요.

The Super Speed Reading

[5차] 스킵훈련 12

중심낱말 인지훈련 기록표

일기<u>쓰</u>는 버<u>스</u>

▶ 시간이 단축될 수 있도록 소요시간을 꼭 기록한다.
▶ 실력이 향상되도록 중심 낱말을 반복 훈련한다

속독 스피드훈련 측정기록란 　　　　　　　※ 매 3회 실시

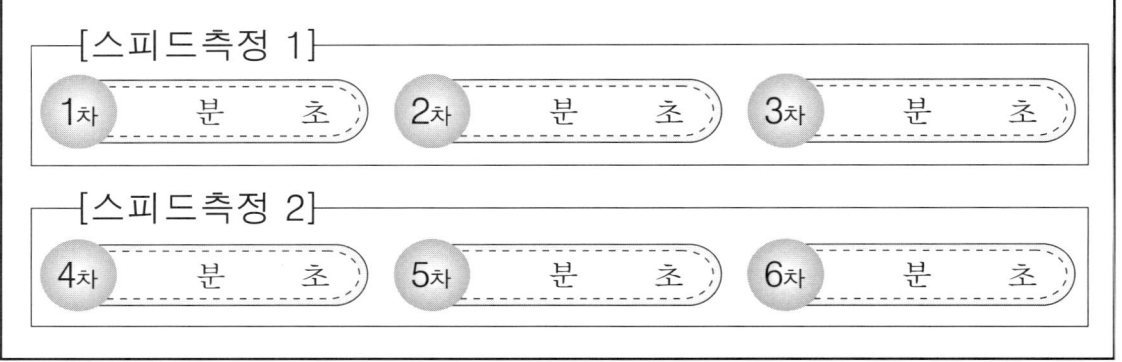

속독 자율훈련 측정기록란

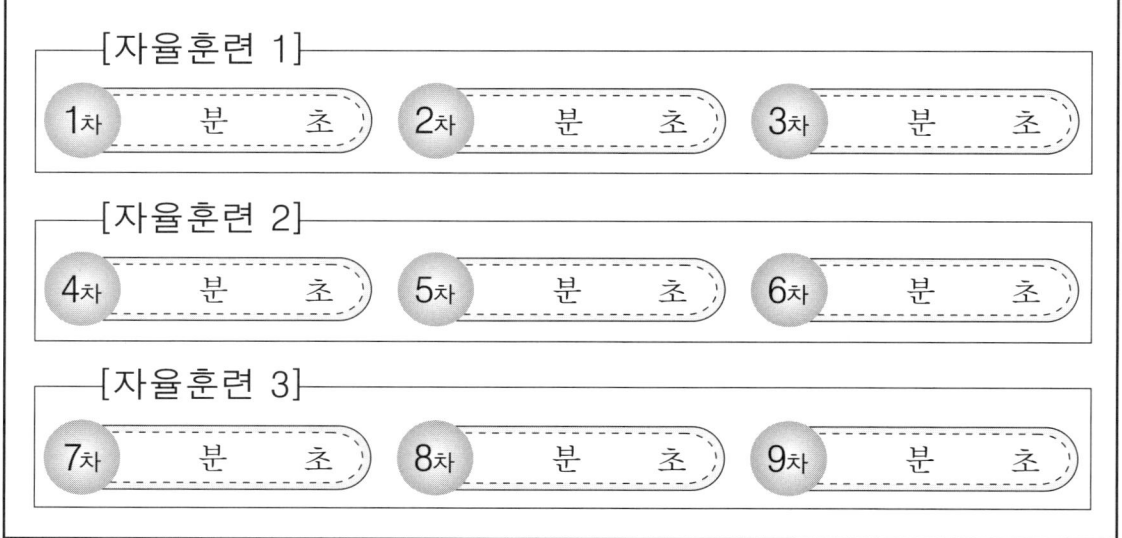

[5차] 스킵훈련 13

중심낱말 인지하기 훈련

▶ 시점을 중심에 둔 상태에서 한 줄의 글자 및 점 기호들까지 최대한 한눈에 본다.
▶ 한 줄의 글자를 보는 즉시 안구는 순간적으로 미세하게 움직이며 좌·우의 중심 낱말을 빠르게 인지한다.
▶ 각 줄의 중심 낱말을 연속적으로 인지하면서 빠르게 수직으로 이동한다.

고집 불통 갈고미 [13]

북극의 · · · · · · · · · · · · · · 북극토끼 · · · · · · · · · ·
· · · · ·

북극곰은

· · · 흰 털 · · · · · · · · · · · · · · · · · · 눈에 · · · · · ·

· · · 넓은 지역을 · · · · ·

· · · 헤엄을 · · · · · · · 털이 많은 · · · · · 추위로

· · · · · · · · · · 얼음

북극곰은 · · · · · · · · · · · · · 공격을 · · · · · ·

· · · ·

· · · · · · 백곰들이 · · · · 멸종 · · · · · ·

· · · · 날씨가 · · · · · · · · · 녹아내려

· · 북극 지방 · · · · · · 가족이 · · · · · · ·

갈고미는 · · · · · · · · · 갈색 곰 · · ·

· · · · · 혼자 · · · · · · · · · · 수영을 · · · ·

The Super Speed Reading

[5차] 스킵훈련 13

중심낱말 인지하기

갈고미 　　　아빠는
　영하 30도　　겨울날
　　　　추운지도　　　　집 밖　놀러

　　　옷을　　　　　감기에

　　밖으로　　　　　기분이
　감기에
　　장난꾸러기　　추위는
갈고미는　　털모자를
감싸고
　　눈이 많이
　　키만큼
갈고미는　　　　개울가로
그곳의　　　꽁꽁
　　　낚시를　　　　구멍을
낚시를　　　추위는

재채기가　　　　시간이
　　　　콧물을　　　　낚시를

[5차] 스킵훈련 13
중심낱말 인지하기

· · ·
· · · 옆에서 · · · · · 여우와 · · 사슴이 · · · ·
· · · 곰탱아 · · · · · · · · · 이불 · · · · ·
· · · · · 낚시만 · · · · ·
· · · ·
· 병균이 · · · · ·
· · · · · 놀다가 · · · · 큰일 · ·
왕진을 · · · · 의사선생님이 · · · · · ·
· · · · · 기침하는 · · · · · ·
감기가 · · · · · · · 빨리 집에 · · · · · · · 이불을
· · · ·
· 의사란 · · · · · 아프다는 · · · ·
· · · · 말을 · · · · 고집을 · · · ·
· · · · 감기쯤이야 · · · · ·
· · ·
기침을 · 낚시질을 · · · · ·
갈고미는 · · · · · · · · · 열이 · · · · ·
· · · ·
· 일을 · · · · · · 고집을 · · ·
· · · 집에 · ·
의사선생님의 · · · · · · · · · · 얼음

The Super Speed Reading

[5차] 스킵훈련 13

고집 불통 갈고미

중심낱말 인지하기

얼음판에 큰일

아빠 곰을

아빠 곰은 걱정되어

아드님이

의사선생님이

숨을 집으로

왕진 가방을 뛰어갔

집안으로 침대에

청진기를 이마도

감기약을 내일 아침

병원으로

감기약을 곰에게

갈고미에게 물 한잔

곰에게

빨리 아들아

약을 침대에

잠이

걱정이 병문안을

갈고미를 안심하고

[5차] 스킵훈련 13   고집 불통 갈고미

중심낱말 인지하기

· · · 아침이 · · · · ·

· · · 침대에서 · · · · · · 기분이 · · · · ·

· · · · · 몸이 · · · · · · · 좋았습 · ·

· · · · 어제처럼 · · · · · 콧물도 · · · · ·

· · · · · 감기약을 · · · · · · · 감기가 · · · ·

아빠 엄마 · · · · · · 죄송하고 · · · ·

· · 의사선생님도 · · · · · · · · · 죄송 · ·

· · · · · · 생각에 · · · ·

· · · 일과와 · · · · · · · · 생각했습 · ·

· · 고집불통 · · ·

· · · · · · 융통성이 · · · · · · 고집불통 · · ·

· · · · · 결심을 · · ·

· 남의 말 · · · · · · 고집스런 · · · · ·

· · · · 말씀

· 감기에 · · · · · · · · 개인위생습관을 · · ·

· · · · 휴식시간을 · · ·

· · 갈고미는 · · · · · · · · · · 씩씩하고 · · · ·

재미있게 · · · · · 끝

| 최초 측정 시간 : | 분 | 초 |

'고집 불통 갈고미'의 중심 낱말 인지 훈련을 마치고
다음 훈련은 282쪽으로 이동하세요.

The Super Speed Reading

[5차] 스킵훈련 13

중심낱말 인지훈련 기록표

고집 불통 갈고리

▶ 시간이 단축될 수 있도록 소요시간을 꼭 기록한다.
▶ 실력이 향상되도록 중심 낱말을 반복 훈련한다

속독 스피드훈련 측정기록란   ※ 매 3회 실시

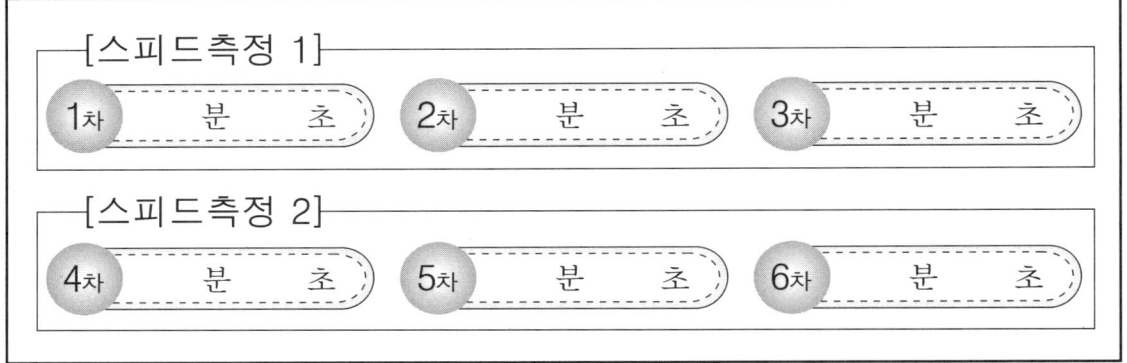

속독 자율훈련 측정기록란

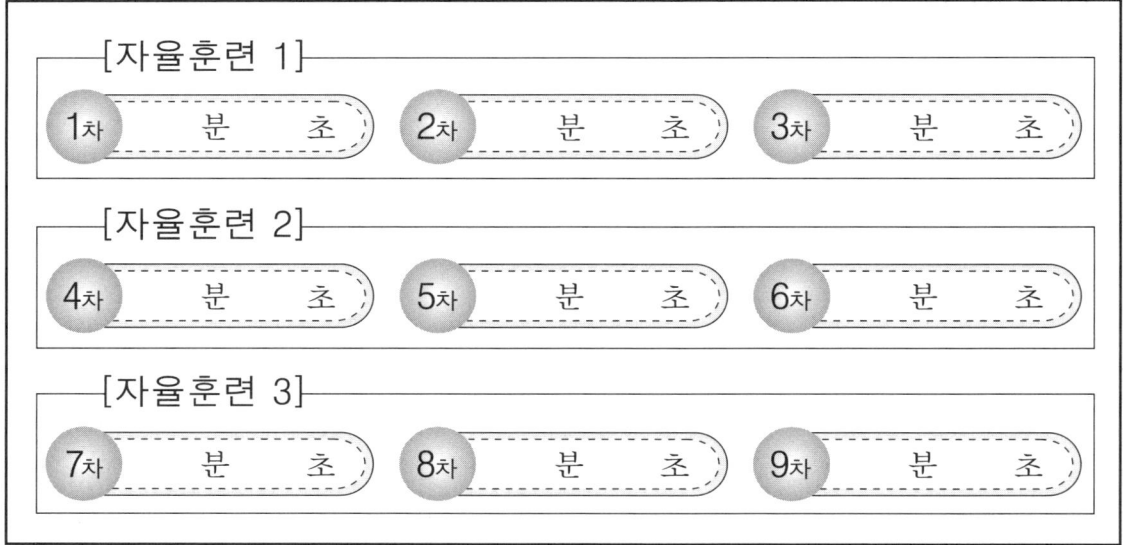

[5차] 스킵훈련 14

중심낱말 인지하기 훈련

▶ 시점을 중심에 둔 상태에서 한 줄의 글자 및 점 기호들까지 최대한 한눈에 본다.
▶ 한 줄의 글자를 보는 즉시 안구는 순간적으로 미세하게 움직이며 좌·우의 중심 낱말을 빠르게 인지한다.
▶ 각 줄의 중심 낱말을 연속적으로 인지하면서 빠르게 수직으로 이동한다.

레드크의 친구 찾기[14]

크레파스는 · · · · · · · · · · · · · 막대기 모양의 미술재료 · · ·
크레파스란 · · · 일본상표명에서 · · · · · · · · · ·
· · · · · · · · 집들이 · · · · · · ·
12색 · · · · · · · · · · · · · · 모여 사는 · · · · · ·
· · · · · · · · · · · 외출을 · · ·
· · · 빨간 크레파스 · · · · · ·
· · · 12명이 · · · · · · · · · 길을 · · · · ·
이곳저곳 · · · · · · · · · · · · · 헤매고 · · · ·
진실 된 · · · · · · ·
· · · · 재미있게 · · · · ·
· · · · · 만날 수가 · · ·
한참을 · · · · · · · · · 비슷하게 · · · · · ·
· 연필을 · · · · · · ·
레드크는 · · · · · · · · · 생각했습니다
· · · · · · 종이 위에 · · · · · · · · · · · 내 친구지
· · · · 용기를

The Super Speed Reading

[5차] 스킵훈련 14

중심낱말 인지하기

연필들아 · · · · · 우리 친구 하자
넌 · · · · · · · · · · · 어울리지 · ·
다섯 명의 · · · · · · · · · 이야기합 · ·
· · · 연필은 · · · · · 검은색 · ·
· · 친구가 · · · · ·
실망한 · · · · · · · 찾아 · · · · · ·
· · · · · · 도전으로 · · · · · 물감을 · · · ·
레드크는 · · · · ·
이번엔 · · · · · · · 여러 색의 · · · ·
· · · 물감들아 · · · · 닮은꼴 · · ·
주황이 · · · · · · · 여러 가지 색이 · · · · ·
· · · · · 놀자
레드크가 · · · · · · · · · 물감들이 · · · · ·
크레파스야 · · · · · · 닮았다고 · · ·
· · · 딱딱하지만 · · · · · · 물렁거리지
· · 이유를 · · · · · 친구가 · · · ·
물감들도 · · · · · · 거절 · · · ·
· · · · · 실망을 · · · · · · 길을 · · ·
· · · · · 어딘가 있어 · · · · · ·
· · 길을 걸어 · · · · · · · 색연필을 · · · ·
마음이 · · · · · · · · · · · 인사를 · · ·

[5차] 스킵훈련 14
중심낱말 인지하기

The Super Speed Reading

레드크의 친구 찾기

색연필아 · · · · · 친구 · ·

· 너희를 · · · · · · · · 아프지만 · · ·

· · · 색연필의 · · · · · · ·

· · · 다르잖아

· 어떡해 · · · · · · · ·

· · · · · · · 슬펐습니다.

엄마가 · · · · · · · · · · · · · · · 그리웠습니다.

· · · · 길은 · · · ·

모두 왜 · · · · · · ·

· · · 친구가 · · · · · · · · · · · 주장하네

· · · · 레드크는 · · · 떠나야만 · · · ·

· · · · · · 울지 않아

· · 위로하며 · · · · ·

· · · 건강에 · · · · 말씀하 · · ·

한참 동안 · · · · · 한계가 · · ·

· · · 내 다리야 · · · · · · ·

· · · · · 친구들을 · · · ·

· · · 친구들을 · · · ·

노력한 · · · · · 포기하면 · ·

하늘은 · · · · · ·

중심낱말 인지하기 훈련 255

The Super Speed Reading

[5차] 스킵훈련 14

중심낱말 인지하기

레드크의 친구 찾기

레드크는 · · · · · · · · 스스로 · · · · · · ·
· · · · · · · · · · · 돕는다고 · · · · · · ·
· · · 레드크는 · · · · · · · 크레파스를 · · ·
하느님 · · ·
· · · · 하늘을 · · · · · · · · · · 땅을
· · · 독같은 · · · · · · 신난다
· · 빨강아 · · ·
· · ·
· · · · · 주황이 · · · · · · 자기를 닮은 · · · ·
친구들을 · · · ·
레드크는 · · · · · · 끌어안고 · · · · · · ·
· · · · 착하고
내가 · · · · · · · · 포기하지 · · · · · ·
· · ·
· · · 빨주노초파남보 · · · · · · · 축하하잖아
· · · 힘을 · · · · 무지개를 · · · ·
· · · 감격이 · · · · · 행복 · · · · · 끝

| 최초 측정 시간 : | 분 | 초 |

'레드크의 친구 찾기'의 중심 낱말 인지 훈련을 마치고
다음 훈련은 291쪽으로 이동하세요.

[5차] 스킵훈련 14

중심낱말 인지훈련 기록표

레드크의 친구 찾기

▶ 시간이 단축될 수 있도록 소요시간을 꼭 기록한다.
▶ 실력이 향상되도록 중심 낱말을 반복 훈련한다

속독 스피드훈련 측정기록란　　　　　　※ 매 3회 실시

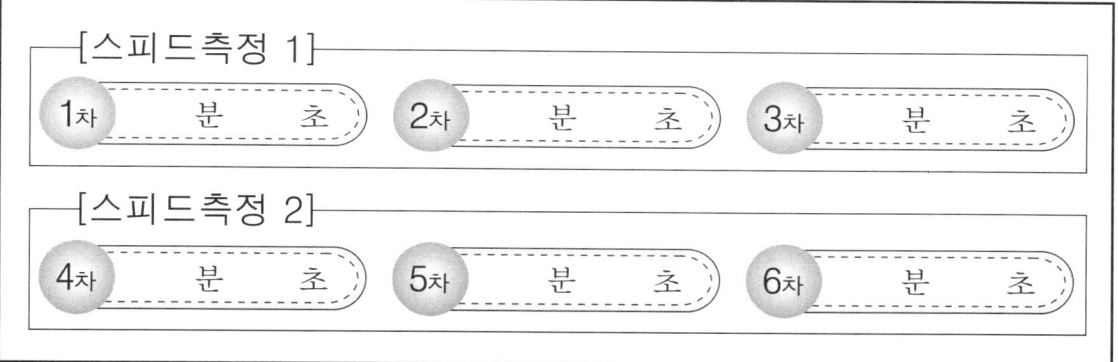

속독 자율훈련 측정기록란

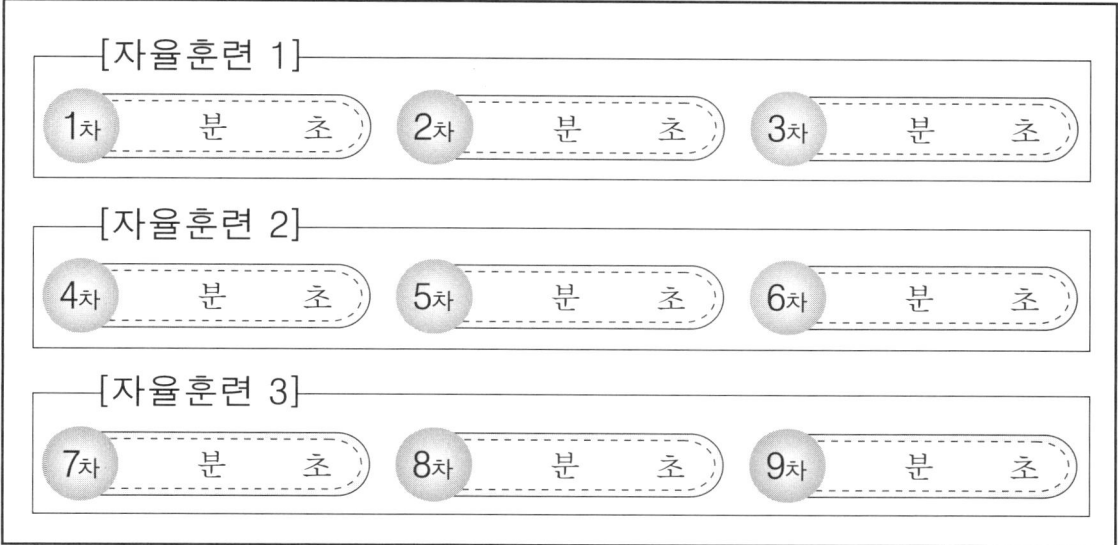

The Super Speed Reading

[5차] 스킵훈련 15

중심낱말 인지하기 훈련

▶ 시점을 중심에 둔 상태에서 한 줄의 글자 및 점 기호들까지 최대한 한눈에 본다.
▶ 한 줄의 글자를 보는 즉시 안구는 순간적으로 미세하게 움직이며 좌·우의 중심 낱말을 빠르게 인지한다.
▶ 각 줄의 중심 낱말을 연속적으로 인지하면서 빠르게 수직으로 이동한다.

종이배를 탄 토끼와 거북이[15]

숲 속 · · · · · · · · · 토끼와 거북이 · · · · · · · · · · ·

· · · · · · · · · · · 수요일은 · · · · · 수업이 · · ·

· · · · · · 학원 · · · · · · · 토끼와 거북이는 · · · · ·

· · · · · · 입구로 · · · · · · · · · · · · · · · · · · ·

· · · · · 엄마들은 · · · · · · · · · · · 스스로 · · ·

· ·

· · · 학원 · · · · · 생활계획표에는 · · · · · · · · · · ·

· · · · ·

일주일에 · · · · · · · · · · · · · · · · · · · 독서 기록장에

· · · · ·

· · · · 책 한 권 · · · 시간이 · · · ·

나도 · · · · · · · · · 컴퓨터 게임 · · · · · · · · · · ·

· · · 독서시간에 ·

· · · 요리에 · · · 건강에 · · · 자녀교육에 · · · · · ·

[5차] 스킵훈련 15

중심낱말 인지하기

종이배를 탄 토끼와 거북이

처음에는 · · · · · · · · · 싫었지만 · · · · · · ·
· · · 자연스러워
· · · 엄마가 · · · · · 다섯 장을 · · · ·
· · · · · 시합은 · · · ·
· · · · · 책을 빨리 · · ·
엄마는 · · · · · · · 표정이야
책 읽기 · · · · 3개월이 · · · · · ·
· · 습관이 · · · · · · · 뚝딱 읽어
· · · · 책은 · · · 읽을수록 · · · · ·
· · · · · 초등학교 졸업할 때까지 · · · ·
천 권 · · · · · · · · 2만 권이나 · · · · ·
· 만나고 · ·
· · · · · 독서대왕 · ·
· · · · · 독서에 · · · · 집 앞에 · · · ·
· · 숙제 · · · · · 어린이공원 · · · ·
오후 · · · · · · · · · 정문 앞에 · · · ·
거북이는 · · · · · 정문 앞에 · · · · ·
· · · 숲길을 · · · · · · · 걸어감 · ·
· · · · 큰 통 하나를 · · · · ·
· 통은 · · · · · 욕조 · · · ·

The Super Speed Reading

[5차] 스킵훈련 15　　　　　　　　　　종이배를 탄 토끼와 거북이

중심낱말 인지하기

　　　　욕조를　　　　　　　　사랑하는
　　　만들어놨는
　　　　　궁금해서　　　올라가
　　　　　　물이　　　　　종이배가
　종이배를
　　　　재밌겠다
　　　빨리
　종이배를　　　　　　　중심을
　　　　　　물방울이
　　　빗방울
하늘에서　　　　떨어지기
비가 많이 오면
　　　　　긴장하는
수영이　　　　　　　　나와야
거북아　　　　　숲으로
금방　　　　조금만
　　거북이는　　생각을
　그때
　　　어두워지고　　　시작하였
　　　집으로　　　더 많이 올 것

[5차] 스킵훈련 15

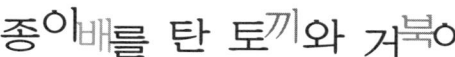
종이배를 탄 토끼와 거북이

중심낱말 인지하기

곧 · · · · · · · · · · · 조금만 · · ·

비를 맞으며 · · · · · · 재미있 · ·

거북이는 · · · · · · · · · · 예상 못 하고 · · · · · · · ·

놀고 싶어 · · · ·

· · · · · · · 더 세게 내리기 · · · · ·

배는 · · · · · · · · · · · 흐물흐물 · · · · ·

· · · · · · · · 뒤집힐 · · ·

· · · · · · 안절부절 · · · ·

종이배는 · · · · · · 가라앉기

수영을 · · · · · 발버둥 · · · · ·

· · · · · ·

· · · · · 발을 · · · · ·

토끼야 괜찮아 · · 내 등에 · · ·

· · · · · 등으로 · · · · · · ·

토끼를 · · · · · · · · · 헤엄치기 · · · · · ·

· · · · · ·

· · · · 등에서 · · · 폴짝 · · · · ·

· · · 집으로 · · · · · · · · ·

· · · · · 해님 · · · · 빵긋이 · · ·

애들아 · · · · · · · · · 위험한 · · · ·

The Super Speed Reading

[5차] 스킵훈련 15

종이배를 탄 토끼와 거북이

중심낱말 인지하기

· · · · 수영을 · · · · · · 다행스러워

· · 고맙습 · ·

· · · · · · · 햇빛을 · · · · ·

· · · · 위험한 곳에서 · · · · · · 끝

| 최초 측정 시간 : | 분 | 초 |

'종이배를 탄 토끼와 거북이'의 중심 낱말 인지 훈련을 마치고
다음 훈련은 299쪽으로 이동하세요.

[5차] 스킵훈련 15

중심낱말 인지훈련 기록표

종이배를 탄 토끼와 거북이

▶ 시간이 단축될 수 있도록 소요시간을 꼭 기록한다.
▶ 실력이 향상되도록 중심 낱말을 반복 훈련한다

속독 스피드훈련 측정기록란　　　※ 매 3회 실시

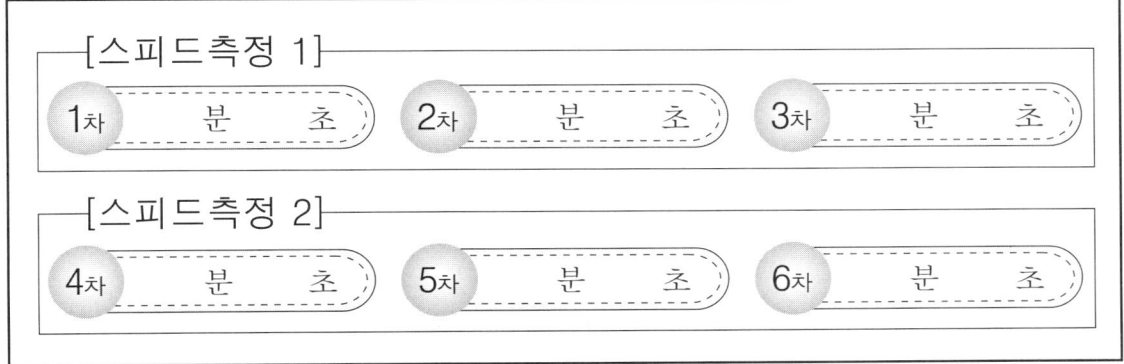

속독 자율훈련 측정기록란

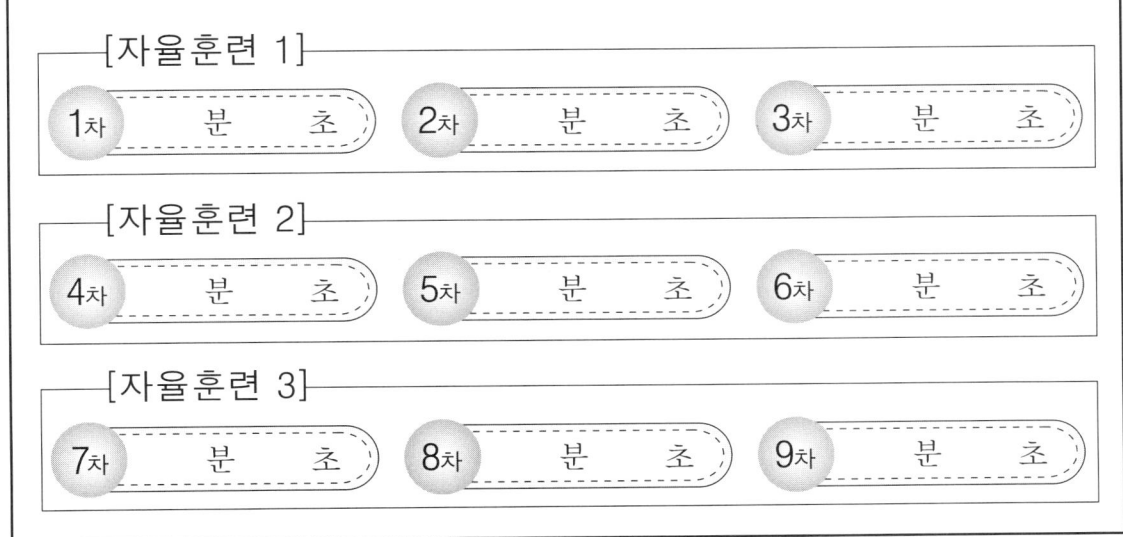

The Super Speed Reading

6차 스키밍[skimming] 미끄러지듯 빨리 읽기

실전속독 스키밍 훈련
이해도 테스트 및 논술 문제

♧ 속독은 시점을 중심에 두고, 시야를 확장한 상태로 한 줄의 글자를 최대한 많이 봅니다.

♧ 속독은 머리는 고정한 상태에서 눈동자를 살짝 움직여 글의 내용을 이해하는 훈련입니다.

♧ 속독은 시야의 흐름을 미끄러지듯이 한 줄씩 빠르게 순간 좌우로 이동하여 훈련합니다.

♧ 속독은 중심 낱말과 주변의 글자를 포함하여 내용을 함축하고 인지하는 훈련입니다.

♧ 속독은 한 줄 또는 두 줄 이상을 중첩하여서 한 눈에 보고, 빠르게 연결하여 훈련합니다.

♧ 속독은 이해 중심으로 순간 인지하고 빠르게 수직(아래쪽 방향)으로 이동하는 훈련입니다.

♧ 속독은 '스키밍' 기법으로 최초 훈련할 때, 1회만 이해도 테스트 합니다.

♧ 속독은 '스키밍' 기법으로 같은 내용을 반복 훈련하여 기록을 단축합니다.

♧ 속독은 반복 훈련을 10회 이상 끝난 후, 논술 문제를 테스트합니다.

[6차] 스키밍 훈련 11

실전속독 이해하기

▶ 앞에서 훈련한 것과 같이 한 줄의 글자들을 최대한 한눈에 보고 중심 낱말을 빠르게 인지하며 아래로 이동한다.

▶ 이해도 테스트는 최초 1회만 훈련하고 2회부터는 속독 실력이 향상될 수 있도록 시간 단축을 목표로 훈련한다.

동물학교 도시락[11]

동물초등학교 2학년 지혜반 동물들의 점심시간입니다.

동물초등학교는 여러 동물들이 다니기 때문에 학교급식을 할 수가 없어 각자 집에서 도시락을 준비하고 등교합니다.

동물초등학교에서는 점심시간이 되면 여러 가지 일들이 일어납니다.

점심시간은 토끼가 제일 좋아하는 시간입니다.

오늘도 점심시간이 기다려지는 토순이가 제일 먼저 신나서 막 떠들어댔습니다.

"야! 우리 오늘 도시락을 같이 먹자!"

다른 동물친구들은 덩달아 좋아했습니다.

"그래! 그래! 우리 함께 먹자!"

토순이는 야옹이에게

"얘! 너, 내가 싸 가지고 온 도시락 반찬이 무엇인지 알아? 한번 맞추어봐?"

야옹이는 혀를 내밀어 코끝을 핥으면서 말을 했습니다.

"음, 잘 모르겠는데"

[254자]

The Super Speed Reading

[6차] 스키밍 훈련 11   동물학교 도시락

실전속독 이해하기

"내가 그걸 보지도 않고 어떻게 알지?"

토순이는 두 귀를 '쫑긋' 세우면서 대답했습니다.

"나는 맛있는 클로버 반찬이야."

"우리 집 식구들은 이 클로버 반찬을 너무나 좋아해!"

"내가 밥 먹을 때 조금 줄게."

"클로버가 뭐야?"

야옹이가 궁금해서 물어봤습니다.

"응! 그것은 토끼풀이야."

"토끼풀을 클로버라고도 하지."

"난 그런 풀은 맛이 없으니 너나 많이 먹어라!"

야옹이는 풀보다 생선을 더 좋아합니다.

토순이와 야옹이 옆에서 원숭이와 돼지가 이야기를 합니다.

꼬마 돼지가 말을 했습니다.

"난 학교에서 점심 먹는 것 싫어!"

꼬마 돼지는 짧고 꼬부라진 꼬리를 흔들며 투덜대며 말을 합니다.

옆에 있던 원숭이가 말을 했습니다.

"넌, 참 이상 하구나! 친구들하고 다 같이 먹으면 얼마나 맛이 있는데 그게 싫다니."

"왜냐하면, 밥을 많이 먹을 수가 없잖아."

"도시락밥이 너무 적어 겨우 그것만 먹어야 하잖아."

꼬마 돼지가 배고픈 흉내를 내듯 꿀꿀거리며 말을 했습니다.

[325자]

[6차] 스키밍 훈련 11

실전속독 이해하기

동물학교 도시락

옆에 있던 원숭이가 빈정대면서 말을 했습니다.

"난 우리 엄마가 먹여주는 밥이 더 맛있고 좋은데."

그 말을 들은 돼지가 어이없다는 듯 한마디 합니다.

"네가 아기냐? 엄마가 먹여 주게"

옆에 있던 원숭이가 깔깔거리며 웃어댑니다.

사실 꼬마돼지도 엄마가 먹여주기를 바라고 투정을 부리는 것을 원숭이가 본 적이 있답니다.

그래서 원숭이는 어이가 없어서 웃습니다.

그때 기린 선생님이 교실로 들어오셨습니다.

한 시간 남은 수업은 음악 시간이라서 모두 즐겁게 노래를 불렀습니다.

재미있게 노래를 부르는 동안 벌써 점심시간이 되었습니다.

"딩동댕" 점심시간을 알리는 종이 울립니다.

기린 선생님은 목을 길게 내밀며 이야기합니다.

"자! 모두 점심 맛있게 먹어요."

토순이, 야옹이, 원숭이는 세면실에서 손을 깨끗이 씻고 들어왔습니다.

"이제 모두 도시락을 꺼내요."

"감사히 먹겠습니다."

"고맙습니다! 감사히 먹겠습니다!"

[319자]

The Super Speed Reading

[6차] 스키밍 훈련 11

실전속독 이해하기

동물학교 도시락

이렇게 모두 큰 소리로 외쳤습니다.

그런데 원숭이는 못 들은 척하며 아무 말도 없이 얼른 파란 시금치 무침을 손으로 집어 입에 쏙 넣었습니다.

"어머 원숭아! 그렇게 손으로 집어 먹으면 어떻게 하니?"

선생님은 놀란 표정으로 이야기합니다.

토순이는 오이를 입에 물고

'오두둑' 소리를 내며 맛있게 먹고 있습니다.

토순이가 너무 빨리 먹는 바람에 입안에 오이 조각이 툭 툭 밖으로 튀어나오는 것이었습니다.

"토순아! 천천히 먹어라, 입안에서 오이가 다 나오겠다."

"음식물이 바닥에 떨어지면 교실 바닥이 엉망이 된단다."

"청소하기도 어렵지만, 음식은 천천히 꼭꼭 씹어 먹어야 건강하단다."

야옹이는 생선 튀김을 들고 맛있게 먹고 있었습니다.

생선을 좋아해서 맛있게 '쩝쩝' 소리 내며 시끄럽게 먹습니다.

거기에다 혀는 쑥 내밀어서 입과 코에 묻은 것들을 핥아먹는 것이었습니다.

선생님이 그걸 보시고

"야옹아! 음식을 먹을 때에는 다른 친구들이 불쾌하지 않도록 소리 내지 말고 천천히 씹어 먹어야 해."

"입가에 묻은 음식은 혀로 핥아먹지 말고 냅킨으로 닦아야 해."

[374자]

[6차] 스키밍 훈련 11

실전속독 이해하기

동물학교 도시락

이렇게 기린 선생님은 야옹이에게 주의를 주었습니다.

뚱뚱보 꼬마 돼지는 집에서 엄마가 날마다 먹여 주었기 때문에 젓가락 쓰는 방법을 몰랐습니다.

꼬마 돼지는 엄마가 싸주신 도시락을 손으로 집어먹고 있었습니다.

다른 친구들은 점심을 먹기 전에 손을 깨끗이 씻고 와서 점심을 먹는데 꼬마 돼지는 손도 씻지 않고 그대로 밥과 반찬을 손으로 집어먹고 있었습니다.

꼬마 돼지 손은 마치 연탄 가루가 묻어있는 것 같이 시꺼멓게 더러워졌습니다.

그 손으로 밥과 반찬을 집어먹었으니 밥도 까맣고 반찬도 까맣게 되었습니다.

기린 선생님은 이 광경을 보시고 "아이, 저걸 어쩌나" 하며 얼굴을 찡그리며 말씀하셨습니다.

"손을 씻지 않고 밥을 먹으면 손에 묻은 병균이 몸으로 들어가 배탈이 날수도 있단다."

기린 선생님은 칠판에다 쓰기 시작하였습니다.

[294자]

The Super Speed Reading

[6차] 스키밍 훈련 11 동물학교 도시락

실전속독 이해하기

'식사예절'

1. 식사시간 전에 꼭 손을 씻습니다.

2. 음식을 손으로 집어 먹지 않습니다.

3. 남에게 피해가는 행동을 하지 않습니다.

4. 음식은 입을 다물고 씹으며 소리를 내지 않습니다.

"여러분 다음부터는 꼭 주의하세요!"

"네! 선생님! 알겠습니다."

동물 친구들은 모두 입을 모아 큰 소리로 대답하였습니다. -끝- [1·3자]

총 글자 수	:	1,680 자
최초 측정 시간	:	분 초

'동물학교 도시락'의 내용을 실전속독으로 이해하면서 훈련을 마치고 다음 훈련은 242쪽으로 이동하세요.

문제 11

속독 이해도 테스트

정답 번호에 ☑로 표시하세요.

1. 아래 6문제 중에서 4문제 이상 맞추어야 한다.
2. 틀린 문제가 있으면 다시 한번 속독으로 읽으면서 확인한다.
3. 정답은 1회만 맞추어 보고 2회부터는 실전속독 스피드 훈련만 한다.
4. 기록이 단축될 수 있도록 반복적으로 훈련한다.

동물학교 도시락

1. 토순이의 도시락 반찬은 무엇이었나요?

　① 잔디　　② 클로버　　③ 상추　　④ 시금치

2. 꼬마 돼지는 왜? 학교에서 점심 먹는 게 싫다고 했나요?

　① 양이 많아서　　　　　　② 맛있는 반찬이 없어서
　③ 도시락밥이 적기 때문에　④ 다이어트를 하는 중이라서

3. 선생님으로 나오는 동물은 누구일까요?

　① 기린　　② 사슴　　③ 사자　　④ 토끼

4. 점심시간이 되어 손을 씻지 않은 동물은?

　① 토끼　　② 고양이　　③ 원숭이　　④ 돼지

5. 점심시간이 되기 전에 수업시간에는 어떤 과목을 배웠나요?

　① 음악　　② 사회　　③ 한자　　④ 영어

6. 젓가락 사용법을 모르는 동물친구는 누구인가요?

　① 토끼　　② 돼지　　③ 고양이　　④ 원숭이

The Super Speed Reading

[6차] 스키밍 훈련 11

중심낱말 인지훈련 기록표

동물학교 도시락

▶ 시간이 단축될 수 있도록 소요시간을 꼭 기록한다.
▶ 실력이 향상되도록 중심 낱말을 반복 훈련한다.

속독 스피드훈련 측정기록란   ※ 매 3회 실시

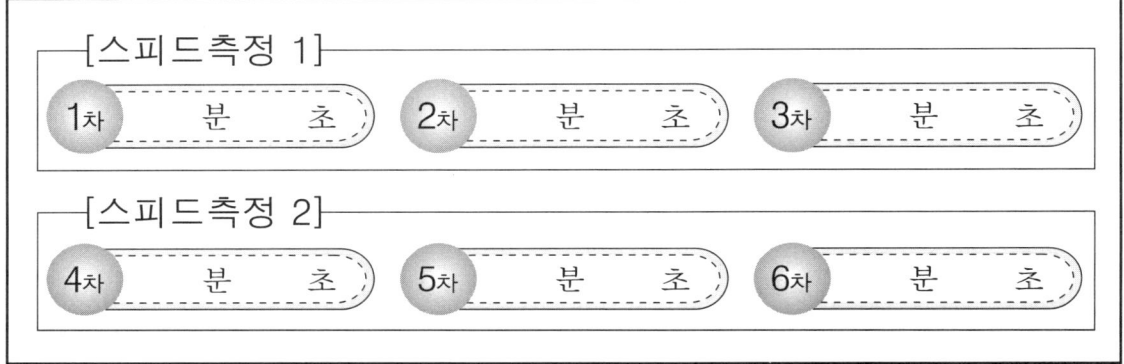

속독 자율훈련 측정기록란

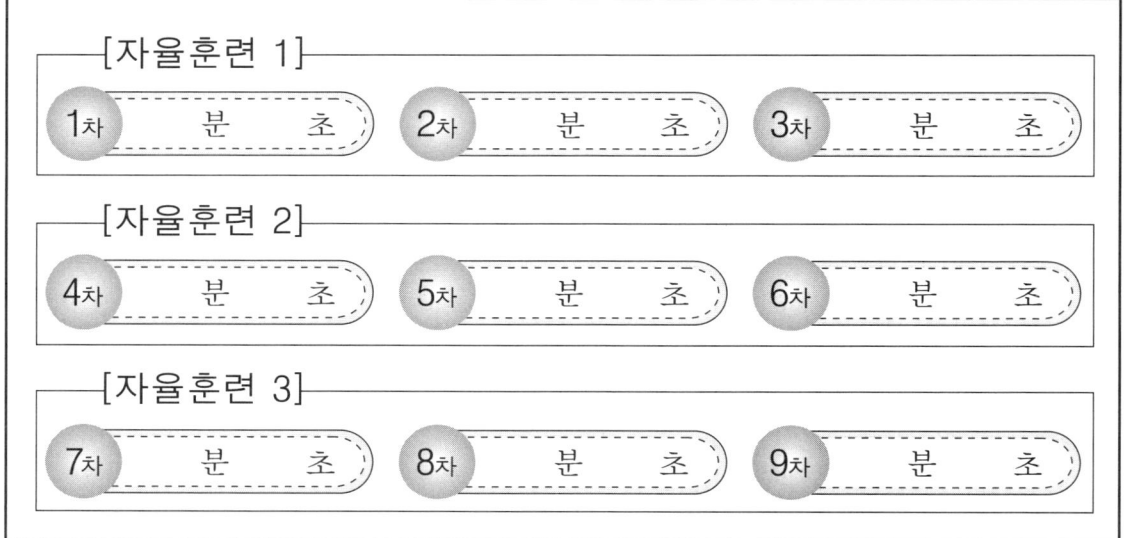

논술 따라잡기 — 생각 쓰기

동물학교 도시락

♣ 공중도덕이나 예의범절을 잘 지켜봅시다.
♣ 우리주변에 일어나는 일들을 관심을 갖고 생각해 봅시다.

1. 민희네 집은 할아버지와 할머니가 계시는 대가족입니다. 항상 아침 7시에 온 가족이 아침 식사를 합니다. 식사예절에 대하여 써 보세요.

   ----

2. 식당에서 초등학교 저학년으로 보이는 남자아이와 그 동생아이가 여기 저기 뛰어 다니며 소리를 지릅니다. 나는 식당에서 일어난 상황에 대하여 어떻게 생각하는지 생각을 써 보세요.

The Super Speed Reading

[6차] 스키밍 훈련 12

실전속독 훈련 및 이해도 테스트

▶ 앞에서 훈련한 것과 같이 한 줄의 글자들을 최대한 한눈에 보고 중심 낱말을 빠르게 인지하며 아래로 이동한다.

▶ 이해도 테스트는 최초 1회만 훈련하고 2회부터는 속독 실력이 향상될 수 있도록 시간 단축을 목표로 훈련한다.

일기 쓰는 버스[12]

오늘은 아침 해님이 벌써 담장 위로 올라가서 버스아저씨를 반기고 있었습니다.
버스아저씨는 너무나 멋을 부려 모두 멋쟁이라고 부릅니다.
"멋쟁이 버스아저씨! 안녕!"

"아! 굿 모닝? 좋은 아침이에요. 해님"
멋쟁이 버스아저씨는 즐거운 마음으로 흥얼흥얼 콧노래도 부르며 아침 출근 준비를 하고 출발을 외칩니다.
버스아저씨는 큰 도롯가로 나가 첫 번째 버스 정류장에 도착하였습니다.
그곳에는 벌써 한솔이가 학교에 가기 위해 기다리고 있었습니다.

한솔이는 손을 들어 버스아저씨에게 인사를 합니다.
"멋쟁이 버스아저씨 안녕하세요?"
"응! 한솔이도 안녕!"
"오늘은 빨간 모자가 참 멋있어요."
멋쟁이 버스아저씨는 기분이 좋아서 어깨를 으쓱하며 미소를 짓습니다.
"어! 고마워! 한솔아"

[265자

[6차] 스키밍 훈련 12

일기 쓰는 버스

실전속독 이해하기

한솔이는 인사를 하며 차에 올라탔습니다.

한솔이는 다섯 정거장을 지나서 '학교 앞' 정류소에 내립니다.

"버스아저씨! 안녕히 계세요."

한솔이는 예의 바르고 명랑한 아이입니다.

한솔이가 내리는 정류소에서는 초등학교와 중학교, 고등학교 학생들이 많이 내립니다.

'우르르' 어른들과 아이들이 단체로 빠져나간 느낌입니다.

버스 안은 조용해졌습니다.

"몸이 가볍군!"

버스아저씨는 버스 안에 사람이 너무 많아 아침 내내 무거웠습니다.

그렇지만, 버스아저씨는 썰렁함을 느낍니다.

버스아저씨가 1시간 이상을 운전을 하니 어느덧 러시아워 시간대가 지났습니다.

러시아워는 출퇴근이나 통학 등으로 교통이 혼잡한 시간을 말합니다.

주로 오전 8시부터 9시까지와 오후 6시부터 7시까지입니다.

아침 출근시간에는 버스정류소마다 승객들이 많아서 시간이 어떻게 지나는지 몰랐습니다.

정류소 마다 버스에서 내리는 사람과 버스를 타는 사람들이 많았기 때문입니다.

질서 있게 차례로 타고 내리면 좋을 텐데 급하게 뛰어서 오는 승객도 있고 내릴 곳을 지나쳐 한 정거장을 더 가서 내리는 경우가 있어서 안타깝습니다.

'이젠 정말 배가 고픈데 뭐 먹을 것이 없나?'

버스아저씨는 '빵빵 주유소'를 찾아갔습니다.

[437자]

The Super Speed Reading

[6차] 스키밍 훈련 12

일기 쓰는 버스

실전속독 이해하기

'빵빵 주유소'에는 여러 종류의 기름이 있습니다.
초콜릿 맛 기름, 오렌지 맛 기름, 딸기 맛 기름……
버스아저씨는 딸기 맛 기름으로 가득 먹었습니다.
입가에는 빨갛게 딸기 물이 들었습니다.
'꿀꺽꿀꺽 쭈~욱, 쭈~욱'
맛있게 기름을 마셨습니다.
"참! 잘 먹었다."
"자 이제, 에너지도 채웠으니 길을 떠나자."
5분을 콧노래를 부르며 달렸는데 갑자기 앞차가 안 가고 서있습니다.
'이상하다, 건널목도 없는데 왜, 이렇게 길이 막히지?'
'혹시 교통사고가 난 것이 아닐까?'
도로는 버스아저씨 앞뒤에서 자동차로 꽉 막히기 시작하였습니다.

'아! 정말 큰일인데!'
버스는 정해진 노선과 배차시간이 있어서 버스아저씨는 마음이 급했습니다.
그런데 버스아저씨는 길이 막혀서 천천히 가다가 그만 깜빡 졸고 말았습니다.
'끽~익' 하고 소리가 나면서 갑자기 제동장치를 꽉 밟았습니다.

[308자]

[6차] 스키밍 훈련 12

실전속독 이해하기

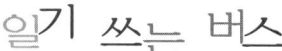

일기 쓰는 버스

버스아저씨는 놀라서 심장이 멎는 줄 알았습니다.
앞에서 가던 주황색 작은 자동차의 엉덩이를 '꽝' 하고 들이받을 뻔했습니다.
"휴~우 정말 다행이다!"
'방심하지 말고 정신을 똑바로 차리고 운전을 해야겠다.'
차분한 마음으로 운전을 하니 차는 조금 조금씩 움직이더니 무사히 종점까지 오게 되었습니다.
멋쟁이 버스아저씨는 안도의 한숨을 길게 내쉬었습니다.

"자! 종점에 다 왔습니다. 어서들 내리세요."
"내일 또 만나요. 수고 많이 하셨어요."
사람들은 버스아저씨와 인사를 나누고 각자 집으로 돌아갔습니다.
버스아저씨도 차고인 집으로 들어와 더러워진 몸을 깨끗이 씻기 위해 노래를 부르며 기분 좋게 샤워를 하고 있었습니다.
하루종일 사람들을 태워 나르고 나니 몸이 몹시 피곤하였습니다.
버스아저씨는 잠자기 전에 하루일과를 정리하는 마음에서 일기를 쓰는 습관이 있습니다.
오늘 놀랐던 일과 몸은 피곤하지만 비가 오나 눈이 오나 버스 정류장에서 기다리는 사람이 있기에 너무 행복하다고 일기에 써넣습니다.

[347자]

The Super Speed Reading

[6차] 스키밍 훈련 12

실전속독 이해하기

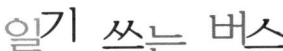
일기 쓰는 버스

"자, 이제, 일기도 썼으니 오늘의 피곤함을 잊고 내일을 위해 그만 꿈나라로 가야지."
오늘따라 밤하늘에 별들이 총총하게 빛나고 있습니다.
"별님들 잘 자요"
"버스님! 좋은 꿈 많이 꾸세요."
별님과 인사를 나누고 곧 버스아저씨는 벌써 꿈나라 정류장을 향하여 달리고 있었습니다. -끝-

[107자]

총 글자 수	:	1,464 자
최초 측정 시간 :	분	초

 '일기 쓰는 버스'의 내용을 실전속독으로 이해하면서 훈련을 마치고 다음 훈련은 247쪽으로 이동하세요.

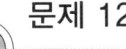 

문제 12

속독 이해도 테스트

1. 아래 6문제 중에서 4문제 이상 맞추어야 한다.
2. 틀린 문제가 있으면 다시 한번 속독으로 읽으면서 확인한다.
3. 정답은 1회만 맞추어 보고 2회부터는 실전속독 스피드 훈련만 한다.
4. 기록이 단축될 수 있도록 반복적으로 훈련한다.

정답 번호에 ☑로 표시하세요.

일기 쓰는 버스

1. 버스아저씨가 쓰고 있는 모자는 무슨 색인가요?

　① 빨간색　　② 파란색　　③ 검은색　　④ 노란색

2. 한솔이가 내린 정류소는 어디였나요?

　① 시청 앞　　② 회관 앞　　③ 학교 앞　　④ 다리 앞

3. 출퇴근이나 통학 등으로 교통이 혼잡한 시간을 무엇이라 하나요?

　① 해피타임　　② 러시아워　　③ 런치타임　　④ 러시타임

4. 버스아저씨가 배가 고파서 먹은 기름은 어떤 종류의 기름인가요?

　① 우유맛 기름　② 오렌지맛 기름　③ 초콜릿맛 기름　④ 딸기맛 기름

5. 버스아저씨가 사고를 낼 뻔했던 이유는 무엇인가요?

　① 친구의 전화를 받다가　　　② 작은 자동차와 이야기하다가
　③ 깜빡 졸다가　　　　　　　④ 너무 많은 기름을 먹어서

6. 버스아저씨는 하루 일과를 정리하는 마음으로 무엇을 하는 습관이 있나요?

　① TV보는 습관　　　　　　② 인터넷 하는 습관
　③ 채팅하는 습관　　　　　　④ 일기 쓰는 습관

The Super Speed Reading

[6차] 스키밍 훈련 12

중심낱말 인지훈련 기록표

일기 쓰는 버스

▶ 시간이 단축될 수 있도록 소요시간을 꼭 기록한다.
▶ 실력이 향상되도록 중심 낱말을 반복 훈련한다.

속독 스피드훈련 측정기록란   ※ 매 3회 실시

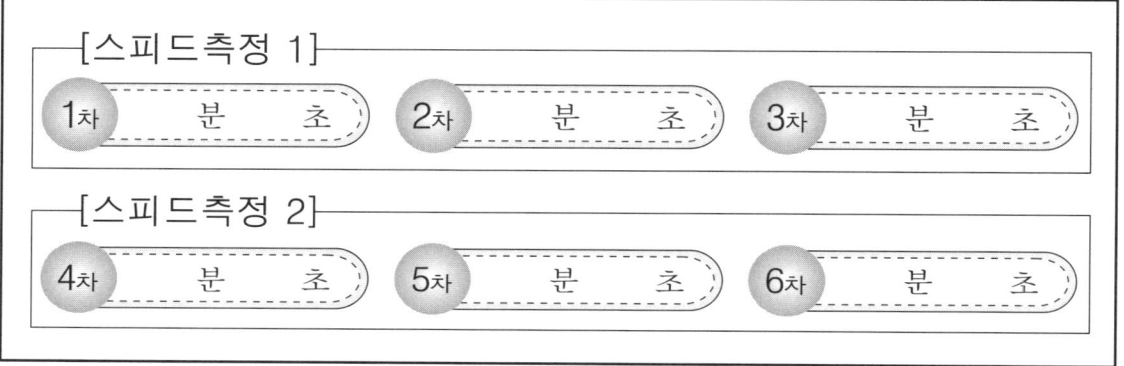

속독 자율훈련 측정기록란

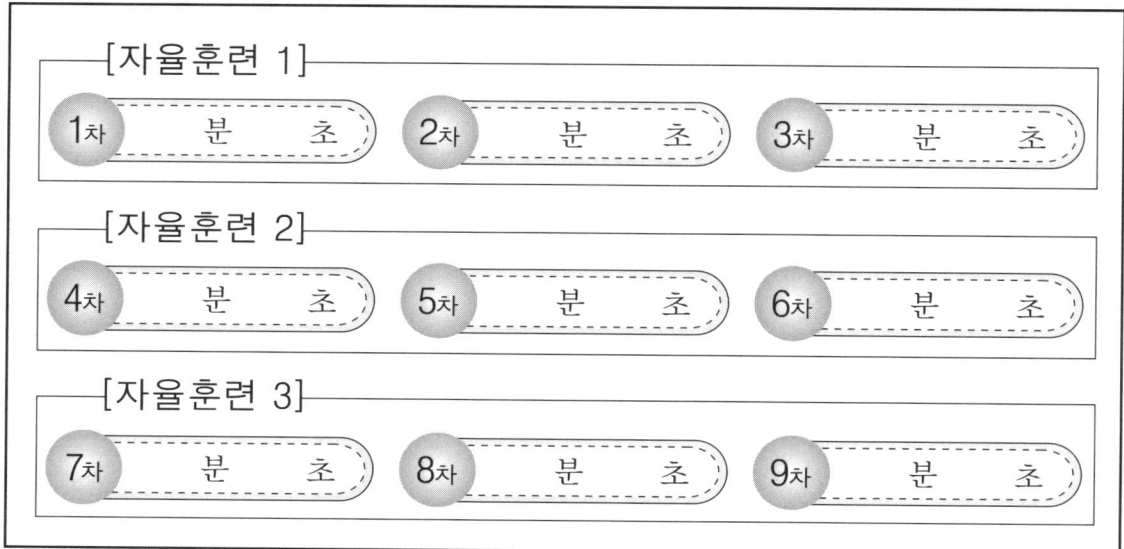

논술 따라잡기 — 생각 쓰기

일기 쓰는 버스

♣ 아래 물음에 이유나 근거를 들어 자기의 생각을 펼쳐 보세요.
♣ 자신의 느낌이나 주장을 이야기나 글로 표현해 보세요.

1. 버스에 대한 내용으로 일기를 써보세요.

---

2. 책을 읽고 느낌을 일기형식으로 독서 감상일기를 써봅시다. 책의 줄거리는 짧게 쓰세요.

　　　　년　　월　　일　　요일　　날씨

책 제목 :　　　　　출판사 :　　　　　지은이 :

The Super Speed Reading

[6차] 스키밍 훈련 13

실전속독 훈련 및 이해도 테스트

▶ 앞에서 훈련한 것과 같이 한 줄의 글자들을 최대한 한눈에 보고 중심 낱말을 빠르게 인지하며 아래로 이동한다.

▶ 이해도 테스트는 최초 1회만 훈련하고 2회부터는 속독 실력이 향상될 수 있도록 시간 단축을 목표로 훈련한다.

고집불통 갈고미 [13]

북극의 동물은 북극곰·순록·북극늑대·북극토끼·레밍·뇌조 눈올빼미 등이 있습니다.

북극곰은 어떤 동물일까요?

북극곰은 흰 털 때문에 얼음이나 눈 위에서 쉽게 눈에 띄지 않으며 재빠르며 넓은 지역을 이동합니다.

북극곰은 헤엄을 잘 치며 널찍한 발과 털이 많은 발바닥은 발을 추위로부터 차단하고 보호하며 얼음 위에서의 이동도 쉽게 할 수 있습니다.

북극곰은 수줍음을 타지만 직접 맞닥뜨리거나 공격을 하면 위험함 동물입니다.

사람들은 북극에 사는 백곰들이 지구 온난화로 멸종된다고 하여 걱정입니다.

왜냐하면, 날씨가 따뜻해지면서 북극 얼음이 녹아내려 먹이가 사라지기 때문입니다.

이런 북극 지방에 갈색 곰인 갈고미 가족이 이민을 와 살고 있습니다.

갈고미는 모피 색이 갈색이라 아기 갈색 곰입니다.

갈색 곰은 대부분 혼자 지내며 달리기뿐만 아니라 수영을 잘하는 동물입니다.

[309자]

[6차] 스키밍 훈련 13

실전속독 이해하기

고집불통 갈고미

갈고미가 약해서 갈고미 아빠는 걱정입니다.

어느 날 영하 30도 추운 어느 겨울날이었습니다.

아기 곰인 갈고미는 밖이 추운지도 모르고 이른 시간에 집 밖으로 놀러 나갔습니다.

북극은 너무 추워서 옷을 단단히 입지 않으면 금방 감기에 걸리기 쉬운 곳입니다.

갈고미는 밖으로 나오자 몸이 '으슬으슬' 춥고 기분이 좋지 않았습니다.

아마 감기에 걸리려고 하는 것 같았습니다.

그렇지만, 장난꾸러기 갈고미는 '이까짓 추위는 문제없어' 하고 장담합니다.

갈고미는 털옷을 입고 털모자를 쓰고 털장갑을 끼고 털목도리로 단단히 감싸고 걸어가고 있었습니다.

날씨도 추운데 눈이 많이 내렸습니다.

눈은 갈고미의 키만큼 쌓였습니다.

갈고미는 눈을 '헉헉' 대며 헤치고는 개울가로 나왔습니다.

그곳의 개울은 날씨가 추워 얼음이 꽁꽁 얼어있었습니다.

갈고미는 그곳에서 낚시를 하려고 꽁꽁 언 얼음에 구멍을 뚫었습니다.

낚시를 하고 있는 동안에도 추위는 계속되었습니다.

'에취! 에취!'

재채기가 연속되어 나오고 추위는 시간이 갈수록 더욱 느낍니다.

갈고미는 흘러내려 오는 콧물을 훌쩍훌쩍 하면서도 낚시를 하고 있었습니다.

[409자]

The Super Speed Reading

[6차] 스키밍 훈련 13

고집불통 갈고미

실전속독 이해하기

그 광경을 옆에서 지켜보던 여우와 사슴이 번갈아 말을 했습니다.

"야! 미련 곰탱아! 감기 걸렸으면 집에 가서 이불 뒤집어쓰고 가만히 있어야지, 이렇게 낚시만 하면 어떡해!"

"이제는 너랑 안 놀아!"

"감기 병균이 우리 몸에 옮기겠다."

"갈고미와 같이 놀다가 감기 옮기면 큰일 난다."

왕진을 다녀오는 길에 의사선생님이 지나가게 되었습니다.

의사 선생님은 기침하는 갈고미를 보고,

"감기가 단단히 걸렸어, 애야 어서 빨리 집에 가서 따뜻한 아랫목에 이불을 덮고 누워있어야 해."

"난, 의사란다. 내 말을 들어라. 네가 아프다는 걸 알고 있어."

의사선생님의 말을 듣고도 갈고미는 고집을 부립니다.

"싫어요, 이까짓 감기쯤이야 문제없어요."

"에취! 에취!"

기침을 연속해대며 낚시질을 계속 하였습니다.

갈고미는 자기 몸이 불덩이처럼 화끈거리며 열이 난다는 것을 알고 있었습니다.

"이 일을 어쩌면 좋지, 갈고미가 고집을 부리니."

"애야! 어서 집에 가렴!"

의사선생님의 말이 끝나기도 전에 갈고미가 그만 얼음 위에 털썩 주저앉았습니다.

[357자]

[6차] 스키밍 훈련 13

실전속독 이해하기

고집불통 갈고미

"이렇게 얼음판에 그냥 두면 큰일 나겠다."

의사선생님은 아빠 곰을 큰소리로 불렀습니다.

마침 아빠 곰은 고집스런 아들이 걱정되어 갈고미가 있는 곳을 찾아다니는 중이었습니다.

"댁의 아드님이 큰일 났어요."

"네, 의사선생님! 고맙습니다."

"다행입니다. 의사선생님이 우리 애 옆에 계셔서."

아빠 곰은 숨을 헐떡거리며 갈고미를 등에 업고 집으로 달려갔습니다.

의사선생님도 왕진 가방을 들고 뒤따라 뛰어갔습니다.

집안으로 들어가자마자 갈고미는 따뜻한 침대에 눕혔습니다.

의사선생님의 갈고미 몸에 청진기를 대고 진찰을 하고 이마도 짚어보았습니다.

그리고는,

"갈고미 어머님! 이 감기약을 먹이고 재우세요. 그리고 내일 아침에도 열이 있으면 병원으로 오세요."

의사선생님은 가방에서 감기약을 꺼내어 엄마 곰에게 주고 갔습니다.

엄마 곰은 갈고미에게 약을 먹이기 위해 물 한잔 가지고 왔습니다.

[316자]

The Super Speed Reading

 [6차] 스키밍 훈련 13

실전속독 이해하기

"빨리 나아라, 우리 착한 아들아."

갈고미는 약을 먹고는 힘이 없는지 침대에 쓰러질 듯이 눕더니 스르르 잠이 들었습니다.

여우와 사슴도 갈고미가 걱정이 되었는지 병문안을 왔습니다.

잠자는 갈고미를 확인하고는 안심하고 집으로 돌아갔습니다.

다음날 아침이 되었습니다.

갈고미는 침대에서 눈을 뜨는 순간 기분이 상쾌했습니다.

감기가 나았는지 몸이 가뿐해졌고 기분이 매우 좋았습니다.

갈고미는 어제처럼 춥지도 않았고 콧물도 나지 않았습니다.

"엄마가 주신 감기약을 먹고 하루 푹 자고 나니 감기가 다 나았네."

"아빠, 엄마, 그리고 친구들에게 죄송하고 미안한데."

"어제 의사선생님도 나 때문에 고생하셨을 텐데, 어쩌지? 죄송해서."

갈고미는 깊이 생각에 잠겼습니다.

어제의 일과와 자기가 잘못했던 일들을 생각했습니다.

"나는 고집불통이었어."

성질이 고집스럽거나 융통성이 없거나 또는 그런 사람을 고집불통이라고 합니다.

갈고미는 새로운 결심을 합니다.

[340자]

[6차] 스키밍 훈련 13

실전속독 이해하기

고집불통 갈고미

1. 남의 말을 듣고 옳은 일이면 고집스런 행동하지 않는다.

2. 엄마 아빠 말씀 잘 듣는다.

3. 감기에 걸리지 않도록 손을 자주 씻고 개인위생습관을 들인다.

4. 몸이 피곤하면 휴식시간을 갖는다.

이제 갈고미는 겨우내 감기에 걸리지 않아 친구들과 씩씩하고 건강하게 재미있게 놀 수 있습니다. -끝-

[110자]

총 글자 수	:	1,841 자
최초 측정 시간	:	분 초

'고집 불통 갈고미'의 내용을 실전속독으로 이해하면서 훈련을 마치고 다음 훈련은 253쪽으로 이동하세요.

The Super Speed Reading

문제 13 정답 번호에 ☑로 표시하세요.

속독 이해도 테스트

1. 아래 6문제 중에서 4문제 이상 맞추어야 한다.
2. 틀린 문제가 있으면 다시 한번 속독으로 읽으면서 확인한다.
3. 정답은 1회만 맞추어 보고 2회부터는 실전속독 스피드 훈련만 한다.
4. 기록이 단축될 수 있도록 반복적으로 훈련한다.

고집불통 갈고미

1. 북극의 동물들이 아닌 것은 무엇인가요?
① 북극곰   ② 레밍   ③ 순록   ④ 코끼리

2. 북극곰의 특징에 대해 잘못된 것은 어느 것인가요?
① 흰 털이다.
② 눈 위에 쉽게 띄지 않는다.
③ 수영을 못하는 편이다.
④ 재빠르며 넓은 지역을 이동한다.

3. 왜? 북극곰이 멸종을 걱정하는가요?
① 지구 온난화로 얼음이 녹아 먹이가 줄어들어서
② 눈이 너무 많이 내렸기 때문에
③ 갈색 곰이 이민을 와서
④ 털이 하얗기 때문에

4. 갈고미의 털은 무슨 색인가요?
① 백색   ② 갈색   ③ 흑색   ④ 황색

5. 갈고미의 병명은 무엇인가요?
① 맹장   ② 두통   ③ 식중독   ④ 감기

6. 고집불통[固執不通]이란 어떤 사람을 말하는가요?
① 부모님 말씀 잘 듣는 사람
② 손을 자주 씻지 않는 사람
③ 성질이 고집스럽거나 융통성이 없는 사람
④ 휴식시간이 없는 사람

[6차] 스키밍 훈련 13

실전 속독 단축훈련 기록표

고집불통 갈고미

▶ 시간이 단축될 수 있도록 소요시간을 꼭 기록한다.
▶ 실력이 향상되도록 중심 낱말을 반복 훈련한다.

속독 스피드훈련 측정기록란   ※ 매 3회 실시

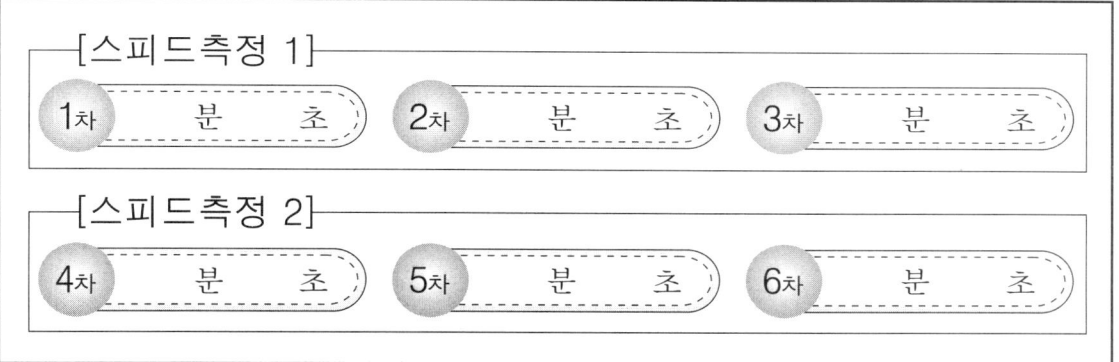

속독 자율훈련 측정기록란

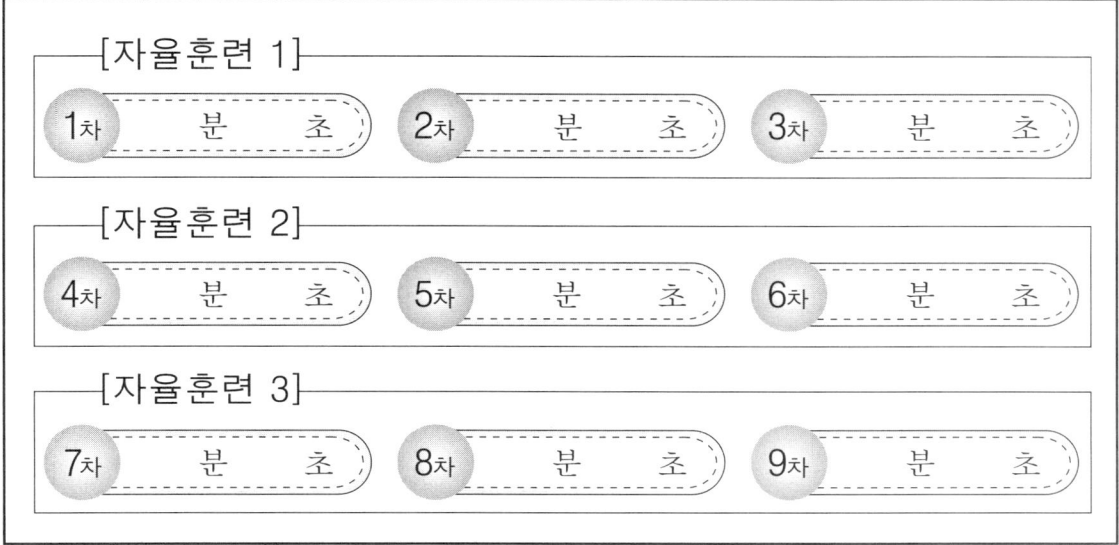

논술 따라잡기　　**생각 쓰기**

고집불통 갈고미

♣ 아래 물음에 이유나 근거를 들어 자기의 생각을 펼쳐 보세요.
♣ 자신의 느낌이나 주장을 이야기나 글로 표현해 보세요.

1. 주인공 갈고미는 왜 고집불통이라 생각하나요?
_____
_____
_____
_____
_____

2. 감기를 예방하는 방법은 감기가 유행 시 사람들이 많이 모이는 장소는 피하며, 환절기나 일교차가 심할 때는 춥지 않게 옷을 입어야 합니다. 여우와 사슴 친구는 왜? 곰과 놀지 않겠다고 하였나요?
_____
_____
_____
_____
_____

[6차] 스키밍 훈련 14

실전속독 훈련 및 이해도 테스트

▶ 앞에서 훈련한 것과 같이 한 줄의 글자들을 최대한 한눈에 보고 중심 낱말을 빠르게 인지하며 아래로 이동한다.
▶ 이해도 테스트는 최초 1회만 훈련하고 2회부터는 속독 실력이 향상될 수 있도록 시간 단축을 목표로 훈련한다.

레드크의 친구 찾기 [14]

크레파스는 크레용과 파스텔의 특색을 따서 만든 막대기 모양의 미술재료입니다.

크레파스란 이름은 일본상표명에서 유래하였다고 합니다.

크레파스가 모여 사는 집들이 다양합니다.

12색, 18색, 24색, 36색, 48색, 55색이 모여 사는 집들이 있습니다. 어느 날 레드크는 친구를 찾아서 외출을 합니다.

레드크는 빨간 크레파스의 이름입니다.

오랜만에 12명이 모여 사는 집을 나와 길을 떠났습니다.

이곳저곳 기웃거리며 맘에 맞는 친구를 찾아 헤매고 있습니다.

"진실 된 친구를 만나야지."

"새 친구랑 재미있게 놀아야지."

"언제쯤 새 친구를 만날 수가 있을까?"

한참을 걷다가 레드크는 자신과 비슷하게 생긴 막대기 모양의 다섯 명의 연필을 만났습니다.

레드크는 당연히 친구일 거라고 생각했습니다.

[279자]

The Super Speed Reading

[6차] 스키밍 훈련 14

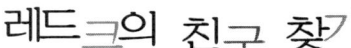

실전속독 이해하기

"연필도 나처럼 종이 위에 그림을 그리니까 당연히 내 친구지."

레드크는 용기를 내어 연필에 다가갔습니다.

"연필들아, 안녕 반갑다. 우리 친구 하자!"

"넌 우리랑 달라, 그래서 우리하고는 어울리지 않아"

다섯 명의 연필은 친구가 될 수 없다고 이야기합니다.

"맞아 연필은 색이 하나잖아, 검은색이지."

"나랑 친구가 될 수 없지."

실망한 레드크는 다시 친구를 찾아 길을 떠났습니다.

두 번째의 친구 찾기 도전으로 길을 걷다가 5명의 물감을 만났습니다.

레드크는 너무나 반가웠습니다.

"이번엔 분명히 나와 비슷하네, 여러 색의 친구들이잖아."

"애들아, 물감들아, 우리는 서로 닮은 꼴이야, 그렇지?"

"주황이, 파랑이, 초록이, 보랑이, 안녕! 여러 가지 색이 나랑 비슷하지?"

"우리 친구 하며 놀자!"

레드크가 먼저 적극적으로 말을 걸었지만 물감들이 반응은 시큰둥합니다.

[291자]

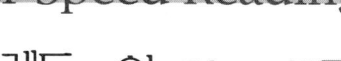

 [6차] 스키밍 훈련 14

실전속독 이해하기

"크레파스야! 어떻게 우리가 너랑 닮았다고 생각해?"

"너는 몸이 딱딱하지만, 우리의 몸은 부드럽고 물렁거리지."

"닮지 않은 이유를 알았니? 그래서 너랑 친구가 될 수 없어!

물감들도 크레파스랑 놀기를 거절했습니다.

마음이 아팠고 실망을 하면서도 레드크는 다시 길을 떠났습니다.

"아냐. 내 친구는 어딘가 있어, 난 오늘 꼭 찾고 말 거야."

한참 길을 걸어가는데 앞에서 마주 오던 4명의 색연필을 만났습니다.

마음이 급해진 레드크는 바싹 다가가 웃는 모습으로 인사를 합니다.

"색연필아, 안녕! 나하고 친구 하자!"

"난, 너희를 찾아서 힘들었어, 다리가 아프지만 반가워."

돌아온 색연필의 반응은 냉랭합니다.

"넌 나랑 다르잖아!"

"뭐가 같다는 거야?"

"아, 어떡해, 또 아니란 말이야?"

레드크는 너무나 슬펐습니다.

엄마가 보고 싶고 12명이 식구가 모여 있는 집이 그리웠습니다.

"그냥 왔던 길을 되돌아갈까?"

"모두 왜 친구가 될 수 없다고 할까?"

"비슷하면 친구가 될 수 있을 텐데, 모두 다르다고만 주장하네."

[343자]

The Super Speed Reading

 [6차] 스키밍 훈련 14

레드크의 친구 찾기

실전속독 이해하기

하는 수 없이 레드크는 또 길을 떠나야만 했습니다.

'외로워도 슬퍼도 난, 울지 않아.'

자신을 위로하며 묵묵히 걸었습니다.

'걷는 것은 건강에 좋다고 엄마가 말씀하셨어.'

한참 동안 길을 걷다 보니 걷는데 한계가 왔습니다.

"아이고, 내 다리야, 다리가 짧아지면 어떡하지."

"조금만 더 힘내어 친구들을 찾아보자."

"나는 꼭 친구들을 만날 거야."

"노력한 결과 없이 여기에서 포기하면 안 돼."

"하늘은 스스로 돕는 자를 돕는다고 했어."

레드크는 자기가 원하는 것을 스스로 찾고 그것을 이룰 때까지 꾸준히 노력하면 하늘도 그 사람을 돕는다고 생각했습니다.

드디어 레드크는 자기와 닮은 6명의 크레파스를 만났습니다.

"하느님! 땅님! 감사합니다!

레드크는 하늘을 쳐다보고 꾸벅 절하고, 땅을 쳐다보고 꾸벅 절하였습니다.

"내 모습과 똑같은 크레파스네.

친구야. 신난다!"

"안녕? 빨강아, 우와 반갑다."

친구들도 반겨 주었습니다.

파랑이, 노랑이, 주황이, 초록이, 보랑이, 남색이 자기를 닮은 크레파스 친구들을 만났 [348자]

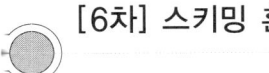

[6차] 스키밍 훈련 14

실전속독 이해하기

레드크의 친구 찾기

습니다.

레드크는 매우 기뻐서 친구들을 끌어안고 즐거워했습니다.

"우리는 다들 착하고 예쁜 크레파스야."

"내가 참고 친구들을 찾는 것을 포기하지 않으니, 신이 너희를 만나게 해주셨어."

"자 봐라, 빨주노초파남보의 무지개님이 우리를 축하하잖아."

"결국, 우리의 힘을 모아, 예쁜 무지개를 만들었어."

레드크는 감격이 눈물을 흘리며 마냥 행복했습니다. -끝-

[137자]

| 총 글자 수 | : | 1,398 자 |
| 최초 측정 시간 | : | 분   초 |

'레드크의 친구 찾기'의 내용을 실전속독으로 이해하면서 훈련을 마치고 다음 훈련은 258쪽으로 이동하세요.

The Super Speed Reading

문제 14

정답 번호에 ☑로 표시하세요.

속독 이해도 테스트

1. 아래 6문제 중에서 4문제 이상 맞추어야 한다.
2. 틀린 문제가 있으면 다시 한번 속독으로 읽으면서 확인한다.
3. 정답은 1회만 맞추어 보고 2회부터는 실전속독 스피드 훈련만 한다.
4. 기록이 단축될 수 있도록 반복적으로 훈련한다.

레드크의 친구 찾기

1. 레드크는 어떤 물건의 이름일까요?
 ① 빨간 색연필   ② 빨간 물감
 ③ 빨간 크레용   ④ 빨간 크레파스

2. 레드크는 몇 명의 모여 사는 집에서 나왔나요?
 ① 18명   ② 12명   ③ 24명   ④ 36명

3. 레드크가 첫 번째 만난 것은 무엇이었나요?
 ① 파스텔   ② 물감   ③ 연필   ④ 크레파스

4. '하늘은 스스로 돕는 자를 돕는다.' 의 뜻으로 맞는 것은?
 ① 하늘에서 신이 내려와 마술로 돕는다.
 ② 하늘을 향해 소원을 빌며 꼭 도와준다.
 ③ 원하는 것을 스스로 찾으려고 노력하면 하늘도 감동해서 일이 잘 해결된다.
 ④ 노력 없이도 하늘에 계신 조상님이 도와준다.

5. 레드크가 만난 크레파스는 모두 몇 명인가요?
 ① 5명   ② 6명   ③ 4명   ④ 7명

6. 크레파스 친구들은 무지개를 보며 행복해했습니다. 무지개의 색깔이 아닌 것을 찾으세요.
 ① 빨강   ② 파랑   ③ 노랑   ④ 검정

[6차] 스키밍 훈련 14

실전 속독 단축훈련 기록표

레드크의 친구 찾기

▶ 시간이 단축될 수 있도록 소요시간을 꼭 기록한다.
▶ 실력이 향상되도록 중심 낱말을 반복 훈련한다.

속독 스피드훈련 측정기록란 ※ 매 3회 실시

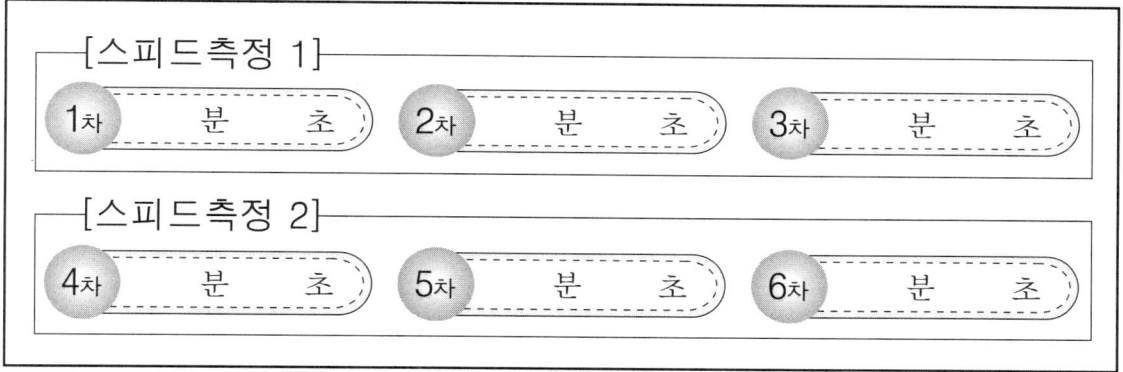

속독 자율훈련 측정기록란

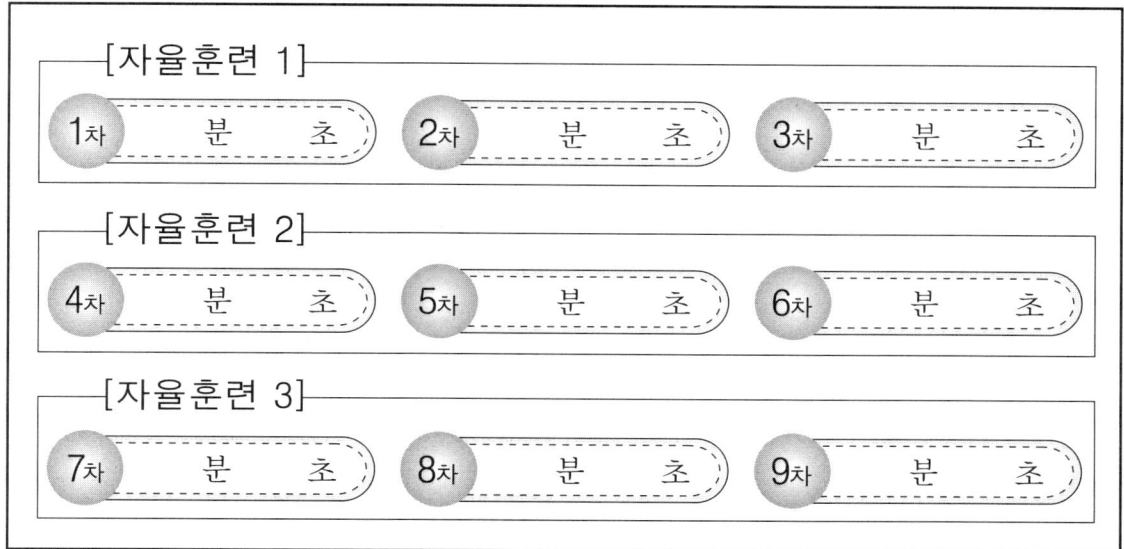

논술 따라잡기

생각 쓰기

레드크의 친구 찾기

♣ 아래 물음에 이유나 근거를 들어 자기의 생각을 펼쳐 보세요.
♣ 자신의 느낌이나 주장을 이야기나 글로 표현해 보세요.

1. '가족'을 주제로 그림으로 그린다면 어떤 미술도구로 그리면 자신 있고 멋있게 그릴 수 있는지 자기의 의견을 말해보세요.

------

2. 힘들고 어려운 일이 닥친 친구에게 위로의 편지를 쓰세요.

    힌트 : 엄마가 입원 중인 친구에게
          교통사고 당한 친구에게
          몸이 약해 결석을 자주하는 친구에게
          부모님과 떨어져 살아야 하는 친구에게

[6차 스키밍 훈련 15]

실전속독 훈련 및 이해도 테스트

▶ 앞에서 훈련한 것과 같이 한 줄의 글자들을 최대한 한눈에 보고 중심 낱말을 빠르게 인지하며 아래로 이동한다.
▶ 이해도 테스트는 최초 1회만 훈련하고 2회부터는 속독 실력이 향상될 수 있도록 시간 단축을 목표로 훈련한다.

종이배를 탄 토끼와 거북이 [15]

숲 속 아파트촌에 사는 토끼와 거북이는 동물초등학교 3학년 아이들입니다.
동물학교는 전교생 모두 수요일은 오후 1시에 수업이 끝났습니다.
다른 아이들은 학원 가느라 바쁘지만 토끼와 거북이는 여유 있게 숲 속의 아파트 입구로 걸어갑니다.
토끼와 거북이의 엄마들은 수요일을
'학원 없는 날' '스스로 공부하는 날'로
정했습니다.
하지만, 학원 안 가는 대신 생활계획표에
는 자율적인 책 읽기 시간이 있습니다.
일주일에 권장도서 목록 표에 적힌 도서
중 1권 이상 읽고 독서기록장에 기록해야
합니다.

"처음에는 책 한 권 읽는 시간이 지루했어."
"나도 그래, 책 읽기보다 컴퓨터 게임이 더 하고 싶었어."
"엄마는 독서시간에 항상 내 옆에서 책을 읽으셔."
"엄마는 요리에 관한 책, 건강에 관한 책, 자녀교육에 관한 책을 읽으셔."
"처음에는 엄마가 감시하는 것 같아 싫었지만 지금은 엄마가 옆에서 책 읽는게

[313자]

The Super Speed Reading

[6차 스키밍 훈련 15] 종이배를 탄 토끼와 거북이

실전속독 이해하기

자연스러워."

"신기한 게 엄마가 책 한 장 넘길 때 나는 다섯 장을 넘기면서 읽어."

"엄마와 책읽기 시합은 재미있어."

"아이들이 어른들보다 책을 빨리 읽는데."

"엄마는 자식에게 지고도 항상 흐뭇한 표정이야."

"책 읽기를 매일 한 것도 3개월이 지나고 100일이 됐어."

"책 읽기가 습관이 됐지. 한 시간에 한 권 정도는 뚝딱 읽어."

"참, 다행스러워, 책은 읽으면 읽을수록 더 읽고 싶어."

"거북아! 나의 목표는 초등학교 졸업할 때까지 책 1,000권 읽기 목표야."

"천 권이나? 가능할까?

어떤 형은 초등학교 때 2만 권이나 읽었다는 데 그 형 만나고 싶어."

"우리 책 많이 읽고 '독서대왕' 되자!"

토끼와 거북이는 독서에 대한 이야기를 집 앞에 와서야 끝났습니다.

"집에서 숙제 끝내고 오후 3시에 어린이공원 정문에서 만나자!"

"그래, 3시에 만나자!"

오후 3시 10분 전에 토끼가 먼저 공원 정문 앞에 와 있습니다.

거북이는 3시 정각에 공원 정문 앞에 도착합니다.

둘이서 공원 숲길을 보물찾기 마냥 두리번거리면서 걸어갑니다.

큰 소나무 밑에 큰 통 하나를 발견했습니다.

[367자]

[6차 스키밍 훈련 15]

The Super Speed Reading

종이배를 탄 토끼와 거북이

실전속독 이해하기

그 통은 사람들이 사용하는 욕조였습니다.

누가 몰래 욕조를 버렸는지 아니면 동물들을 사랑하는 사람이 수영장을 만들어놨는지는 잘 모릅니다.

토끼와 거북이는 궁금해서 욕조 위로 올라가 보았습니다.

그런데 그 안에는 물이 가득하고 평평한 종이배가 띄어져 있습니다.

"우리 종이배를 한번 타보자!"

"그럴까? 정말 재밌겠다."

"좋아 우리 빨리 타보자!"

둘이는 종이배를 타고서 가라앉지 않을까 걱정하며 중심을 잡았습니다.

"어? 이상하다, 종이배에 물방울이 있네."

"비가 오나? 빗방울 같기도 하고."

하늘에서 빗방울이 똑똑 떨어지기 시작합니다.

"비가 많이 오면 어떡하지?"

토끼와 거북이는 긴장하는 모습으로 웅크렸습니다.

수영이 자신 없는 토끼는 비가 오기 전에 물에서 나와야 했습니다.

"거북아! 안 되겠다. 우리 빨리 숲으로 돌아가자!"

"금방 그칠 것 같아. 조금만 더 타고 놀자."

아쉬운 거북이는 토끼와 생각을 다르게 합니다.

바로 그때였습니다.

하늘은 어두워지고 비가 내리기 시작하였습니다.

"인제 그만 집으로 가자. 비가 더 많이 올 것 같아!"

[367자]

The Super Speed Reading

[6차 스키밍 훈련 15] 종이배를 탄 토끼와 거북이

실전속독 이해하기

"곧 그치지 않을까? 토끼야, 우리 조금만 더 놀자!"

"비를 맞으며 배를 타는 것도 재미있잖아."

거북이는 앞으로 닥칠 위험한 순간을 예상 못 하고 계속 배를 타며 놀고 싶어 했습니다.

비는 조금 전보다 더 세게 내리기 시작하였습니다.

배는 종이로 만든 배라 비를 맞으니 흐물흐물 해졌습니다.

"앗! 큰일 났다. 배가 곧 뒤집힐 것 같아"

토끼와 거북이는 안절부절 했습니다.

종이배는 젖은 채로 조금씩 가라앉기 시작하였습니다.

수영을 못하는 토끼는 발버둥을 쳤습니다.

"거북아 나 살려!"

토끼는 거북이 발을 꽉 잡았습니다.

"토끼야 괜찮아?"

"어서 내 등에 올라타."

토끼는 거북이 등으로 얼른 올라갔습니다.

토끼를 등에 태운 거북이는 천천히 헤엄치기 시작했습니다.

"고마워! 거북아"

거북이의 등에서 토끼가 폴짝 뛰어내렸습니다.

"무사히 집으로 돌아갈 수 있겠구나!"

[293자]

The Super Speed Reading

[6차 스키밍 훈련 15]

실전속독 이해하기

종이배를 탄 토끼와 거북이

비가 그치고 해님 아줌마가 빵긋이 웃습니다.

"애들아, 비 오는 날에 물놀이는 위험한 행동이야."

"거북이가 수영을 잘했으니, 정말 다행스러워."

"해님! 고맙습니다!"

"우리에게 따뜻하게 햇빛을 비춰주셔서."

"다음부터 위험한 곳에서 놀지 않을게요."   - 끝 -

[94자]

총 글자 수	:	1,434 자
최초 측정 시간 :	분	초

'종이배를 탄 토끼와 거북이'의 내용을 실전속독으로 이해하면서 훈련 2단계를 모두 마쳤습니다.
이제부터는 실전책을 가지고 속독으로 독파하시기 바랍니다.

The Super Speed Reading

문제 15

정답 번호에 ☑로 표시하세요.

속독 이해도 테스트

1. 아래 6문제 중에서 4문제 이상 맞추어야 한다.
2. 틀린 문제가 있으면 다시 한번 속독으로 읽으면서 확인한다.
3. 정답은 1회만 맞추어 보고 2회부터는 실전속독 스피드 훈련만 한다.
4. 기록이 단축될 수 있도록 반복적으로 훈련한다.

종이배를 탄 토끼와 거북이

1. 글의 주인공들은 동물초등학교 몇 학년인가요?
　① 1학년　　② 2학년　　③ 5학년　　④ 3학년

2. 토끼와 거북이의 '학원 없는 날'은 무슨 요일인가요?
　① 토요일　　② 수요일　　③ 금요일　　④ 일요일

3. 학원 안 가는 대신 자율적으로 하기로 한 계획은 무엇인가요?
　① 등산하기　② 책 읽기　③ 악기연습　④ 수영

4. 엄마가 자주 읽는 책이 아닌 것은 무엇인가요?
　① 컴퓨터에 관한 책　　　② 요리에 관한 책
　③ 건강에 관한 책　　　　④ 자녀교육에 관한 책

5. 토끼의 책 읽기 목표는 몇 권인가요?
　① 100권　　② 2만 권　　③ 1,000권　　④ 2,000권

6. 토끼와 거북이가 타고 놀았던 배는 무엇으로 만들어졌나요?
　① 종이로 만든 배　　　② 나무로 만든 배
　③ 플라스틱으로 만든 배　④ 천으로 만든 배

[6차 스키밍 훈련 15]

실전 속독 단축훈련 기록표

종이배를 탄 토끼와 거북이

▶ 시간이 단축될 수 있도록 소요시간을 꼭 기록한다.
▶ 실력이 향상되도록 중심 낱말을 반복 훈련한다.

속독 스피드훈련 측정기록란   ※ 매 3회 실시

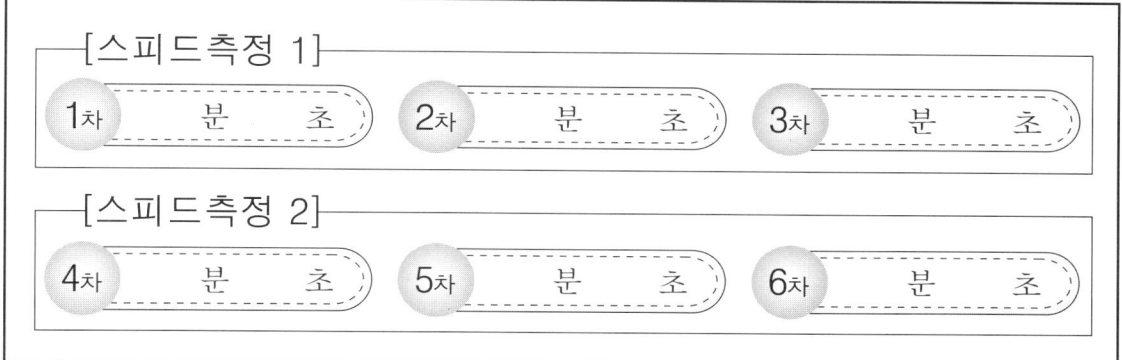

속독 자율훈련 측정기록란

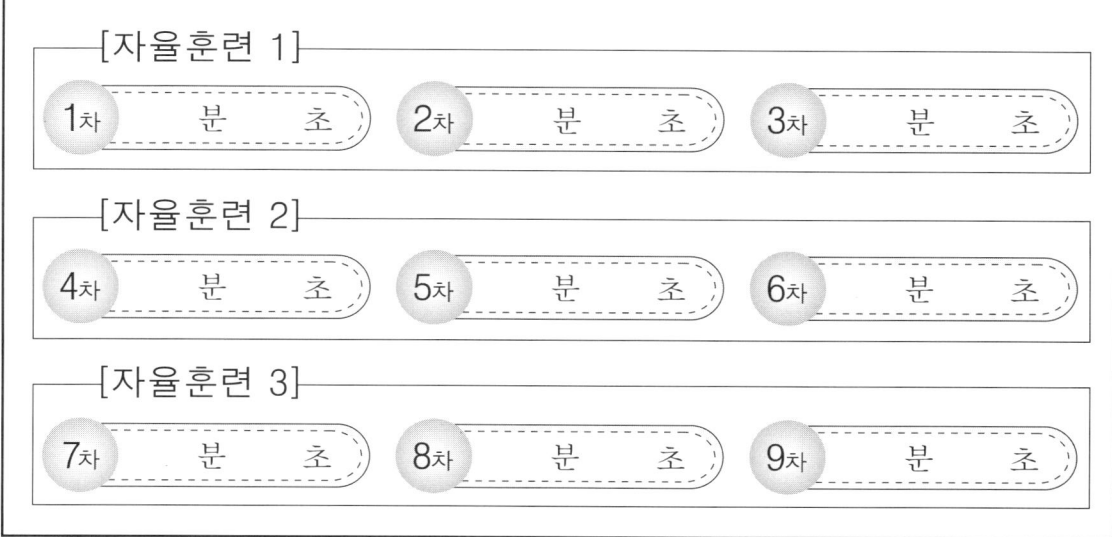

논술 따라잡기   생각 쓰기

종이배를 탄 토끼와 거북이

♣ 친구들과 함께 책을 읽고 책 내용을 이야기해 보세요.
♣ 여럿이 책을 읽으면 다양한 의견이 나옵니다.
♣ 책은 감동을 주고 사고의 폭을 넓혀줍니다.

1. 주인공 토끼처럼 위험한 상황을 알면서도 잠시 즐거움에 빠져 후회한 적이 있나요? 어떤 친구는 책이 좋아서 독서가 컴퓨터만큼이나 재미있다고 합니다. 어떤 친구는 30분만 컴퓨터 게임을 하려다가 게임에 푹 빠져 학원가는 것도 잊었습니다. 당연히 부모님께 혼나고 그 벌로 한 달간 컴퓨터 사용금지령이 내렸죠. 나는 어떤 경험이 있었나요?

----

2. 내가 토끼라면 거북이에게 고맙다는 편지를 써보세요.

읽은 책 목록 기록장

월/일	권수	책 명	소요 시간	
/	1		분	초
/	2		분	초
/	3		분	초
/	4		분	초
/	5		분	초
/	6		분	초
/	7		분	초
/	8		분	초
/	9		분	초
/	10		분	초
/	11		분	초
/	12		분	초
/	13		분	초
/	14		분	초
/	15		분	초
/	16		분	초
/	17		분	초
/	18		분	초
/	19		분	초
/	20		분	초
/	21		분	초
/	22		분	초
/	23		분	초
/	24		분	초
/	25		분	초

The Super Speed Reading

글자 낱말 인지훈련 정답

말 : 10개	해 : 9개	금 : 9개
산 : 8개	상 : 8개	별 : 10개
창 : 11개	소 : 9개	배 : 9개
양 : 9개	달 : 9개	

개미 : 10개	연필 : 8개	학교 : 9개
수박 : 8개	속독 : 10개	기차 : 9개
버스 : 11개	악어 : 8개	포도 : 8개
사자 : 9개	상장 : 11개	

속독 이해도 테스트 정답

1 [홍당무] 　　　　정답 : 1④　2③　3②　4①　5③　6④

2 [빨간 구두] 　　정답 : 1③　2④　3②　4①　5③　6②

3 [재채기] 　　　　정답 : 1②　2③　3④　4①　5②　6④

4 [힘센 돼지] 　　정답 : 1②　2③　3④　4③　5④　6②

5 [우천] 　　　　　정답 : 1①　2④　3③　4②　5②　6③

6 [외투] 　　　　　정답 : 1②　2③　3②　4③　5②　6④

7 [바다여행] 　　　정답 : 1③　2②　3①　4④　5③　6③

8 [코나비] 　　　　정답 : 1④　2③　3②　4④　5②　6①

9 [못 말리는 여치] 정답 : 1④　2③　3②　4①　5③　6②

10 [굴렁쇠] 　　　 정답 : 1③　2②　3④　4①　5②　6③

11 [동물학교의 도시락] 정답 : 1②　2③　3①　4④　5①　6②

12 [일기 쓰는 버스] 정답 : 1①　2③　3②　4④　5③　6④

13 [고집불통 갈고미] 정답 : 1④　2③　3①　4②　5④　6③

14 [레드크의 친구 찾기] 정답 : 1④　2②　3③　4③　5②　6④

15 [종이배를 탄 토끼와 거북이] 정답 : 1④　2②　3②　4①　5③　6①

재밌는 한글과 그림 속독법 인증 급수표

▶ 1분당 읽은 글자 수를 기준으로 각 급수를 인증합니다.
▶ 급수기준은 이해도 테스트에서 70% 이상 득점하는 조건입니다.
▶ 책을 빨리 읽었어도 내용 테스트에서 70% 이하 점수는 불합격입니다.
▶ 이해도 테스트는 학년별로 수준에 맞는 내용의 책을 선택합니다.
▶ 읽은 경험이 없는 책으로 테스트합니다.
▶ 최선을 다하여 좋은 점수로 합격합시다.

1분간 읽은 글자 수 산출 공식

총 글자 수 ÷ 소요시간(초) × 60

초등생 속독급수 평가하기

분류	급수	1분당 글자 수
속독 고급	1급	2,501 ~ 3,000글자 이상
	2급	2,001 ~ 2,500글자 이상
속독 상급	3급	1,501 ~ 2,000글자 이상
	4급	1,201 ~ 1,500글자 이상
속독 중급	5급	901 ~ 1,200글자 이상
	6급	701 ~ 900글자 이상
속독 하급	7급	501 ~ 700글자 이상
	8급	301 ~ 500글자 이상

재밌는 한글과 그림 **속독법** 2단계

2007. 10. 29. 초 판 1쇄 발행
2015. 7. 20. 개정판 1쇄 발행

지은이 | 손동조
펴낸이 | 이종춘
펴낸곳 |  성안당

주소 | 121-838 서울시 마포구 양화로 127 첨단빌딩 5층(출판기획 R&D 센터)
     | 413-120 경기도 파주시 문발로 112(제작 및 물류)
전화 | 02) 3142-0036
     | 031) 950-6300
팩스 | 031) 955-0510
등록 | 1973.2.1 제13-12호
출판사 홈페이지 | www.cyber.co.kr
ISBN | 978-89-315-7861-4 (13010)
정가 | 18,000원

이 책을 만든 사람들
책임 | 최옥현
진행 | 정지현
표지 디자인 | 박원석
홍보 | 전지혜
국제부 | 이선민, 조혜란, 신미성, 김필호
마케팅 | 구본철, 차정욱, 나진호, 이동후, 강호묵
제작 | 김유석

이 책의 어느 부분도 저작권자나 BM 성안당 발행인의 승인 문서 없이 일부 또는 전부를 사진 복사나 디스크 복사 및 기타 정보 재생 시스템을 비롯하여 현재 알려지거나 향후 발명될 어떤 전기적, 기계적 또는 다른 수단을 통해 복사하거나 재생하거나 이용할 수 없음.

※ 잘못된 책은 바꾸어 드립니다.